资源拓展-应用型会计系列规划教材

Accounting

会计学

（第二版）

邓启稳　主　编
李　勇　副主编

东北财经大学出版社
Dongbei University of Finance & Economics Press
大连

图书在版编目（CIP）数据

会计学/邓启稳主编. —2版. —大连：东北财经大学出版社，2019.2（2022.2重印）
（资源拓展-应用型会计系列规划教材）
ISBN 978-7-5654-3454-9

Ⅰ.会… Ⅱ.邓… Ⅲ.会计学-高等学校-教材 Ⅳ.F230

中国版本图书馆CIP数据核字（2019）第022332号

东北财经大学出版社出版
（大连市黑石礁尖山街217号 邮政编码 116025）
网 址：http：//www.dufep.cn
读者信箱：dufep@dufe.edu.cn
大连东泰彩印技术开发有限公司印刷 东北财经大学出版社发行

幅面尺寸：170mm×240mm 字数：376千字 印张：17.75 插页：1
2019年2月第2版 2022年2月第12次印刷

责任编辑：李 栋 王 玲 责任校对：何 莉
封面设计：冀贵收 版式设计：钟福建

定价：43.90元

教学支持 售后服务 联系电话：（0411）84710309

如有印装质量问题，请联系营销部：（0411）84710711

第二版前言

会计学是一门理论性和应用性并重的管理学科。培养非会计学专业学生的会计思维，增强其利用会计信息分析和解决问题的能力是会计学教师的使命。山西财经大学《会计学》教材建设凝结着几代会计教师的心血。自1991年原山西财经学院公共会计学教研室成立以来，历任学院领导和教研室领导都非常重视《会计学》教材的建设工作。教研室至少每三年要对《会计学》教材进行重新编写。每次修订之前，教研室骨干教师都要依据当时社会经济发展的实际情况以及会计政策和会计准则的变化进行认真研讨，汲取我校自身教学实践经验并借鉴全国重点高校会计学教师的教研成果，力求新编写的教材能够反映社会经济不断发展变化的新情况、新问题，满足社会经济发展对人才的知识、能力和素质需要。

本教材内容分为会计基础理论和会计核算实务两大部分。前者涵盖会计的基本含义、基本假设、会计信息质量要求、会计核算方法、会计循环理论。后者包括会计要素的会计核算、财务会计报告编制，以及相关的财务评价指标计算等内容。

本书具有如下特点：

1.引入二维码技术，将进一步理解本教材的有关知识点资源及相关的拓展内容，以二维码形式嵌入书中，通过手机扫描二维码获取多媒体学习资源作为教材学习的补充方式，实现学习资源从书本的静态到图片、动画和视频等网络在线信息资源的动态转变，以增强学生的自主学习、情景学习、协作学习效果。

2.教材以培养应用型、通用型、开拓型的经济管理人才为目标，以学生能力和素质培养为抓手，突出会计基本理论、基本方法和基本技能的教学内容。通过本教材教学，着力培养学生分析问题和利用会计信息解决问题的能力，使学生能够适应不同行业、企业的经济核算和管理工作需要；培养学生开拓创新的能力，以及适应社会经济发展需要的学习能力，力争使学生成为具有会计素质及会计思维、全面发展的经济管理人才。

本书第一版于2016年出版，与上一版相比，本次修订除保留教材特色以及能够继续适用的部分外，主要作了如下调整：

1.依据山西财经大学《关于制定普通制本科专业人才培养方案工作的指导意见（2018版）》，创新“大财经特色”人才培养模式，按照“大类培养”的总体要求，进一步做到会计学理论与会计学实务紧密联系，配备同步思考题，激发学生对会计实务的探究与思考。

2.依据《关于修订印发〈企业会计准则第14号——收入〉的通知》（财会〔2017〕22号），改写收入确认与计量的内容。

3.依据《关于修订印发2018年度一般企业财务报表格式的通知》（财会

〔2018〕15号），改写资产负债表和利润表的相关内容，增加了对现金流量表的理论介绍，删除了对于现金流量表如何编制的内容举例，更加符合教学要求。

4.新版教材关注最新财税政策（比如增值税税率政策）的变化，将其变化的部分融入教材内容中，使教材内容时效性更强。

5.调整部分内容，力求使新版教材内容前后更加连贯，逻辑性更强，更易于教学。

本书由山西财经大学会计学院邓启稳任主编，李勇任副主编。在副主编的协助下，主编负责全书的筹划、统纂、修改和定稿。各章节写作分工如下：邓启稳负责编写第一章第一节至第四节，王文慧负责编写第一章第五节和第六节，杨翠英负责编写第二章，冯锦慧负责编写第三章，李勇负责编写第四章，倪静洁负责编写第五章，许建蓬负责编写第六章，李洁负责编写第七章，柳雅君负责编写第八章，张晓负责编写第九章，温玉彪负责编写第十章。

本书既可作为高等院校经济学类和工商管理类专业核心课程的教学用书，也可作为经济工作者学习会计学知识的参考用书。

在本书的编写过程中，山西财经大学会计学院相关领导给出了具有建设性的指导意见，东北财经大学出版社也给予了大力支持和帮助，在此一并致以衷心的感谢！由于编者水平有限，书中难免存在缺陷和谬误，恳请会计界同仁和广大读者们批评指正。

编　者

2018年12月

目　录

第一章

导论

学习目标

二维码1-1：
现代会计之父——
卢卡·帕乔利

◇了解会计的产生与发展简况
◆理解会计的基本职能
◆理解会计核算的基本前提
◆理解会计信息质量特征
★掌握会计要素的内涵
★掌握会计核算的基本原理
★熟练掌握会计核算的方法和程序

在现代社会经济生活中，会计是经济管理的重要组成部分。无论是企业、事业单位、行政机关，还是社会团体等，都需要设置会计部门，配备会计人员，从事会计核算，为会计信息使用者提供决策有用的会计信息，以满足其经济管理或经济决策对会计信息的需求。本章从会计的产生和发展入手，主要阐述了会计的基本含义、会计职能与目标、会计对象与会计要素、会计基本假设与会计信息质量要求、会计核算基础与会计计量、会计核算方法与程序。

第一节　会计的产生和发展

一、会计的产生

会计是因社会生产活动和经济管理的客观要求而产生的，是社会生产发展到一定阶段的产物。物质资料的生产是人类社会赖以存在和发展的基础。人类要生存，社会要发展，必须进行物质资料的生产。在生产实践活动中，一方面能创造物质财富，取得劳动成果，另一方面又必然要发生各种各样的劳动耗费。人们进行生产活动时，总是力求以尽可能少的耗费，取得尽可能多的成果。为了达到这一目的，就需要对劳动耗费和劳动成果进行记录和计算，并且将耗费和成果加以比较和分析，借此不断提高经济效益。因此，在生产实践活动中，记录和计算劳动耗费和劳动成果的会计行为就应运而生了。

但是，在早期人类社会，由于生产力水平低下，人们对劳动耗费和劳动成果的关心只是通过头脑记忆或原始的计量、记录行为来体现，在生产之余附带地把收入、支出等记载下来，因而会计只是“生产职能的一个附带部分”，并未成为一项独立的工作。随着社会经济的发展，生产力的不断提高，剩余产品大量出现，加之文字、数字和货币的出现，对生产活动计量和记录的内容日益增多，会计“从生产职能中分离出来，成为特殊的、专门委托的当事人的独立的职能”。从此，会计作为一项独立的活动而存在，成为一项专门的技术性工作。

根据我国最早反映会计活动的典籍《周礼》记载，早在西周时代，“会计”一词正式开始使用，政府设置“司会”主管财政经济收支的全面核算，负有“以参互考日成，以月要考月成，以岁会考岁成”之责。“参互”、“月要”和“岁会”分别相当于现在的日报、月报、年报。清朝焦循在《孟子正义》一书中将会计解释为“零星算之为计，总合算之为会”。世界上一些著名的文明古国如古巴比伦、古埃及等也都有关于会计活动的记载。

总之，会计是人类社会发展到一定历史阶段的产物，它起源于生产实践，是为管理生产活动而产生的。

二、会计的发展

会计因生产实践活动的需要而产生，生产实践活动不断发展，因而会计也随生产的发展而发展。从会计发展的历史考察看，可以划分为三个阶段。

（一）古代会计阶段

会计从其产生到复式簿记产生这段时间称为古代会计阶段。这个阶段会计方法较为简单，最初只是采用“结绳记事”“刻木记事”等原始的计量记录方法。到了秦汉时代，会计方法有一定的进步，并创立了用于登记会计事项的账簿（当时称簿或簿书）。从秦汉到唐宋，在生产力发展的基础上逐步形成了一套古代会计记账、算账的基本模式，即“四柱清册”方法。所谓“四柱”是指旧管（相当于期初结存）、新收（相当于本期收入）、开除（相当于本期支出）、实在（相当于期末结存）四个部分。“四柱清册”方法是把一定时期内财务收支的记录，通过“旧管+新收=开除+实在”这一平衡公式加以总结，既可以检查日常记账的正确性，又可以系统、综合地反映经济活动全貌。到了明末，出现了比“四柱清册”更加完备的“龙门账”。“四柱清册”只能应用于不计盈亏的政府（官厅）会计，而“龙门账”则能满足商业上核算盈亏的需要。“龙门账”将全部账目按进（相当于收入）、缴（相当于支出及费用）、存（相当于财产及债权）、该（相当于投资和债务）分为四项，其关系式是：进-缴=存-该。年终结账，按照上式，从两方面计算盈亏，使其相符（称为“合龙门”），即应当相符，即“合龙门”。在古代会计阶段，官厅会计是同其他计算活动、财政收支活动和财产保管活动工作混为一体，尚未确立自己独特的职责与对象，会计特有的专门方法还没有形成，会计也尚未成为一门独立的学科。

（二）近代会计阶段

从15世纪复式簿记到20世纪中叶这段时间称为近代会计阶段。它以复式簿记方法在理论上的总结和广泛运用为标志。1494年，意大利数学家卢卡·巴其阿勒出版了《算术、几何、比及比例概要》一书，该书对复式记账法进行了全面系统的论述。该书的出版被誉为会计发展史上的第一个重要里程碑，标志着近代会计的开始。1854年，英国苏格兰的会计师成立了世界上第一个会计师协会——爱丁堡会计师协会，标志着会计服务职业化正式形成。从此，会计的服务对象扩大了。会计过去只服务于单个企业，现在通过职业会计师的活动发展为为所有行业服务，使会计成为一种社会活动，会计的内容和职能也有所发展。会计包括了记账、算账、报账，还要发挥监督职能，从而使会计的重要作用进一步为人们所认识。

（三）现代会计阶段

现代会计阶段是指从20世纪50年代开始到现在的阶段。从会计技术方法上看，现代会计逐步实现了会计操作工艺与现代电子计算和信息技术相结合，逐步由手写簿记系统发展为电子数据处理系统会计；从会计理论与方法上看，生产和管理科学的迅猛发展，使得传统的企业会计逐渐形成了相对独立的两个分支——财务会计与管理会计。管理会计的出现，极大地丰富和发展了早期形成的会计技术方法，使会计从事后反映到事前预测、决策，事中控制和事后考核分析等全过程的管理和核算，为会计注入了新的活力，使会计逐渐进入了现代会计阶段；从会计领域的扩展上看，涌现出人力资源会计、通货膨胀会计、现值会计、资本成本会计、国际会计、税务会计、衍生金融会计、环境会计和资源会计等许多新的会计领域。随着经济全球化推进，我国会计准则逐步与国际会计准则接轨、趋同、等效，现代会计作为国际商业语言必将更好地为我国改革开放和现代化建设服务。

第二节　会计基本概念

一、会计的含义

会计作为一门经济管理学科，它的理论与方法体系随着社会政治、经济和科学技术的发展以及经济管理的需要而不断发展和创新，人们对会计认识也在逐步深化。但迄今为止，对会计本质的认识尚未达成共识。关于会计本质认识，20世纪80年代在我国会计学术界主要有两种观点：管理活动论和信息系统论。

管理活动论认为会计是通过对各单位的经济业务进行核算与分析来做出预测、参与决策、实行监督，旨在提高经济效益的一项具有反映和控制职能的经济管理活动。该观点的代表人物是我国当代著名会计学家杨纪琬教授和阎达五教授。他们认为，无论从理论上还是从实践上看，会计不仅仅是管理经济的工具，它本身就具有管理的职能，是人们从事管理的一种活动。

会计信息系统论就是把会计的本质理解为会计是一个经济信息系统。具体而言，会计是一个输入经济信息，通过加工与处理再输出会计信息的有机整体。会计信息系统论的思想最早起源于美国会计学家A.C.利特尔顿。他在1953年编写的《会计理论结构》一书中指出："会计是一种特殊门类的信息服务"，"会计的显著目的在于对一个企业的经济活动提供某种有意义的信息"。信息系统论观点并非我国会计学者的创造，而是我国会计学者于20世纪80年代初从国外引进并加以发展的，其代表人物是我国著名会计学家葛家澍教授、余绪缨教授等。

随着人们的认识不断深化，管理活动论与信息系统论这两种观点正日趋融合。管理活动论也承认信息和系统的存在，只是强调这个系统的主要职能应是控制和监督，而不是提供信息；信息系统论同样承认会计系统是管理系统的一部分，只是强调其主要职能是提供信息，为决策咨询服务，起决策（即管理）的支持作用。

综上所述，会计的含义可以归纳为：会计是旨在提高经济效益，以货币为主要计量单位，以凭证为依据，通过一定的程序和方法将经济组织的有关经济活动进行全面、综合、连续、系统的核算和监督，并向有关方面提供受托责任情况与决策有用的会计信息的信息系统，是一种以价值运动为对象的管理活动，是经济管理的重要组成部分。

二、会计的职能

会计的职能是指会计在经济管理中所具有的功能，即会计在经济管理工作中能够干什么。会计的基本职能是会计核算和会计监督。

（一）会计核算职能

会计核算职能也称会计反映职能，是指会计以货币为主要计量单位，通过确认、计量、记录、报告等环节，从数量方面反映企业、单位已经发生或完成的各项经济活动，为有关方面提供会计信息的功能。会计核算职能是会计最基本的职能。会计的核算职能具有以下几个方面的特征：

其一，会计以货币为主要计量单位。会计为了从数量上来核算和监督各经济单位的经济活动，需要运用实物量度、劳动量度和货币量度三种计量尺度，但应以货币量度为主。只有借助于统一的货币量度，才能取得经营管理上所必需的连续、系统而综合的会计资料。因此，在会计上，对于各种经济事物即使已按实物量度或劳动量度进行计算和记录，最后仍需要按货币量度综合加以核算。

其二，会计以真实、合法的会计凭证为依据进行会计核算。会计核算经济活动就是要反映其事实，探索并说明其真相。因此，会计核算必须以真实、合法的会计凭证为依据，才能保证会计所提供的信息真实可靠。

其三，会计核算具有连续性、系统性和全面性的特点。会计核算的连续性，是指对经济业务的记录是连续的，逐笔、逐日、逐月、逐年，不能间断；会计核算的系统性，是指对会计对象要按科学的方法进行分类，进而系统地加工、整理和汇总，以便提供管理所需要的各类信息；会计核算的全面性，是指对每个会计主体所发生的全部经济业务都应该进行记录和反映，不能有任何遗漏。

其四，会计核算具有一整套科学实用的专门方法。为了正确地反映单位内部的经济活动，会计在长期发展过程中，形成了一系列科学实用的专门核算方法。这些专门的核算方法相互联系，相互配合，构成一个完整的核算和监督经济活动过程及其结果的方法体系，是会计管理区别于其他经济管理的重要特征之一。

（二）会计监督职能

会计监督职能是指会计按照一定的目的和要求，利用会计信息系统所提供的信息，对会计主体的经济活动进行控制，使之达到预期目标的功能。和其他经济监督形式相比较，会计监督职能具有以下特点：

1. 主要是利用价值指标实行货币监督。会计利用价值指标进行货币监督，可以全面控制企业经济活动的过程和结果，综合地考核企业经济效益。但是，会计监督也要在一定程度上进行实物监督，例如凭证收发材料物资，按规定盘点资产，以确保资产的安全和完整。

2. 主要是对企业经济活动的合法性、合理性和有效性进行监督。所谓合法性，主要指符合财经政策、财会制度的规定，不违反财经纪律。所谓合理性，主要指通过所费与所得的比较，能够取得最大的经济效果，既要从微观企业又要从宏观经济来考虑利弊得失。所谓有效性，主要是从提高微观企业的经济效益出发，对经济活动的全过程进行事前、事中和事后监督，揭露企业经营管理中的弊端，促使企业挖掘内部潜力，堵塞漏洞，提高经济效益。

会计的核算职能和监督职能是密切联系、相辅相成的。如实地核算是实施有效监督的必备条件和基础，严格地监督则是如实核算的前提和继续。因此，会计核算是会计监督的基础，没有会计核算所提供的各种信息，监督就失去了依据；而会计监督又是会计核算质量的保证，只有核算，没有监督，就难以保证会计核算所提供信息的真实性和可靠性。

应当明确的是，会计除了核算和监督基本职能外，还有预测、决策和管理等职能。但其他职能都是在核算和监督的职能基础上演进和发展的。

三、会计目标

会计目标是指在一定的历史条件下，人们通过财务会计所要实现的目的或达到的要求。《企业会计基本准则——基本准则》第四条将财务会计目标定位为“企业会计应当如实反映企业财务状况、经营成果和现金流量等方面的有用信息，以满足有关各方信息的需要，有助于使用者做出经济决策，并反映企业管理层受托责任履行情况”。

上述会计目标定位成功地实现了会计学术界关于决策有用观会计目标和受托责任观会计目标的融合。

决策有用观会计目标认为，财务会计的目标就是向会计信息的使用者（主要包括现有的和潜在的投资者和信贷者以及企业管理当局和政府等）提供对他们进行决策有用的信息。而对决策有用的信息主要包括企业现金流动的信息、经营业绩的信息和资源变动的信息。决策有用观强调会计信息应主要反映现时的信息，强调信息的相关性。

受托责任观会计目标认为，财务会计的目标就是向资源所有者（股东）如实反映资源的受托者（企业管理当局）对受托资源的管理和使用的情况。受托责任的含义可以从三个方面来理解：（1）资源的受托方接受委托，管理委托方所交付的资源，受托方承担有效地管理与应用受托资源，并使其保值增值的责任；（2）资源的受托方承担如实地向委托方报告受托责任履行过程及其结果的义务；（3）作为资源受托方的管理当局负有重要的社会责任，如保持企业所处社区的良好环境、培养人力资源等。由此可见，受托责任产生的原因在于所有权与经营权的分离，而且必须有明确的委托受托关系存在。受托责任观强调会计信息应主要反映企业历史的客观信息，强调信息的可靠性。

要实现会计目标，必须明确如下问题，即谁是会计信息使用者？会计信息使用者需要哪些会计信息？会计如何来提供这些信息？这些会计信息应符合什么质量标准要求？

1.会计信息使用者及信息需求

会计信息使用者分为会计信息的外部使用者和会计信息的内部使用者。前者主要包括现有的和潜在的投资者、债权人、政府及机构和社会公众。后者主要包括企业内部各级各部门的管理人员和内部职工。

（1）企业投资者，关心投资的内在风险和投资报酬，因而需要了解企业的财务状况、经营成果和权益结构等信息，以帮助其进行投资决策。

（2）债权人，关心那些能使他们判断自己的贷款是否安全和贷款利息能否按期得到支付的会计信息，以便进行信贷决策。

（3）政府及其机构，包括税务、海关、统计、市场监管和主管部门等。他们关心国家资源的分配和企业的活动。为了有效地加强宏观经济管理，需要了解企业的经济效益、收益分配、资源配置等信息。

（4）社会公众，包括各种受到企业影响的单位和个人。企业的存在和发展，对所在地的经济会产生有利或不利的影响，包括扩大就业、繁荣商业等。社会公众关心企业的近期发展、活动范围和兴衰趋势的会计信息。

（5）企业管理者，包括高层管理者、中层管理者和基层管理者。他们关注企业的财务状况、经营业绩与现金流信息，以便有效地加强经营管理和经营决策。

（6）企业职工，关心企业经营的稳定性和获利能力方面的会计信息以及与企业支付劳务报酬、退休福利和企业提供就业机会的能力相关的会计信息。

2.提供会计信息的方式

会计主要通过定期编制财务会计报告的方式提供会计信息，因而在会计工作中，需要定期编制并提供资产负债表、利润表、现金流量表和所有者权益表变动表等基本会计报表。至于成本费用类报表是否编制以及以何种形式编制则完全取决于企业内部管理决策的特定要求。对国有企业成本费用方面的资料，在国家经济管理部门需要时，可以作为基本财务报表的附表，另行报送。

3.提供信息的质量要求

会计所提供的信息，必须符合决策有用性的质量要求。如果对决策无所帮助，就不值得提供该项信息。决策有用性是一个笼统的概念，它至少要满足所提供的会计信息要具备客观性、可比性、一次性、及时性、清晰性等重要质量要求。只有这样，才能使会计更好地服务于信息使用者的决策，也才能充分发挥会计在经济管理中的职能作用。

第三节　会计对象与会计要素

一、会计对象

会计对象是指会计核算和监督的内容。它可以从两方面来解释：一是反映各单位会计共同点的会计一般对象，二是结合各单位会计不同特点的会计具体对象。

（一）会计的一般对象

在社会再生产过程中，凡是能够用货币表现的经济活动，都是会计核算和监督的内容。在商品经济条件下，能够用货币表现的经济活动，通常又称为资金运动或价值运动。所以，会计的一般对象是社会再生产过程中的资金运动。

（二）企业会计的具体对象

一般以制造业企业的资金运动来分析会计的具体对象。制造业企业的资金运动经过资金筹集过程、供应过程、生产过程、销售过程和分配过程五个基本环节，其资金运动表现为资金的投入、资金在企业内部的循环与周转、资金的退出。

1.资金筹集过程，是指企业在创立时，需要依据国家法律法规，采取发行股票或银行贷款等方式筹集资金的过程，用于购买生产资料或在生产经营过程中周转使用以满足企业对资金的需求。

2.供应过程，是指企业用货币资金购建厂房、机器设备等劳动资料，形成固定资产，并用货币资金购买劳动对象，支付采购费用，形成各种材料物资以及购买专利形成企业新产品生产实力的过程。

3.生产过程，是指生产者使用生产工具等劳动手段，对原材料进行加工，最终生产出产成品。这一环节，已耗费的劳动资料和劳动对象的价值转移到了产品上，并发生人工耗费，同时创造出新的价值。

4.销售过程，是指企业将生产出来的产品销售给购买者，取得销售收入，又收回了货币资金的过程。

5.分配过程，是指企业对取得收入的分配。收入包括成本回收和纯收入两部分。前者由企业扣除以使之继续参加生产周转，后者先缴纳国家所得税，所得税后的净利润，一部分作为投资报酬分给投资者，余下部分作为企业的留存收益。向国家缴纳税费及向投资者分配投资报酬的资金退出企业，而留存收益则继续参加生产周转。

制造业企业的资金经过供应过程、生产过程、销售过程不断地循环周转，这些资金在空间序列上并存，在时间序列上依次继起。就整个资金运动而言，资金运动的过程还应包括资金的投入和资金的退出。

可见，制造业企业的会计对象就是该类企业资金的投入、循环与周转、资金的退出等经济活动而引起的各项资源的增减变化、各项成本费用的形成和支出、各项收入的取得以及损益的发生、实现和分配。简言之，就是制造业企业的资金运动。

二、会计要素

会计要素是对会计对象进行的基本分类，是会计对象的具体化，也是财务报表的基本构成要素。我国《企业会计准则——基本准则》规定会计要素为资产、负债、所有者权益、收入、费用和利润六项要素。其中，资产、负债、所有者权益是反映企业财务状况的会计要素，收入、费用和利润是反映企业经营成果的会计要素。

1. 资产

资产是指企业过去的交易或者事项形成并由企业拥有或者控制、预期会给企业带来经济利益的资源。

资产具有以下几个基本特征：

（1）资产是由过去的交易和事项形成的。资产是由过去的交易和事项形成的结果，资产必须是现实的资产，而不是预期的资产。至于未来交易或事项以及未发生的交易或事项可能产生的结果，则不属于现实的资产，不得作为资产确认。

（2）资产必须为某一特定主体所拥有或者控制的资源。由企业拥有或者控制是指企业享有某项资源的所有权，或者虽然不享有某项资源的所有权，但该资源能被企业所控制。

（3）资产预期会给企业带来经济利益。预期会给企业带来经济利益是指直接或者间接导致现金和现金等价物流入企业的潜力。这种潜力可以来自企业日常生产经营活动，也可以是非日常生产经营活动。带来的经济利益可以是现金或者现金等价物，还可以是能转化为现金或者现金等价物的其他资产，也可以是减少现金或者现金等价物流出的形式。

2. 负债

负债是指由过去的交易或者事项所形成的、预期会导致经济利益流出企业的现时义务。

负债具有如下几个基本特征：

（1）负债是由企业过去的交易或者事项形成的现时义务。负债是由过去已经发生的交易或事项所引起的，是现时存在的义务，须在未来某一时期偿还。企业预期在将来要发生的交易或事项可能产生的债务，不属于现时义务，不应当确认为负债。

（2）负债预期会导致经济利益流出企业。负债的实质是将来应该以牺牲资产为代价的一种受法律保护的责任。在履行现时义务清偿负债时，导致经济利益流出企业的形式多种多样，可以是现金或实物资产偿还债务，也可以是劳务清偿债务，还可以是将负债转为资本等。

（3）未来经济利益流出的金额能够可靠计量。凡不能以货币计量的经济责任不能确认为负债。

3.所有者权益

所有者权益是指企业资产扣除负债后由所有者享有的剩余权益。公司的所有者权益又称为股东权益。所有者权益包括企业投资人的投入资本、直接计入所有者权益的利得和损失、留存收益等。投入资本是投资者实际投入企业经营活动的各项财产物资。

直接计入所有者权益的利得和损失，是指不应计入当期损益、会导致所有者权益增减变动的、与所有者投入资本或者向所有者分配利润无关的利得或者损失。包括股本溢价、法定财产重估增值、接受捐赠的资产价值等。

利得是指由企业非日常活动形成的、会导致所有者权益增加的、与所有者投入资本无关的经济利益的总流入。

损失是指由企业非日常活动形成的、会导致所有者权益减少的、与向所有者分配利润无关的经济利益的流出。

留存收益包括盈余公积和未分配利润。盈余公积金是指按照国家有关规定从缴纳所得税后的净利润中提取的公积金。未分配利润是企业留于以后年度的待分配利润。

4.收入

收入是指在日常活动中形成的、会导致所有者权益增加的、与所有者投入资本无关的经济利益的总流入。

收入具有以下特征：

（1）收入产生于企业的日常经营活动。日常活动是指企业为完成其经营目标而从事的所有活动，以及与之相关的其他活动。如商业企业的商品购销、产品生产企业制造与销售、金融企业从事贷款等。

（2）收入可能表现为企业资产的增加（如增加银行存款或应收账款），也可能表现为负债的减少（如以商品或劳务抵偿债务），还可能同时引起资产的增加和负债的减少（比如销售商品，部分货款抵偿债务，余款以现金的形式收回），但是，其所发生的数额都必须能可靠地计量。

（3）收入能引起企业所有者权益的增加。不论收入是增加资产还是减少负债，根据“资产-负债=所有者权益”，都会使所有者权益增加。

（4）收入只包括本企业经济利益的流入，不包括为第三方或客户代收的款项，如代收的增值税、代收的利息等。代收款项不属于本企业的经济利益，它们发生时，会同时增加企业的资产与负债，并不能增加企业的所有者权益。

5. 费用

费用是指企业在日常活动中发生的、会导致所有者权益减少的、与所有者分配利润无关的经济利益的总流出。

费用具有以下特征：

（1）费用是企业日常活动中发生的经济利益的流出，且流出额能够可靠地计量。费用和收入一样，产生于企业日常的经营活动，企业为获取收入，必然会发生费用，收入和费用相互配比，才会产生利润。

（2）费用可能表现为费用是向所有者分配利润无关的经济利益的总流出。费用的发生应当会导致经济利益的流出，从而导致企业资产的减少，如生产产品耗用材料、支付水电费等；也可能引起负债增加，如期末应付未付的职工薪酬、应交未交的税费等；还可能同时引起资产的减少或负债的增加。企业向所有者分配利润也会导致经济利益的流出，而该经济利益的流出属于所有者权益的抵减项目，不应确认为费用，应当将其排除在费用的定义之外。

（3）费用最终会减少企业的所有者权益。不论费用是减少资产还是增加负债，根据“资产-负债=所有者权益”，都会使所有者权益减少。

6. 利润

利润是指企业在一定会计期间的经营成果。利润是综合反映企业经营业绩情况的指标，包括收入减去费用后的净额、直接计入当期利润的利得和损失等。直接计入当期利润的利得和损失，是指应当计入当期损益、会导致所有者权益发生增减变动的、与所有者投入或者向所有者分配利润无关的利得或者损失。

第四节 会计基本假设与会计信息质量要求

一、会计基本假设

会计的基本假设是指一般在会计实践中长期奉行，不需证明便为人们所接受的前提条件。财务会计要在一定的假设条件下才能确认、计量、记录和报告会计信息，所以会计假设也称为会计核算的基本前提。会计基本假设包括会计主体假设、持续经营假设、会计分期假设和货币计量假设。

（一）会计主体假设

会计主体假设，是指会计所反映的是一个特定企业和行政事业单位的经济活动，而不包括投资者本人的经济业务和其他经营单位的经营活动。企业会计基本准则规定：“企业应当对其本身发生的交易或者事项进行会计确认、计量和报告。”会计主体假设不仅明确了核算的空间范围，解决了核算谁的经济业务的问题，也是持续经营、会计分期和货币计量前提和全部会计核算原则建立的基础。

会计主体不同于法律主体。一般而言，法律主体可以是会计主体，但会计主体并不都是法律主体。如独立的法人、非法人企业等单位都可以作为一个会计主体，企业内部的某一单位或一个特定组成部分，或几个公司组成的企业集团都可以作为会计主体。

（二）持续经营假设

持续经营假设，是指会计核算应以持续、正常的生产经营活动为前提，而不考虑企业是否将破产清算。企业会计基本准则规定，“企业会计确认、计量和报告应当以持续经营为前提”，是对企业会计核算在时间范围上进行的假定。持续经营假设明确了会计核算的时间范围，是“会计分期假设”的前提条件，是实际成本原则和配比原则等建立的基础。

在持续经营假设下，会计主体将会按既定的用途使用资产，按既定的合约条件清偿债务，会计人员也可以在此基础上选择会计政策和估计方法。在市场经济条件下，任何企业都存在破产、清算的风险，一旦企业发生破产、清算，以持续经营为前提的会计核算就不再适用，而应当采用破产清算会计的确认、计量和报告的有关规定进行处理，否则会使反映的会计信息不真实、误导会计信息使用者的经济决策。

（三）会计分期假设

会计分期假设，是指将一个会计主体持续不断的生产经营活动人为地划分为一个个连续的、长短相同的期间，以便分期结算账目，按期编制报表，从而及时向有关各方提供会计信息，以满足信息使用者的需要。人为划分的这些经营期间称为会计期间，企业会计基本准则规定：“企业应当划分会计期间，分期结算账目和编制财务会计报告。”会计期间分为年度和中期。中期是指短于一个完整的会计年度的报告期间。我国会计期间均按公历起讫日期确定。

（四）货币计量假设

货币计量假设，是指企业的生产经营活动及经营成果，都通过价值稳定的货币予以综合反映，其他计量单位虽可使用，但不占主要地位。这个假设一般含有币值不变假设，它明确了会计核算的计量尺度。现实生活中有许多计量单位，如实物量、劳动量等计量单位，这些计量单位只能从一个侧面反映企业的生产经营情况，无法在量上进行汇总和比较，不便于会计计量和经营管理。货币作为商品的一般等价物，是衡量一般商品价值的共同尺度，会计核算选择货币作为统一计量单位，可以全面反映企业的生产经营活动和有关交易、事项。企业会计基本准则规定：“企业会计应当以货币计量”。企业会计计量所选择的某种货币叫作记账本位币。企业通常应选择人民币作为记账本位币，业务收支以人民币以外的货币为主的企业，可以按有关规定选定其中一种货币作为记账本位币，但编报财务报表时应当折算为人民币。

由于会计统一采用货币计量也存在缺陷，如某些影响企业财务状况和经营成果的企业经营战略、研发能力、市场竞争力等因素，是难以用货币计量的，但这些信息对使用者决策也很重要。所以，企业应在财务报告中补充披露有关非财务信息来弥补这些不足。

二、会计信息质量要求

会计信息质量要求是对企业财务报告中所提供的会计信息质量的基本要求，是使会计信息对使用者决策有用应具备的基本特征。会计信息质量要求，是会计人员处理日常会计业务必须遵循的基本要求，是向信息使用者提供真实、准确和公允的会计信息的质量保证。

企业会计基本准则规定的会计信息质量要求，包括可靠性、相关性、可理解性、可比性、实质重于形式、重要性、谨慎性和及时性等。其中，可靠性、相关性、可理解性、可比性是会计信息首要质量要求，是企业财务报告中所提供会计信息应具备的基本质量特征；实质重于形式、重要性、谨慎性和及时性是会计信息的次级质量要求，是对会计信息首要质量要求的补充和完善。

（一）可靠性

可靠性要求企业应当以实际发生的交易或者事项为依据进行会计确认、计量和报告，如实反映符合确认和计量要求的各项会计要素和其他相关信息，保证会计信息真实可靠、数字准确、内容完整。可靠性要求财务报告中的会计信息能真实地反映它所要反映的实际现象而且其反映是没有偏差的。可靠性是对会计信息质量的基本要求。如果企业所提供的会计信息，不能客观、真实地反映企业生产经营活动的实际情况，会计就失去了其存在的意义。

（二）相关性

相关性是指企业提供的会计信息应当与财务会计报告使用者的经济决策需要相关，有助于财务会计报告使用者对企业过去、现在或者未来的情况做出评价或者预测。会计信息是否具有相关性取决于其预测价值、反馈价值与及时性。

预测价值是指会计信息能帮助使用者预测未来事项的结果，使用者可根据预测的可能结果做出决策。反馈价值是指会计信息能够反馈过去。信息的反馈价值有助于未来决策，因而也是相关性的重要组成因素。

及时性要求会计信息应在会计信息使用者做出相关决策之前提供，虽然及时提供的信息不一定具有相关性，但若信息不能被及时提供，则必定失去其效用。

（三）可理解性

可理解性要求企业提供的会计信息应当清晰明了，便于财务会计报告使用者理解和使用。企业提供会计信息的主要目的在于使用，而要使信息使用者有效使用会计信息，就应当使其弄懂会计信息的内容及其内涵，这就要求企业所提供的会计信息必须清晰明了，易于理解。

需要说明的是，可理解性是相对于信息使用者而言的，它假定信息使用者是具有一定的会计专业知识与水平的专业人士，他们又愿意花时间去研究信息。

（四）可比性

可比性要求企业提供的会计信息应当相互可比。可比性包括两层含义：

1.同一企业不同时期纵向会计信息可比。可比性要求同一企业不同时期发生的相同或者相似的交易或者事项，应当采用一致的会计政策，不得随意变更。如有必要变更，应当将变更的内容和理由、变更的累积影响数，以及累积影响数不能合理确定的理由等，在会计报表附注中予以说明，其目的是防止利用会计政策调整调节利润。

2.不同企业相同会计期间会计信息横向可比。对不同会计主体会计核算应当按照规定的会计处理方法进行，会计指标应当口径一致、相互可比。

（五）实质重于形式

实质重于形式要求企业按照交易或事项的经济实质进行会计确认、计量和报告，而不应当仅仅按照它们的法律形式作为会计核算的依据。

在实际工作中，企业交易或者事项的法律形式与其反映的经济实质不相一致时，只能按其经济实质作为会计核算依据，以确保会计信息真实性。例如，融资租入固定资产，其所有权（法律形式）并不属于企业，但其已经是企业控制和使用的资产（经济实质），按实质重于形式原则可作为企业的自有资产进行核算，即注重交易和事项的经济实质，而不拘泥于其法律形式。

（六）重要性

重要性要求企业“在会计核算过程中对交易或事项应当区别其重要程度，采用不同的会计核算方法。对资产、负债和损益等有较大影响，并进而影响财务会计报告使用者据以做出合理判断的重要会计事项，必须按照规定的会计方法和程序进行处理，并在财务会计报告中予以充分、准确的披露；对于次要的会计事项，在不影响会计信息真实性的前提下，可适当简化处理”。企业在会计核算中做到全面性与重要性相结合，不仅可以突出重点，而且可以节约人力、物力和财力，提高效率与效益。

在实务中，会计人员可以运用职业判断力，可以从质和量两个方面进行会计事项的重要性判断。从性质方面看，只要该会计事项发生就可能对决策有重大影响的属于重要事项；从数量方面看，当某一会计事项的发生达到一定数量时则可能对决策产生影响，此事项就具有重要性。另外，要结合行业特征、企业规模以及业务内容进行会计事项重要性的判断。

（七）谨慎性

谨慎性要求“企业在进行会计核算时，应当遵循谨慎性原则的要求，不得多计资产或收益、少计负债或费用，并且不得计提秘密准备”。其要义在于：应当合理预计可能发生的损失和费用，而不应预计可能发生的收入和过高估计资产的价值。

谨慎性要求体现于会计核算的全过程，包括会计确认、计量和报告等会计核算的各个方面。从会计确认来说，要求确认标准和方法建立在稳妥合理的基础上；从会计计量来说，要求不应高估资产和收益、低估负债和费用的数额；从会计报告来说，要求报告向会计信息的使用者提供尽可能全面的会计信息，特别是应报告有关可能发生的风险损失。

同步思考1-1

（1）假定本月购买股票200 000元，预计获得股利30 000元，请问是否要作为本月收入入账？

（2）未收货款300 000元，预计损失1 800元，请问是否要作为本月费用入账？请说明理由。

理解要点：（1）预计获得股利30 000元，不能作为企业本月的收入入账。因为资产和收益不可高估。

（2）预计损失1 800元，要作为本月费用入账。因为费用不可低估，要充分预计可能发生的损失和费用，需要将可能发生的损失计算为本月费用。

（八）及时性

及时性是指企业对于已经发生的交易或者事项，应当及时进行会计确认、计量和报告，不得提前或者延后。会计信息的价值在于使用，具有时效性。如果会计信息提供得不及时，那它对使用者的效用就会大大降低。及时性要求企业及时收集、加工处理会计信息，按规定的时限编制财务报告，并及时将财务报告传递给会计信息使用者，以便其进行决策。

第五节 会计基础与会计计量

一、会计基础

会计基础也称会计核算基础或者会计处理基础，是指经济组织在会计期间确认（包括计量和报告）收入和费用选择的标准。会计基础按确认收入、费用选择的标准不同，有权责发生制和收付实现制两种。

（一）权责发生制

权责发生制也称为应计制或者应收应付制，是指以实际发生为标准来确认当期收入和费用的一种会计基础。在权责发生制基础下，凡是当期已经实现的收入和已经发生或应当负担的费用，无论其款项是否已经收付，都应作为当期的收入和费用处理，计入利润表；凡是不属于当期的收入和费用，即使其款项已经在当期收付，也不应当作为当期的收入和费用。

为了使各个会计期间的收入和费用实现合理配比，真实、公允地反映企业特定会计期间的财务状况和经营成果，会计基本准则规定企业应当以权责发生制为基础进行会计确认、计量和报告。

（二）收付实现制

收付实现制又称现金制，是指以款项实际收付为标准来确认当期收入和费用的一种会计基础。收付实现制下，凡属当期实际已经收付款项的收入和费用，不管其是否属于当期已经实现的收入和已经发生或应当负担的费用，都应作为当期的收入和费用处理；凡是当期尚未收付款项的收入和费用，即使属于当期已经实现的收入和已经发生或应当负担的费用，也不应作为当期的收入和费用。

目前，我国政府会计由预算会计和财务会计构成。其中，预算会计采用收付实现制（国务院另有规定的，依照其规定执行）；财务会计采用权责发生制。

同步思考1-2

假定9月份销售产品，货款10 000元暂未收到。请问该笔销货款能否作为9月份的收入入账？假定9月份用银行存款支付10月、11月、12月的财产保险费12 000元。请问该笔财产保险费能否作为9月份的费用入账？请说明理由。

理解要点1：该笔销货款要作为9月份收入入账。9月份虽未收到货款，但已获得收款权利，依据权责发生制，应确认收入。

理解要点2：该笔财产保险费不能作为9月份费用入账。虽然支付了货币资金，但9月份并不受益（不应承担相应的责任），依据权责发生制，而应由10月、11月、12月分摊。

二、会计计量属性

会计计量是指为了将符合确认条件的会计要素登记入账，并列报于财务报表而确定其金额的过程。企业会计基本准则规定，企业在将符合确认条件的会计要素登记入账并列报于会计报表及其附注时，应当按照规定的会计计量属性进行计量，确定其金额。会计计量属性主要包括历史成本、重置成本、可变现净值、现值和公允价值等。

（一）历史成本

历史成本又称实际成本，在历史成本计量属性下，资产按照购置时支付的现金或者现金等价物的金额，或者按照购置资产时所付出的对价的公允价值计量。负债按照因承担现时义务而实际收到的款项或者资产的金额，或者承担现时义务的合同金额，或者按照日常活动中为偿还负债预期需要支付的现金或者现金等价物的金额计量。

（二）重置成本

重置成本又称现行成本，在重置成本计量属性下，资产按照现在购买相同或者相似资产所需支付的现金或者现金等价物的金额计量。负债按照现在偿付该项债务所需支付的现金或者现金等价物的金额计量。

（三）可变现净值

在可变现净值计量属性下，资产按照其正常对外销售所能收到现金或者现金等价物的金额扣减该资产至完工时估计将要发生的成本、估计的销售费用以及相关税费后的金额计量。

（四）现值

在现值计量属性下，资产按照预计从其持续使用和最终处置中所产生的未来净现金流入量的折现金额计量。负债按照预计期限内需要偿还的未来净现金流出量的折现金额计量。

（五）公允价值

公允价值，是指市场参与者在计量日发生的有序交易中，出售一项资产所能收到或者转移一项负债所需支付的价格。

第六节 会计核算方法与程序

一、会计核算方法

会计核算方法是指对会计主体发生的交易或者事项，进行连续、系统和全面的确认、计量、记录和报告的方法。包括设置会计科目及账户、复式记账、填制与审核凭证、登记账簿、成本计算、财产清查、编制财务报表等七种专门方法。

（一）设置会计科目及账户

设置会计科目及账户是在会计要素初步分类的基础上，对会计要素具体内容进行进一步分类核算的方法。设置会计科目是根据会计要素具体内容的不同特点和经济管理的具体要求，按一定标准事先规定的分类核算项目。账户是根据设置的会计科目在账簿中开设的，用来记录各个分类核算项目的增减变化及结存情况，以便取得经济管理所需要的核算指标。

（二）复式记账

复式记账是指对会计主体发生的每项交易或者事项，都要以相等的金额同时在两个或两个以上的相互联系的账户中记录的方法。采用复式记账法，能够反映账户之间的相互关系，了解经济业务的来龙去脉，同时便于检查账簿记录是否正确。

（三）填制和审核会计凭证

填制和审核会计凭证是指为会计记录提供完整、真实的原始资料，保证账簿记录正确、完整、合理和合法的方法。会计凭证是记录经济业务、明确经济责任的书面证明，是登记账簿的依据。会计凭证分为原始凭证和记账凭证。进行会计核算，必须取得证明经济业务发生的原始凭证，财会部门和其他有关部门要对其是否正确、完整、合法、合理进行审核；财会部门根据审核无误的原始凭证填制记账凭证，作为登记账簿的直接依据。

（四）登记账簿

登记账簿是指根据填制和审核无误的记账凭证，在账簿上进行全面、连续、系统记录的方法。账簿是由具有一定格式的账页组成的，用来记录经济业务的簿籍。登记账簿要以会计凭证为依据，运用复式记账的方法，将发生的交易或者事项分门别类地记入在账簿中开设的账户，借以提供总括和明细的会计核算指标，其反映的会计资料是编制财务报表的重要依据。

（五）成本计算

成本计算是指对应计入一定对象的全部费用进行归集和分配，分别计算各成本计算对象的总成本和单位成本的方法。成本计算是一种会计计量活动，解决的是会计核算对象的货币计价问题。因此，从广义上讲，成本计算存在于各种经济活动之中，会计核算的任何一项经济业务都有一个货币计价问题，而货币计价就是确定用何种成本入账的问题。从狭义上讲，货币计价一般是指材料、产品（商品）、劳务等的成本计算。通过成本计算可以正确地对会计核算对象进行计价，考核经济活动过程中物化劳动和活劳动的消耗程度，为经营管理提供基础资料。

（六）财产清查

财产清查是指通过盘点实物财产、货币资金、查询核对债权债务等来查明财产实有数额，保证账实相符的一种方法。在清查中发现财产的账面数额与实存数额不符的情况，应及时调整账簿记录，使账存与实存保持一致，并查明账实不符的原因，明确责任。对于清查中发现的积压或残损物资以及往来账款中的呆账、坏账等，要积极、及时地进行处理。因此，财产清查是保证会计资料真实、正确的一种手段。

（七）编制会计（财务）报表

编制会计（财务）报表是指在日常账簿记录的基础上，对会计核算资料定期进行进一步的加工整理，采用一定的表格形式，总括地反映经济组织在某一特定日期的财务状况和一定时期的经营成果、现金流量以及成本费用情况，为会计信息使用者提供信息的一种方法。编制的会计报表主要有资产负债表、利润表、现金流量表、所有者权益变动表以及有关的成本费用表等。会计报表所提供的信息资料，是进行会计分析、考核、检查的主要依据，是进行有关经济管理的重要资料。

上述会计核算的各种方法是相互联系，密切配合的，共同组成会计核算方法的完整体系。当会计主体日常的经济业务发生后，首先要取得或填制原始凭证；其次，根据审核后的原始凭证，按照所设置的会计科目和账户，采用复式记账法，编制记账凭证；再次，要根据记账凭证或原始凭证登记账簿，并根据账簿的记录和其他有关资料对生产经营过程中发生的各项费用进行成本计算；最后，通过财产清查，在确保账证、账账和账实相符的基础上，根据账簿的记录和其他有关资料编制会计报表。会计核算的七种方法相互联系，形成一个完整的方法体系。

二、会计核算的基本程序

会计核算的基本程序是指会计核算进行加工处理数据并形成最终会计信息的过程中所特有的步骤，包括会计确认、计量、记录和报告几个环节。

（一）会计确认

会计确认是指按照规定的标准和方法，辨认和确定经济信息是否作为会计信息进行正式记录并列入会计报表的过程。确认涉及某项经济活动是否应该作为会计要素的有关项目进行记录，在何时以多少金额记录等问题。对某项经济活动确认的主要标准有：一是判断该经济活动是否符合了某个会计要素项目的定义，或满足了会计准则、会计制度规定的有关条件；二是该经济活动能否用货币计量。按确认的时间顺序，会计确认可分为初始确认和再确认。初始确认是指经济活动是否通过会计核算系统的最初认可；再确认是对纳入会计核算系统的经济活动发生变化，或为进行加工处理会计信息和在会计报表进行表述等进行的进一步确认。会计确认是会计核算的第一个步骤，但也涵盖在计量、记录和报告的各个环节之中。

（二）会计计量

会计计量是指在会计确认的基础上对应确认的对象进行数量化和价值化的会计行为。会计计量包括计量尺度和计量属性两个方面。会计计量尺度包括货币量度、实物量度和劳动量度，但主要以货币作为计量尺度。会计计量的属性主要有历史成本、重置成本、可变现净值、现值和公允价值等。

（三）会计记录

会计记录是指对经过确认而进入会计核算系统的各项数据，运用复式记账的方法，按照会计凭证、账簿记录的有关要求在会计凭证和预先设置好的账户中进行记录的过程。通过会计记录，可以对经济活动的影响及结果进行详细、具体的描绘与量化，并且可以对数据进行初步加工、分类和汇总。

（四）财务报告

财务报告是指企业对外提供的反映企业某一特定日期的财务状况和某一会计期间的经营成果、现金流量等报告文件。财务报告是会计核算的最终产品，也是会计信息使用者获得会计信息的主要渠道。财务报告包括会计报表及其附注和其他应当在财务会计报告中披露的相关信息和资料。会计报表至少应当包括资产负债表、利润表、现金流量表、所有者权益变动表等报表。

■ 本章内容结构图（如图1-1所示）

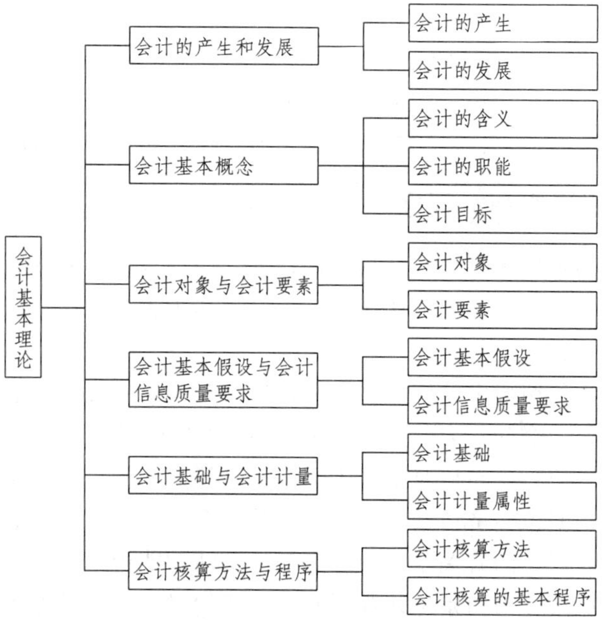

图1-1 本章内容结构图

复习思考题

1. 什么是会计，你认为会计的本质是什么？
2. 应该如何处理会计基本职能之间的关系？
3. 会计信息有哪些质量要求？
4. 会计信息的使用者通过什么方式获取会计信息，能够获取哪些方面的信息？
5. 权责发生制与收付实现制的区别是什么？
6. 会计核算方法有哪几种？如何理解它们之间的关系？

本章小结

会计是人类社会发展到一定历史阶段的产物，它起源于生产实践，是为管理生产活动而产生的。

会计是旨在提高经济效益，以货币为主要计量单位，以凭证为依据，通过一定的程序和方法将经济组织的有关经济活动进行全面、综合、连续、系统的核算和监督，并向有关方面提供受托责任情况与对决策有用的会计信息的信息系统，是一种以价值运动为对象的管理活动，是经济管理的重要组成部分。

会计的基本职能是会计核算和会计监督。

企业会计应当如实反映企业财务状况、经营成果和现金流量等方面的有用信息，以满足有关各方信息的需要，有助于使用者做出经济决策，并反映企业管理层受托责任的履行情况。

会计对象，是指会计核算和监督的内容。会计的一般对象是社会再生产过程中的资金运动。

资产是指企业过去的交易或者事项形成并由企业拥有或者控制、预期会给企业带来经济利益的资源。

负债是指由过去的交易或者事项所形成的、预期会导致经济利益流出企业的现时义务。

所有者权益是指企业资产扣除负债后由所有者享有的剩余权益。公司的所有者权益又称为股东权益。

收入是指在日常活动中形成的、会导致所有者权益增加的、与所有者投入资本无关的经济利益的总流入。

费用是指企业在日常活动中发生的、会导致所有者权益减少的、与所有者分配利润无关的经济利益的总流出。

利润是指企业在一定会计期间的经营成果。利润是综合反映企业经营业绩情况的指标，包括收入减去费用后的净额、直接计入当期利润的利得和损失等。

会计的基本假设，是指一般在会计实践中长期奉行，不需证明便为人们所接受的前提条件。我国会计基本假设包括会计主体、持续经营、会计分期和货币计量。

权责发生制也称为应计制或者应收应付制，是指以实际发生为标准来确认当期收入和费用的一种会计基础。

会计计量属性主要包括历史成本、重置成本、可变现净值、现值和公允价值等。

会计核算方法是指对会计主体发生的交易或者事项，进行连续、系统和全面的确认、计量、记录和报告的方法。包括设置会计科目及账户、复式记账、填制与审核凭证、登记账簿、成本计算、财产清查、编制财务报表等七种专门方法。

会计核算的基本程序是指会计核算进行加工处理数据并形成最终会计信息过程所特有的步骤，包括会计确认、计量、记录和报告几个环节。

■ 关键概念

会计　会计主体　权责发生制　公允价值　资产　负债　所有者权益　收入　费用　利润

■ 案例分析题

背景与情境：

晋元服装有限责任公司是一家刚成立不久的、以生产羽绒服装为主的私营企业，投资者及法人代表均为周凌，12月份该公司发生了几笔经济业务，在会计处理上引起了企业财务人员的争议：

1.12月1日，周凌及家人产生国际旅游费50 000元，想在公司报销。

2.12月10日，周凌从出纳处取出2 000元现金给其妻子办生日宴会，发票作为办公费用支出入账。

3.12月15日，第一次销往美国的一批羽绒服收到货款20 000美元，会计直接以美元入账，而没有折算为记账本位币——人民币。

4.12月20日，财务部门为了满足工作需要购买了一台电脑，价值8 000元，一次性作为企业的管理支出处理。

5.12月30日，按月计提固定资产折旧，公司原使用平均年限法，但为了快速收回投资，会计人员在本月改用了加速折旧法，多提折旧8 000元。

问题： 如果你是一名会计人员，你认为上述经济业务在会计处理上是否妥当？如不妥当，违背了哪些会计核算要求？

二维码1-2：会计将成为你生命中的一部分

第二章

账户与借贷记账法

学习目标

◇了解会计等式的表现形式

◆理解会计等式的平衡关系

★掌握会计科目与账户的区别和联系

★掌握会计分录编制的基本要求

★掌握试算平衡方法

★熟练掌握借贷记账法的账户结构和记账规则

二维码2-1：会计是什么

第一节　会计等式

会计等式也称会计恒等式，它是运用数学方程的原理描述各会计要素之间基本数量关系的表达式。

一、会计等式的表现形式

企业为了进行生产经营活动，必须拥有一定数量与质量的具有未来经济效益的经济资源，即资产。资产最初进入企业的渠道主要有两种：一是由所有者投入；二是由企业向债权人借入。企业的所有者和债权人为企业提供了全部资产，就应该对企业的资产享有要求权，这种对企业资产的要求权，在会计上总称为权益。其中属于所有者的部分，称为所有者权益；属于债权人的部分，称为债权人权益，即负债。

资产表明企业拥有什么经济资源和拥有多少经济资源，权益则表明是谁提供了这些经济资源，谁对这些经济资源拥有要求权。资产和权益之间是相互依存的关系。从数量上看，有一定数额的权益，也必然有一定数额的资产。也就是说，一家企业的资产总额与权益总额必定相等，从任何一个时点来看，二者之间都必然保持数量上的平衡关系。资产和权益这种平衡关系，体现为如下会计等式：

资产=负债+所有者权益　　(2-1)

上述资产、负债和所有者权益之间的关系等式（2-1）称为会计恒等式，反映了会计主体在某一特定时点所拥有的资产及其归属关系，是一种资金运动的静态关系。会计恒等式是会计核算中设置账户、复式记账和编制资产负债表等的理论依据。

企业进行生产经营活动的目的是获取收入，实现利润。每一个会计期间，企业随着经济活动的进行，不断地取得收入，同时也发生各种费用。期末，将收入和费用相比较，才能确定本期的经营成果，即盈利或亏损。收入、费用和利润这三个会计要素之间的经济关系如下：

收入−费用=利润 (2−2)

上述会计等式（2−2）反映企业收入、费用和利润在一定会计期间内存在的关系，是一种资金运动动态关系，是编制利润表的理论依据。

收入和费用的发生不仅会影响资产变化，也会影响所有者权益变化。企业实现盈利，利润增加，所有者权益就会增加；当然企业发生亏损，所有者权益也将减少。所以由等式（2−1）、等式（2−2）综合而成的全面反映企业的财务状况和经营成果的等式如下：

资产+费用=负债+所有者权益+收入 (2−3)

在会计期末，企业将收入与费用进行配比，计算出利润，并全部归入所有者权益之中，综合会计等式（2−3）又恢复为等式（2−1）的形式，即：

资产=负债+所有者权益

二、经济业务的发生对会计等式的影响

企业发生的经济业务对资产和权益的影响，可以归纳为九种基本类型：（1）资产项目和负债项目同时增加，增加金额相等；（2）资产项目和所有者权益项目同时增加，增加金额相等；（3）资产项目和负债项目同时减少，减少金额相等；（4）资产项目和所有者权益项目同时减少，减少金额相等；（5）资产内部有关项目有增有减，增减金额相等；（6）负债内部有关项目有增有减，增减金额相等；（7）所有者权益内部有关项目有增有减，增减金额相等；（8）负债项目增加，所有者权益项目减少，增减金额相等；（9）负债项目减少，所有者权益项目增加，增减金额相等。

上述九类基本经济业务的发生，都不会破坏资产和权益的平衡关系。因此，可以得出如下结论：任何一项经济业务的发生，都不会破坏资产和权益的平衡关系，会计等式始终是成立的。

第二节 会计科目与账户

会计要素是对会计对象最基本的分类，通过会计要素所提供的信息资料，信息使用者只能了解某一特定时点企业拥有或控制的经济资源总额、承担的债务总额、投资人的权益总额，以及某一会计时期企业取得的收入总额、发生的耗费总额、实现的利润总额等信息，而无法了解企业某一要素的构成情况，即无法了解会计要素

的具体内容。为此，有必要对会计要素的具体内容做进一步分类，即设置会计科目与账户。

一、会计科目

会计科目是对会计要素具体内容进行进一步分类核算的项目。为了全面、系统地核算和监督经济业务发生所引起的会计要素有关项目的增减变动情况，根据会计要素具体内容的特点、经济管理的客观要求与会计信息使用者的需要，将会计要素的具体内容做进一步分类。这种对会计要素的具体内容事先规定了分类项目的名称、编号和核算内容的专门方法，就是设置会计科目。

（一）设置会计科目的原则

会计科目是设置账户、复式记账和编制会计报表的基础，在会计核算中具有重要的意义与作用。在设置会计科目时主要应遵循以下原则：

1.全面反映会计要素的具体内容

会计科目是对会计要素具体内容的进一步分类，所以设置会计科目首先应当根据企业会计要素的性质与特征进行分类。一般来说，资产和负债是按其流动性进行分类的，收入和费用是按主次来进行分类的，所有者权益和利润是按形成方式的不同进行分类的。如在资产中设置“库存现金”“银行存款”“应收票据”“应收账款”“原材料”“库存商品”“固定资产”“无形资产”等科目就是按其流动性设置的，并且每个科目都代表一个特定的资产形态。但是，由于不同企业所在行业的差异和各自特点的不同，其经济业务的内容和管理的要求不同，会计要素的具体内容也有所差别，因此设置会计科目还应符合企业所在行业和自身业务的特点，如工业企业需要设置“生产成本”科目，而商品流通企业就不必设置该科目了。

2.满足会计信息使用者的要求

会计核算的目的主要是为企业内、外部的会计信息使用者提供对决策有用的会计信息。在企业内部，经营管理者主要根据会计信息进行管理，需要的会计信息比较具体、详细。在企业外部，投资者主要根据会计信息了解对企业投资的风险和获利能力，债权人要求从所提供的会计信息中看到企业的偿债能力，而政府部门则要根据各企业具体会计信息和汇总信息来制定宏观经济政策，它们需要的信息不同，对信息详细程度的要求也不同。所以企业在设置会计科目时应当充分考虑不同信息使用者的需求，如按会计科目提供的会计信息详细程度不同来设置总分类科目和明细分类科目。

3.统一性和灵活性相结合

统一性是指企业设置会计科目，要按国家统一制定的会计报表列报要求提供规定的会计信息；灵活性是指企业会计科目的设置要在满足国家统一规定的准则下，可以根据本企业的具体情况和经济管理要求设置适合本企业会计核算的会计科目。一般制造业常用会计科目，见表2-1。

表 2-1 **制造业常用会计科目表**

序号	名　称	序号	名　称
	一、资产类	51	合同负债
1	库存现金	52	应付职工薪酬
2	银行存款	53	应交税费
3	其他货币资金	54	应付利息
4	交易性金融资产	55	应付股利
5	应收票据	56	其他应付款
6	应收账款	57	代理业务负债
7	预付账款	58	递延收益
8	应收股利	59	长期借款
9	应收利息	60	应付债券
10	其他应收款	61	长期应付款
11	坏账准备	62	未确认融资费用
12	代理业务资产	63	专项应付款
13	材料采购	64	预计负债
14	在途物资	65	递延所得税负债
15	原材料		三、共同类
16	材料成本差异	66	衍生工具
17	库存商品	67	套期工具
18	发出商品	68	被套期项目
19	委托加工物资		四、所有者权益类
20	周转材料	69	实收资本
21	存货跌价准备	70	资本公积
22	合同资产	71	其他综合收益
23	合同资产值准备	72	盈余公积
24	债权投资	73	本年利润
25	债权投资减值准备	74	利润分配
26	其他债权投资	75	其他权益工具
27	其他权益工具投资	76	库存股
28	长期股权投资		五、成本类
29	长期股权投资减值准备	77	生产成本
30	投资性房地产	78	制造费用
31	长期应收款	79	劳务成本
32	未实现融资收益	80	研发支出
33	固定资产		六、损益类
34	累计折旧	81	主营业务收入
35	固定资产减值准备	82	其他业务收入
36	在建工程	83	公允价值变动损益
37	工程物资	84	投资收益
38	固定资产清理	85	资产处置收益
39	无形资产	86	其他收益
40	累计摊销	87	营业外收入
41	无形资产减值准备	88	主营业务成本
42	商誉	89	其他业务成本
43	长期待摊费用	90	税金及附加
44	递延所得税资产	91	销售费用
45	待处理财产损溢	92	管理费用
	二、负债类	93	财务费用
46	短期借款	94	资产减值损失
47	交易性金融负债	95	信用减值损失
48	应付票据	96	营业外支出
49	应付账款	97	所得税费用
50	预收账款	98	以前年度损益调整

（二）会计科目的分类

为了便于掌握和运用会计科目，一般应按下列标准对会计科目进行分类：

第一，会计科目按其反映的经济内容的性质或按会计要素分类，分为资产类、负债类、所有者权益类、共同类、成本类和损益类科目六大类。这种分类有助于了解和掌握会计科目核算的内容和性质，正确运用会计科目所提供的信息。表2-1中的会计科目就是按其反映的经济内容进行的分类，表中对每个会计科目都有一个四位数的编号，主要是为了适应会计电算化的需要，编号的第一位数代表会计科目的类别，而第二、第三位数也都是在各类科目中的进一步分类，第四位数是科目在类别中的序号。

第二，会计科目按其划分的详细程度分类，可分为总分类科目和明细分类科目两类。总分类科目，也称总账科目或一级科目，是对会计要素的具体内容进行总括性分类的科目。表2-1中的会计科目都属于总分类科目。明细分类科目，也称明细科目，是对总分类科目表2-1的内容进一步分类的科目，是对总分类科目的进一步解释说明。如果某总分类科目下面反映的内容较多，则可在总分类科目下设置几个层次的明细科目，如某企业在“原材料”总分类科目下按材料的类别设置“原料及主要材料”“辅助材料”“包装材料”等明细科目，再在“原料及主要材料”明细科目下按企业实际材料的品种规格设置（诸如“圆钢”“角钢”等）下一层次的明细科目，这种会计科目的不同层次称为级次。“原料及主要材料”科目是“原材料”一级科目的二级科目（也称子目）、“圆钢”科目是三级科目（也称细目），“热轧圆钢”“冷拉圆钢”是四级科目，一般最后一级科目称为明细科目，但在总分类科目下设置的科目也都称为明细科目。某单位“原材料”会计科目按其划分的详细程度分类见表2-2。

表2-2　**会计科目按其划分的详细程度分类举例**

<table>
<tr><td rowspan="2">总分类科目
（一级科目）</td><td colspan="3">明细分类科目</td></tr>
<tr><td>二级科目（子目）</td><td>三级科目（细目）</td><td>明细科目</td></tr>
<tr><td rowspan="8">原材料</td><td rowspan="4">原料及主要材料</td><td rowspan="2">圆钢</td><td>热轧圆钢</td></tr>
<tr><td>冷拉圆钢</td></tr>
<tr><td rowspan="2">角钢</td><td>等边角钢</td></tr>
<tr><td>不等边角钢</td></tr>
<tr><td rowspan="2">辅助材料</td><td>油漆</td><td>略</td></tr>
<tr><td>润滑油</td><td>略</td></tr>
<tr><td rowspan="2">包装材料</td><td>铁皮</td><td>略</td></tr>
<tr><td>铁丝</td><td>略</td></tr>
</table>

二、账户

（一）账户的意义

账户是根据会计科目在账簿中开设的、具有一定格式与结构的、用来记录会计要素分类核算项目增减变动及其结存情况的记账单元。

账户是根据会计科目开设的，会计科目是账户的名称，两者在分类核算的内容上是一致的。但由于会计科目仅仅是对会计要素具体内容分类核算的项目名称或标志，所以要提供具体的核算数据资料必须通过设置账户来实现。因为账户具有一定的格式和结构，是具体记录经济业务的载体，能分类反映会计要素有关项目的增减变化及其结存情况，所以能够提供具体的核算数据资料。

（二）账户的基本结构

无论会计要素分类项目的变动多么复杂，从数量上看不外乎增加和减少两种情况，因此账户的基本结构划分为左方和右方，一方登记增加额，另一方则登记减少额。至于哪一方记增加，哪一方记减少，则取决于账户的性质、所记录的经济业务的内容和所采用的记账方法。账户的基本结构主要包括以下内容：

（1）账户名称；

（2）记录经济业务发生的时间；

（3）记录经济业务所依据的凭证编号；

（4）发生经济业务的内容摘要；

（5）记录经济业务引起该项目增加或减少的金额以及余额。

账户的基本格式，见表2-3。

表2-3　　**账户名称**

年		凭证编号	摘　要	左　方	右　方	余额
月	日					

为了教学方便，一般把账户的基本结构简化为记录增加额和减少额的左、右两方，见表2-4，由于其与英文字母“T”或汉字中的“丁”字相似，故称为“T”形账户或“丁”字账户。

表2-4

左方	**账户名称**	右方

在一定会计期间内，会计要素具体项目会受到本期间经济业务的影响，反映会计要素变化的账户就会记录本期间每笔经济业务的发生额，即本期发生额。本期发

生额分为本期增加发生额和本期减少发生额。一定期间记录在账户增加方的金额称为本期增加发生额，记录在账户减少方的金额称为本期减少发生额。本期增加发生额和本期减少发生额分别记录在账户的两方，如果本期期初没有余额，二者相抵后的差额称为本期期末余额，期末余额一般记录在登记增加发生额的一方。本期的期末余额转入下期就成为了下期的期初余额。因此，每一账户中都存在这四项金额指标：本期增加发生额、本期减少发生额、本期期初余额和本期期末余额。其中发生额反映经济内容的变动过程，余额反映经济内容的变动结果。四项指标之间的关系可用公式表示如下：

本期期末余额=本期期初余额+本期增加发生额-本期减少发生额

（三）账户的分类

由于账户是根据会计科目设置的，所以账户与会计科目有相同的分类。此外账户还可以按其用途和结构分为盘存类账户、结算类账户、资本类账户、成本计算类账户、集合分配类账户、收入类账户、费用类账户、跨期摊提类账户、财务成果类账户和调整类账户等；也可以按其反映会计报表内容的不同分为资产负债表类账户、利润表类账户和制造成本表类账户。

三、会计科目与账户的关系

由于会计账户是根据会计科目设置的，有一个会计科目，相应地就会有一个会计账户，而且会计科目是会计账户的名称，因此会计科目与账户有共同之处：第一，会计科目与账户的分类是一致的，都是对会计要素具体内容做出的详细的再分类；第二，会计科目与账户内含的经济内容相同。

但是，从理论上来讲，会计科目与账户毕竟是两个不同的会计概念，因此，二者又存在区别。第一，会计科目由财政部统一规定，是各会计主体设置账户、处理账务所必须遵循的依据，而会计账户则由会计主体依据国家规定的科目自行设置，是会计核算的一个工具；第二，会计科目只是对会计要素具体内容进行分类的项目名称或标志，无法进行此项内容的核算，会计账户不仅对会计要素进行了进一步分类，还具有一定的格式结构，可以通过该结构记录此项经济内容的增减变动情况及其变动结果，是会计核算的记账单元，是会计核算的重要工具。

由于会计账户是依据会计科目设置，会计科目是账户的名称，二者分类一致，经济内涵相同，因此在实际会计工作中，会计科目与账户互相通用。

第三节 借贷记账法

记账方法是指在经济业务发生后，按照一定的规则，使用一定的符号，在账户中登记各项经济业务的技术方法。记账方法包括单式记账法和复式记账法。单式记账法是指在经济业务发生后，只在一个账户中记录的方法。单式记账法往往只重视涉及现金以及“人欠”与“欠人”等债权债务的核算，不能系统地反映企业经济业务的全貌。**复式记账法**是指在每一笔经济业务发生后都要以相等的金额在相互联系的两个或两个以上的账户中进行记录的记账方法。在复式记账法下，根据记录的两个或两个以上账户的相互关系，可以了解经济业务的来龙去脉，并且能够全面、系统地反映经济活动的过程与结果，并可以依据在两个或两个以上账户中记录的金额相等这一事实，对账户记录的结果进行试算平衡，以检查账户记录的正确性。

一、借贷记账法的含义

借贷记账法，是指以“借”和“贷”作为记账符号，对发生的每一笔经济业务都要以相反的方向、相等的金额在相互联系的两个或两个以上的账户中进行记录的一种复式记账法。借贷记账法是应用最广的记账方法，虽然我国曾使用过增减记账法、收付记账法等复式记账法，但现在我国有关制度规定所有单位都必须采用借贷记账法。

最初“借”和“贷”与企业的债权、债务有关，“借”表示借出，是债权；“贷”表示贷入，是债务。但是，随着商品经济的发展，经济活动的内容日趋复杂，“借”“贷”作为借贷记账法的记账符号，已经失去了原有的字面含义，纯粹成了记账符号，“借方”“贷方”仅仅表示记账的方向。

二、借贷记账法的账户结构

通过上节的学习，我们知道账户的基本结构分为左方、右方，在借贷记账法下账户的左方为借方、右方为贷方，但在哪一方记增加额，哪一方记减少额，与账户的性质和记录的具体经济业务内容有关。前面所学的会计等式“资产=负债+所有者权益+（收入-费用）”，可以扩展变形为下列会计等式：

资产+成本+费用=负债+所有者权益+收入

一般来说，属于会计等式左方的各类账户，借方记增加、贷方记减少；而属于会计等式右方的各类账户，贷方记增加、借方记减少。下面分别学习各类账户的具体结构。

（一）资产、成本类账户结构

资产类和成本类账户在会计等式的左方，其结构是借方记增加、贷方记减少，如果有余额一般在借方（增加方）。资产及成本类账户的一般结构见表2-5。

由表2-5可知，资产及成本类账户的期初、期末余额在借方，即登记增加额的方向。账户的期初、期末余额和本期借方、贷方发生额之间有如下关系：

期末借方余额=期初借方余额+本期借方发生额-本期贷方发生额

（二）负债、所有者权益类账户结构

负债类和所有者权益类账户在会计等式的右方，其结构是贷方记增加、借方记减少，如果有余额一般在贷方（增加方）。负债及所有者权益类账户的一般结构见表2-6。

表2-5

借方　　**资产及成本类账户**　　贷方

借方	贷方
期初余额：×××	
本期增加额：×××	本期减少额：×××
……	……
×××	×××
本期借方发生额：×××	本期贷方发生额：×××
期末余额：×××	

表2-6

借方　　**负债及所有者权益类账户**　　贷方

借方	贷方
	期初余额：×××
本期减少额：×××	本期增加额：×××
……	……
×××	×××
本期借方发生额：×××	本期贷方发生额：×××
	期末余额：×××

由表2-6可知，负债及所有者权益类账户的期初、期末余额在贷方，即登记增加额的方向。账户的期初、期末余额和本期借方、贷方发生额之间有如下关系：

期末贷方余额=期初贷方余额+本期贷方发生额-本期借方发生额

（三）收入、费用类账户结构

损益类账户按其反映的具体内容不同，又可进一步分为收入和费用两类账户，这两类账户在结构上有所不同。

1.收入类账户结构

收入类账户在会计等式的右方，其结构是贷方记增加、借方记减少，平时账户余额一般在贷方，但期末要将账户的贷方余额从借方全部结转，所以该类账户在期末结转后没有余额。收入类账户的一般结构见表2-7。

由于该类账户在期末结转后没有余额，所以在表2-7中有关金额之间存在如下关系：

期末借方结转额=本期贷方发生额-本期借方减少额

即有：

表2-7

借方　　**收入类账户**　　贷方

借方	贷方
本期减少额：×××	本期增加额：×××
……	……
×××	×××
本期借方发生额：×××	本期贷方发生额：×××

2.费用类账户结构

费用类账户在会计等式的左方，其结构是借方记增加、贷方记减少，平时账户余额一般在借方，但期末要将账户的借方余额从贷方全部结转，所以该类账户在期末结转后没有余额。费用类账户的一般结构见表2-8。

由于该类账户在期末结转后没有余额，所以在表2-8中有关金额之间存在如下关系：

期末贷方结转额=本期借方发生额-本期贷方减少额

即有：

表2-8

借方	费用类账户　　　　贷方
本期增加额：×××	本期减少额：×××
……	……
×××	期末贷方结转额：×××
本期借方发生额：×××	本期贷方发生额：×××

综上所述，所有损益类账户在期末结转后都没有余额。

根据以上各类账户结构的说明，账户借方和贷方所反映的经济业务可概括如下（见表2-9）。

表2-9

借方	账户　　　　贷方
资产的增加	资产的减少
负债及所有者权益的减少	负债及所有者权益的增加
费用（成本）的增加	费用（成本）的减少
收入（利润）的减少	收入（利润）的增加

三、借贷记账法的记账规则

借贷记账法的记账规则可以概括为：有借必有贷，借贷必相等。根据借贷记账法的概念，对发生的每一笔经济业务，都要以相反的方向、相等的金额在两个或两个以上相互联系的账户中进行记录。“有借必有贷”，是指对发生的每一笔经济业务在进行登记时，要求在记入一个或几个账户的借方的同时，记入另一个或另几个账户的贷方。而“借贷必相等”，就是要求记入有关账户借方的金额（之和）必须等于记入有关账户贷方的金额（之和）。

运用借贷记账法的记账规则登记经济业务时，一般按以下步骤进行：

首先确定账户名称。根据经济业务的内容，确定该笔经济业务的发生涉及会计要素哪些项目的增减变化，进而确定涉及哪些账户。

然后确定所记账户的方向。确定这些账户中哪个应记增加，哪个应记减少，根据所涉及账户的性质和所记账户的增加或减少，确定所记账户的方向，即借方或贷方。

最后确定所记账户应记方向的金额。根据经济业务的具体内容，确定记入所记账户应记方向的金额。

【例 2-1】大明有限责任公司（以下简称“大明公司”）发生以下经济业务，要求按借贷记账法的记账规则进行处理。

（1）大明公司收到甲公司的货币资金投资 1 000 000 元存入银行。该笔业务是企业将收到的股东货币资金投资存入银行，涉及“银行存款”与“实收资本”两个账户的增加，“银行存款”属于资产类账户，增加应该记借方；而“实收资本”属于所有者权益类账户，增加应该记贷方，增加的金额都是 1 000 000 元。符合“有借必有贷，借贷必相等”的记账规则，见表 2-10。

表 2-10

借方	实收资本	贷方		借方	银行存款	贷方
		1 000 000	←→	1 000 000		

（2）大明公司从 A 公司购入 200 000 元的生产用材料，款未付。该笔业务中企业购入材料但未付款，涉及“原材料”和“应付账款”两个账户的增加，“原材料”属于资产类账户，增加应该记借方；而“应付账款”属于负债类账户，增加应该记贷方，增加的金额都是 200 000 元。符合“有借必有贷，借贷必相等”的记账规则，见表 2-11。

表 2-11

借方	应付账款	贷方		借方	原材料	贷方
		200 000	←→	200 000		

（3）大明公司用银行存款 100 000 元购买一台生产设备。该笔业务是企业用银行存款购买固定资产，涉及“银行存款”账户的减少和“固定资产”账户的增加，“银行存款”和“固定资产”都属于资产类账户，“固定资产”账户增加应该记借方，“银行存款”账户减少应该记贷方，增加与减少的金额都是 100 000 元。符合“有借必有贷，借贷必相等”的记账规则，见表 2-12。

表 2-12

借方	银行存款	贷方		借方	固定资产	贷方
		100 000	←→	100 000		

（4）大明公司从某银行借入短期借款 200 000 元，用于偿还购买 A 公司材料的货款。该笔业务是企业用银行借入的款项直接偿还购买材料的欠款，涉及“短期借款”账户的增加“应付账款”账户的减少，“短期借款”和“应付账款”都属于负债类账户，“短期借款”账户增加应该记贷方，“应付账款”账户减少应该记借方，增加与减少的金额都是 200 00 元。符合“有借必有贷，借贷必相等”的记账规则，见表 2-13。

表 2-13

借方	**短期借款** 贷方		借方 **应付账款**	贷方
	200 000	←——→	200 000	

（5）大明公司以银行存款500 000元退还乙公司的投资。该笔业务是企业用银行存款退还投资，涉及“银行存款”账户的减少和“实收资本”账户的减少。“银行存款”属于资产类账户，减少应该记贷方；“实收资本”属于所有者权益类账户，减少应该记借方；减少的金额都是500 000元。符合“有借必有贷，借贷必相等”的记账规则，见表2-14。

表 2-14

借方	**银行存款** 贷方		借方 **实收资本**	贷方
	500 000	←——→	500 000	

四、账户对应关系和会计分录

采用借贷记账法处理经济业务时，总会使有关账户之间产生应借、应贷的关系，这种由于发生经济业务而使账户之间产生的应借、应贷的相互关系称为账户的对应关系，人们通常把发生对应关系的账户称为**对应账户**。因为产生对应关系的账户是由于经济业务的发生引起的，所以通过处理经济业务所涉及的对应账户，不仅可以了解经济业务的内容，还可以检查处理经济业务的正确性。

会计分录是指根据借贷记账法对每一笔经济业务确定其应记账户的名称、方向和金额的一种记录形式。在实际工作中，会计分录是在记账凭证中编制的，即在会计的记账凭证上记录应予记账的账户名称、所记的方向和金额，这是会计分录的基本要素。下面举例说明会计分录的格式以及编制方法。

【例2-2】大明公司20×8年1月份发生了以下经济业务（暂不考虑增值税因素），要求按借贷记账法的记账规则编制有关会计分录。

（1）企业收到股东（所有者）甲公司的货币资金投资1 000 000元并存入银行。

借：银行存款　　1 000 000

　贷：实收资本　　1 000 000

（2）企业从A公司购入生产用材料200 000元，货款未付。

借：原材料　　200 000

　贷：应付账款——A公司　　200 000

（3）企业用银行存款100 000元购买一台生产设备。

借：固定资产　　100 000

　贷：银行存款　　100 000

（4）企业向某银行借入短期借款200 000元，用于偿还购买A公司材料的货款。

借：应付账款——A公司　　200 000

　贷：短期借款　　200 000

（5）按规定从企业税后利润中提取任意盈余公积50 000元。

借：利润分配——提取任意盈余公积 50 000

贷：盈余公积 50 000

（6）按企业的利润分配方案，企业向投资人分配利润200 000元。

借：利润分配——应付现金股利或利润 200 000

贷：应付股利 200 000

（7）企业欠B公司货款500 000元，经协商，B公司同意将这部分货款作为对该企业的投资。

借：应付账款——B公司 500 000

贷：实收资本 500 000

（8）企业以银行存款500 000元退还乙公司的投资款。

借：实收资本 500 000

贷：银行存款 500 000

（9）企业以银行存款1 000 000元偿还一笔到期的长期借款。

借：长期借款 1 000 000

贷：银行存款 1 000 000

（10）企业销售一批产品800 000元，收到货款并存入银行。

借：银行存款 800 000

贷：主营业务收入 800 000

（11）企业向B公司销售一批产品200 000元，以该批产品的货款直接偿还前欠B公司的材料款。

借：应付账款——B公司 200 000

贷：主营业务收入 200 000

（12）企业将本月主营业务收入1 000 000元转到“本年利润”账户。

借：主营业务收入 1 000 000

贷：本年利润 1 000 000

（13）企业结转本月已销产品成本700 000元。

借：主营业务成本 700 000

贷：库存商品 700 000

（14）企业本月发生广告费50 000元，款项未付。

借：销售费用 50 000

贷：其他应付款 50 000

通过上述例子可以看出，会计分录主要明确了应记账户的名称、记录的方向和金额三部分内容。上述经济业务的会计分录都是只涉及一个账户的借方，同时涉及另一个账户的贷方，即账户之间的对应关系是一借一贷，这种对应关系的会计分录叫简单会计分录。其实，会计分录可以分为简单会计分录和复合会计分录。复合会计分录是由两个以上相对应的账户组成的会计分录，也可以说是由几个简单会计分录复合而成的，具体的对应关系有一借多贷、多借一贷和多借多贷。下面我们列举一些有关复合会计分录的例子。

【例2-3】沿用【例2-2】相关资料，除上述提到的14笔经济业务，大明公司在20×8年1月份还发生了以下业务，要求根据经济业务编制有关会计分录。

（15）丙公司以一台机器和货币资金对本企业进行投资，投资合同约定的机器价值为200 000元，机器已经收到，投入的货币资金100 000元已经存入银行。

分析：该项业务是企业接受投资人的固定资产和货币资金投资，资产和所有者权益同时增加。业务涉及“固定资产”和“银行存款”账户，资产增加应记借方；同时涉及“实收资本”账户，其增加应记贷方。有关会计分录如下：

借：固定资产　　200 000
　　银行存款　　100 000
　贷：实收资本　　300 000

（16）企业从K公司购入原材料100 000元、包装物20 000元，货款120 000元以银行存款支付；以库存现金600元支付相关运费，其中，原材料运费500元，包装物运费100元。

分析：该项业务是企业以两种货币资金购入两种材料（企业购买材料发生的货款和运费都作为采购材料的成本），即企业的材料在增加，而货币资金在减少。业务涉及“原材料”和“周转材料”账户，其增加应记借方；同时涉及“银行存款”和“库存现金”账户，其减少应记贷方。有关会计分录如下：

借：原材料　　100 500
　　周转材料　　20 100
　贷：银行存款　　120 000
　　　库存现金　　600

（17）月末，企业将本月发生的销售费用50 000元、主营业务成本700 000元同时结转到“本年利润”账户。

分析：该项业务是企业为了使损益类账户在期末没有余额，而将本月发生的有关费用、成本结转到“本年利润”账户。业务涉及“主营业务成本”和“销售费用”账户，由于是结转费用（成本），其减少应记贷方；同时涉及“本年利润”账户，同样是利润减少，应记借方。有关会计分录如下：

借：本年利润　　750 000
　贷：主营业务成本　　700 000
　　　销售费用　　50 000

【例2-3】中的3个会计分录都属于复合会计分录，在实际工作中，可以编制多借多贷的会计分录，但不允许将几项经济业务合并编制复合会计分录。

根据上面两个例题中编制的17笔会计分录，分别在有关账户中进行登记，这个步骤在会计上称为过账。期末，分别计算出各个账户本期的借方发生额、贷方发生额以及期末余额，称为结账。下面以【例2-2】和【例2-3】中大明公司的“银行存款”账户为例，其在20×8年1月份过账的情况及计算的本期发生额和期末余额，见表2-15。

表2-15

借方　　　　银行存款　　　　贷方

期初余额：11 000 000 本期增加额：（1）1 000 000 （10）800 000 （15）100 000	本期减少额：（3）100 000 （8）500 000 （9）1 000 000 （16）120 000
本期借方发生额：1 900 000	本期贷方发生额：1 720 000
期末余额：11 180 000	

五、借贷记账法的试算平衡

试算平衡是指根据借贷记账法的记账规则进行记账而产生的平衡关系，通过汇总计算和比较，来检查账户记录的正确性和完整性的一种方法。根据借贷记账法的记账规则，账户记录应有如下平衡关系：

1.发生额平衡关系

按照借贷记账法的记账规则——“有借必有贷，借贷必相等”，企业发生的每一笔经济业务，在记入有关账户借方的同时，应记入对应账户的贷方，并且记入有关账户借方的金额必然等于记入对应账户贷方的金额。那么，在一定时期内发生的全部经济业务记入相关账户后，就应该是所有账户的借方发生额合计等于所有账户的贷方发生额合计。因此，有如下发生额试算平衡公式：

所有账户借方发生额合计=所有账户贷方发生额合计

2.余额平衡关系

根据会计等式“资产=负债+所有者权益”，以及上述发生额试算平衡公式，可以推出如下余额试算平衡公式：

所有账户期末借方余额合计=所有账户期末贷方余额合计

事实上，账户的本期期末余额就是下期的期初余额，因此上述余额试算平衡公式，不仅是期末余额平衡公式，也可以说是期初余额平衡公式。

在实际工作中，一般是通过编制“发生额、余额试算平衡表”进行试算平衡的。表2-16就是大明公司于20×8年1月末根据账户记录编制的“发生额、余额试算平衡表”。

同步思考2-1

试算平衡能发现所有的记账错误吗？

理解要点：一般来说，经过试算平衡基本能够纠正或发现记账中的金额错误，但并不能发现所有的记账错误。首先，因为在记账中只要遵循“有借必有贷，借贷必相等”的记账规则，就可以使试算达到平衡，所以试算平衡只能检查记账的金额错误，而不能发现记账中涉及的账户名称及借贷方向方面的错误。其次，即使试算达到平衡，记录的金额也不一定完全正确，如记录的借方与贷方金额被同时遗漏，或借方与贷方金额同时重复登记，或借方与贷方发生相同的金额错误等，都不会影响试算平衡。

表2-16 **发生额、余额试算平衡表**

20×8年1月31日

单位：元

账户名称	期初余额		本期发生额		期末余额	
	借方	贷方	借方	贷方	借方	贷方
库存现金	807 450			600	806 850	
银行存款	11 000 000		1 900 000	1 720 000	11 180 000	
应收账款	13 800 000		0	0	13 800 000	
原材料	6 000 000		300 500	0	6 300 500	
周转材料	98 337		20 100	0	118 437	
库存商品	7 000 000			700 000	6 300 000	
生产成本	9 800 000		0	0	9 800 000	
长期股权投资	8 200 000		0	0	8 200 000	
固定资产	42 800 000		300 000	0	43 100 000	
无形资产	5 210 000		0	0	5 210 000	
短期借款		0	0	200 000		200 000
应付账款		11 500 000	900 000	200 000		10 800 000
其他应付款		0	0	50 000		50 000
应付职工薪酬		7 200 000	0	0		7 200 000
应交税费		8 736 450	0	0		8 736 450
应付股利		0	0	200 000		200 000
长期借款		23 800 000	1 000 000	0		22 800 000
实收资本		40 000 000	500 000	1 800 000		41 300 000
盈余公积		7 088 228	0	50 000		7 138 228
本年利润		0	750 000	1 000 000		250 000
利润分配		6 391 109	250 000	0		6 141 109
主营业务收入			1 000 000	1 000 000		
主营业务成本			700 000	700 000		
销售费用			50 000	50 000		
合 计	104 715 787	104 715 787	7 670 600	7 670 600	104 815 787	104 815 787

六、总分类账户与明细分类账户的平行登记

为了满足对外报告和内部经营管理的需要，企业既要按总分类科目设置总分类账户，以提供总括的核算资料，又要根据明细分类科目设置明细分类账户，以提供详细的核算资料。总分类账与明细分类账的平行登记，是指对发生的经济业务，根据会计分录，既要在有关的总分类账户中登记，又要在其所属的有关明细分类账户中进行明细登记。

平行登记的要点是：

第一，依据相同，即都是对同一经济业务所编制的会计分录，在同一会计期间内既要记入有关的总分类账户，又要记入其所属有关明细分类账户。

第二，方向相同，即总分类账户登记在借方，其所属明细分类账户也应登记在借方，反之亦然。

第三，金额相等，即记入总分类账户的金额，与记入其所属明细分类账户的金额之和相等。

根据总分类账户与明细分类账户平行登记的关系，总分类账户的发生额和余额与其所属明细分类账户的发生额和余额之间，存在如下平衡关系：

总分类账户本期借方(或贷方)发生额 = 所属明细分类账户的本期借方(或贷方)之和

总分类账户本期借方(或贷方)期末余额 = 所属明细分类账户的本期借方(或贷方)期末余额之和

在实际工作中，利用上述总分类账户与其所属明细分类账户之间的平衡关系，可以检查总分类账户与明细分类账户记录的正确性和完整性。

【例2-4】大明公司20×8年1月初“应付账款”账户（一般按供货单位名称设置其明细账）所属明细账的期初余额分别为应付A公司账款5 000 000元、应付B公司账款6 500 000元。根据【例2-2】中（2）、（4）、（7）和（11）的会计分录，对“应付账款”账户及其所属明细账户“应付账款——A公司”和“应付账款——B公司”的平行登记情况，见表2-17至表2-19。

表2-17

应付账款

借方	贷方
本期减少额：（4）200 000 （7）500 000 （11）200 000	期初余额：11 500 000 本期增加额：（2）200 000
本期借方发生额：900 000	本期贷方发生额：200 000
	期末余额：10 800 000

表 2-18

借方	应付账款——A公司 贷方
本期减少额：（4）200 000	期初余额：5 000 000 本期增加额：（2）200 000
本期借方发生额：200 000	本期贷方发生额：200 000
	期末余额：5 000 000

表 2-19

借方	应付账款——B公司 贷方
本期减少额：（7）500 000 （11）200 000	期初余额：6 500 000
本期借方发生额：700 000	本期贷方发生额：0
	期末余额：5 800 000

由表 2-17、表 2-18、表 2-19 可以看出总分类账与明细分类账的平行登记情况，以及总分类账与其所属明细分类账之间存在的平衡关系。

同步思考 2-2

通过总分类账户和明细分类账户的平行登记，能否发现试算平衡所不能发现的错误，你是怎样理解的？

理解要点：一般来说，通过总分类账户和明细分类账户的平行登记，能发现试算平衡所不能发现的错误。第一，总分类账户和明细分类账户的记账程序不同。明细分类账户直接根据记账凭证逐日、逐笔登记。总分类账户的记账程序是：首先根据记账凭证编制科目汇总表或汇总记账凭证，再根据科目汇总表或汇总记账凭证登记总分类账户。第二，总分类账户和明细分类账户分别归属于不同的会计人员来登记，不同的人员犯相同错误的概率很小。

本章内容结构图（如图2-1所示）

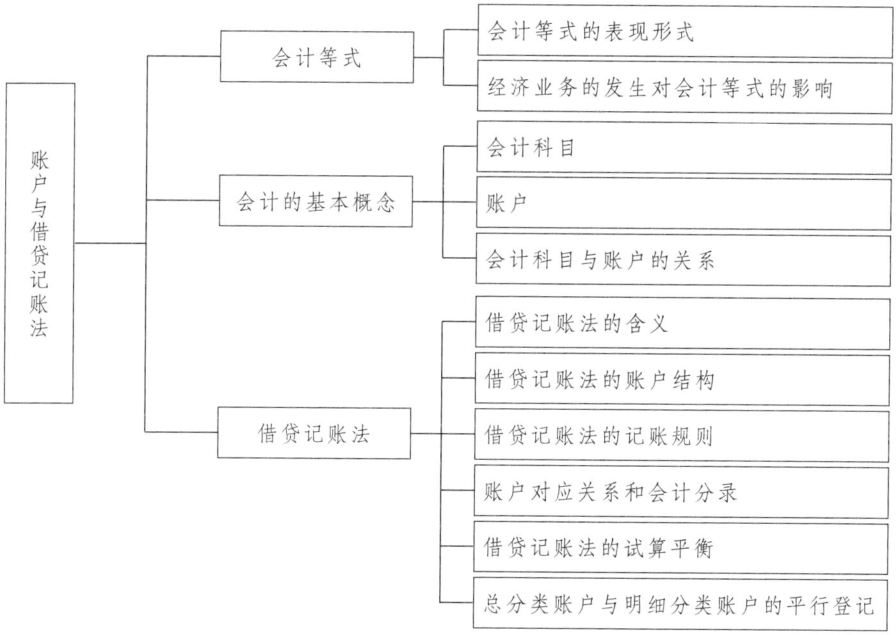

图2-1 本章内容结构图

复习思考题

1. “资产=负债+所有者权益”是会计恒等式，简述其为什么恒等。
2. 什么是会计科目，如何分类？
3. 什么是账户，账户的基本结构如何？
4. 简述会计科目和账户的关系。
5. 什么是复式记账法？它的优点是什么？
6. 简述借贷记账法下账户的结构。
7. 简述借贷记账法的记账规则。
8. 简述试算平衡及其平衡关系。
9. 简述总账与明细账的平行登记及其要点。

本章小结

会计等式也称会计恒等式，它是运用数学方程的原理描述各会计要素之间基本数量关系的表达式。

资产=负债+所有者权益

会计科目是对会计要素具体内容进一步分类核算的项目。会计科目按其经济内容分为资产类、负债类、所有者权益类、共同类、成本类和损益类六大类。

会计科目按其提供核算指标的详细程度分为总分类会计科目和明细分类会计科目。

账户是根据会计科目在账簿中开设的，具有一定格式和结构，用来全面、连续、系统地记录会计要素分类核算项目的增减变动情况及其结果的记账单元。

复式记账法是在每一笔经济业务发生后都要以相等的金额在相互联系的两个或两个以上的账户中进行记录的记账方法。

借贷记账法是以“借”和“贷”作为记账符号，对每一项经济业务都以相等的金额、相反的方向在两个或两个以上的账户中进行记录的一种复式记账方法。

借贷记账法的记账规则是：有借必有贷，借贷必相等。

借贷记账法下，由于发生经济业务而使账户之间产生的应借、应贷的相互关系称为账户的对应关系，而把发生对应关系的账户称为对应账户。

会计分录是根据借贷记账法对每一笔经济业务确定应记账户的名称、方向和金额的一种记录形式。

试算平衡是根据借贷记账法的记账规则进行记账而产生的平衡关系，通过汇总计算和比较，来检查账户记录正确性和完整性的一种方法。

总分类账户与明细分类账户的平行登记，是指对发生的经济业务，根据会计分录，既要在有关的总分类账户中登记，又要在其所属的有关明细分类账户中进行明细登记。

■ 关键概念

会计等式　会计科目　账户　复式记账　借贷记账法　账户对应关系　对应账户　会计分录　试算平衡　总分类账户和明细分类账户的平行登记

■ 案例分析题

背景与情境：

小牛、小李和小张成立了一家小企业，小李学过会计，但不是很懂，三人商议后决定由小李兼任会计。下面是本月发生的一些交易事项：

（1）三人共同投入企业50万元资金，存入银行；

（2）企业从银行借款20万元，期限为3个月；

（3）企业用银行存款40万元购买库房；

（4）企业赊购一批商品，价值50万元；

（5）企业本月售出该商品，售价80万元，尚未收款；

（6）企业用银行存款支付0.5万元借款利息；

（7）企业从银行提取现金5万元；

（8）企业收回货款40万元，存入银行。

假定不考虑税金因素的影响，小李做了如下记录（见表2-20）：

表2-20　**会计记录表**　单位：万元

交易	资产		=	负债		+	所有者权益		+	收入		−	费用	
	借	贷		借	贷		借	贷		借	贷		借	贷
(1)	50							50						
(2)	20				20									
(3)		40											40	
(4)	50			50										
(5)											80		50	
(6)		0.5											0.5	
(7)	5				5									
(8)	40										40			

问题：

（1）小李对业务的记录哪些是错误的？为什么？

（2）请改正小李在记录中的错误。

分析要求：利用会计要素之间的关系和借贷记账规则进行综合分析。

二维码2-2：会计人生的目标定位

第三章

会计循环

二维码 3-1：会计循环图解

学习目标

◇了解手工系统下会计循环的内容
◇了解对账与期末结账的主要内容
◇了解手工系统下错账更正的方法
◆ 理解会计凭证的种类及作用
◆ 理解设置会计账簿的意义
★掌握会计凭证的填制与审核的要求与方法
★掌握会计账簿的种类及不同账簿设置与登记的方法

会计人员通过填制与审核会计凭证、登记账簿和编制报表等具体会计实务工作进行会计核算，定期提供会计信息。这个周而复始的会计核算过程就构成了会计循环。加工会计信息的主要载体就是凭证、账簿与报表。尽管许多企业已经以计算机和会计核算软件进行会计信息处理，但手工操作的载体和程序能更直观地反映企业会计信息处理流程。本章主要以传统的手工核算系统为例，系统阐述了会计循环中会计凭证的审核与填制、会计账簿的登记方法，以及期末对账与结账的内容。通过学习，使学生了解和掌握填制与审核会计凭证、登记账簿的会计核算方法，明确对会计凭证与会计账簿之间关系的认识，对会计的具体实务工作有系统的了解。

第一节　会计循环的内容

一、会计循环的概念

前已述及，经济组织在日常的会计核算工作中，经济业务发生后，经办人员会取得或填制原始凭证，用来证明经济业务的发生或完成，会计人员对原始凭证经审核无误后，按照已经设置好的会计科目，运用复式记账原理，填制记账凭证，并根据记账凭证及所附原始凭证，在会计账户中登记账簿，依据凭证和账簿资料对生产经营过程中发生的费用进行成本计算，定期进行财产清查，在会计期末根据检查正确的账簿资料来编制财务报告。

会计循环是会计主体在一定期间的会计核算工作中，运用一系列程序和方法，按照一定的顺序，从填制和取得会计凭证起到编制会计报表止进行的依此继起、周而复始的会计处理步骤。

二、会计循环的步骤

从手工核算系统到会计信息化系统，由于采取的核算手段不同，会计循环的步骤略有区别。在手工系统下，可以清晰地看到会计数据在会计循环中的路径轨迹，本章以手工系统为主进行介绍。一个完整的会计循环，一般包括以下几个基本步骤（如图3-1所示）：

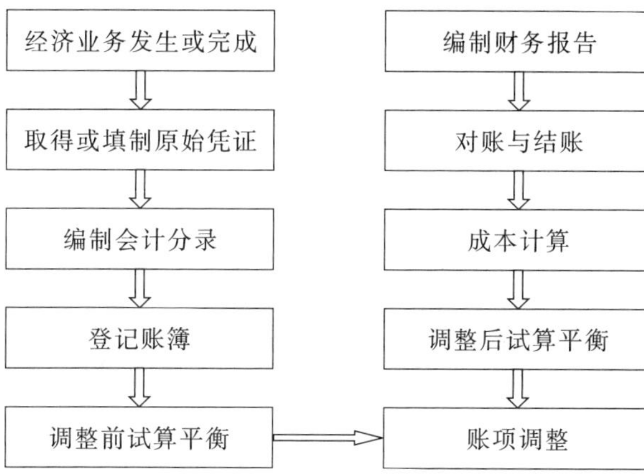

图3-1　会计循环示意图

1.分析经济业务，编制会计分录

通过对发生经济业务的原始凭证进行分析，运用借贷记账法的记账规则确定应记账户的名称、方向和金额，将相关会计分录编制在记账凭证上。

2.登记账簿

根据记账凭证所记载的会计分录，应由出纳人员逐日、逐笔登记现金与银行存款日记账，同时由会计人员分别在相关的总分类账和明细分类账中进行平行登记。

3.调整前试算平衡

会计期末，将本期经济业务全部登记入账后，对总分类账各账户的本期发生额和期末余额进行试算平衡。如果试算平衡等式不相等，则说明账簿记录存在错误，需要查找错误并采用专门的方法更正。

4.账项调整

按照权责发生制原则，把本期实现的收入以及本期发生的费用确认到本期；反之，不属于本期的收入和费用，不应当进行确认。

5.调整后试算平衡

在上述调整分录登记账簿后，需要对调整后的总分类账户进行试算平衡，检查账项调整账务处理的正确性与完整性。

6. 成本计算

会计期末，在对各项生产费用进行完整归集的基础上，采用一定的标准分配制造费用并结转完工入库产品成本，计算出完工产品总成本和单位成本。

7. 对账与结账

会计期末，在进行账项调整及成本计算后，应开展对账工作，会计凭证与会计账簿记录应核对相符，总分类账与所属明细分类账、总分类账与现金和银行存款日记账核对相符，对各项财产物资、债权债务等进行核对，做到账实相符，保证会计核算资料的真实性。

会计期末，在进行账项调整及成本计算的基础上，全部经济业务均已登记入账，且账簿资料核对正确后，应进行结账工作，计算出各类账户的本期发生额和期末余额，对损益类账户的本期发生额予以结转，计算本期经营成果，结平各损益类账户；对资产、负债、所有者权益各账户计算本期发生额及期末余额，结转下期。

8. 编制财务报告

在确保会计账簿记录完整、正确的基础上，依据总分类账户和明细分类账户的会计资料编制资产负债表、利润表、现金流量表和所有者权益变动表。

第二节 会计凭证

一、会计凭证概述

（一）会计凭证的概念及意义

为了保证会计信息的可靠性和相关性，进入会计信息系统的每一个原始数据都必须有根据、有来源。这就要求进入会计核算系统的每一项经济业务都应当取得或填制会计凭证。**会计凭证**是指记录经济业务发生或者完成情况的书面证明，是登记账簿的依据。

填制和审核会计凭证既是会计核算工作的起点，也是会计核算的基本方法，正确填制和严格审核会计凭证，对完成会计工作、充分发挥会计的核算和监督职能，具有以下方面的重要意义。

1. 有利于保证会计核算资料的准确性

企业发生的经济业务，无论是货币资金的收付，还是财产物资的购进与发出，或是债权债务款项的结算，都必须取得和填制会计凭证，在会计凭证上注明经济业务发生的时间、金额、内容和经办人员。通过填制会计凭证，可以全面记录企业日常发生的经济业务，保证会计核算资料的真实性，为登记账簿提供依据，同时为分析、检查和监督企业的经济活动和财务收支情况提供准确可靠的原始资料。

2. 有利于发挥会计监督职能，保证经济业务的合法性、合理性

会计凭证记录了经济业务发生的过程和结果，通过审核会计凭证，可以查明每一项经济业务是否符合国家有关法律、法规制度规定，是否符合企业计划、预算进

度，是否有违法乱纪、铺张浪费行为等，这样就可以及时发现和纠正各种违法乱纪现象，以改善经营管理，提高经济效益。

3.有利于明确经济责任，加强岗位责任制

任何会计凭证除记录经济业务的基本内容外，还必须由经济业务的经办部门和相关人员签章，对经济业务的真实性、合法性、准确性和完整性负责，增强他们的责任意识，促使其认真、规范地办理经济业务，以防止舞弊行为，强化岗位责任制。因此，会计凭证不仅是登记账簿的依据，还是企业对经济业务活动各环节进行内部控制的必要会计手段之一，也是处理经济纠纷、审判经济案件的重要法律依据。

（二）会计凭证的种类

会计凭证种类繁多、形式多样，可以按照不同的标准分类。其中，最基本的是按照取得和填制会计凭证的程序和用途，将会计凭证分为原始凭证和记账凭证两大类。

1.原始凭证

原始凭证又称单据，是在经济业务发生或完成时取得或填制的，载明经济业务的具体内容，明确经济责任，具有法律效力的书面证明文件，是会计核算的原始依据。需要注意的是，工作令号、购销合同、购料申请单以及银行存款余额调节表等不能证明经济业务发生或完成情况的各种单证，不能作为原始凭证并据以记账。原始凭证可以按照不同的标准进行分类。

（1）原始凭证按其来源不同，可以分为自制原始凭证和外来原始凭证。

外来原始凭证，是指经济业务发生或完成时从本企业外部的单位或个人取得的原始凭证。如企业购买材料时从供货单位取得的增值税专用发货票、银行转来的收款通知、职工出差取得的飞机票等。增值税专用发票的样式，如图3-2所示。

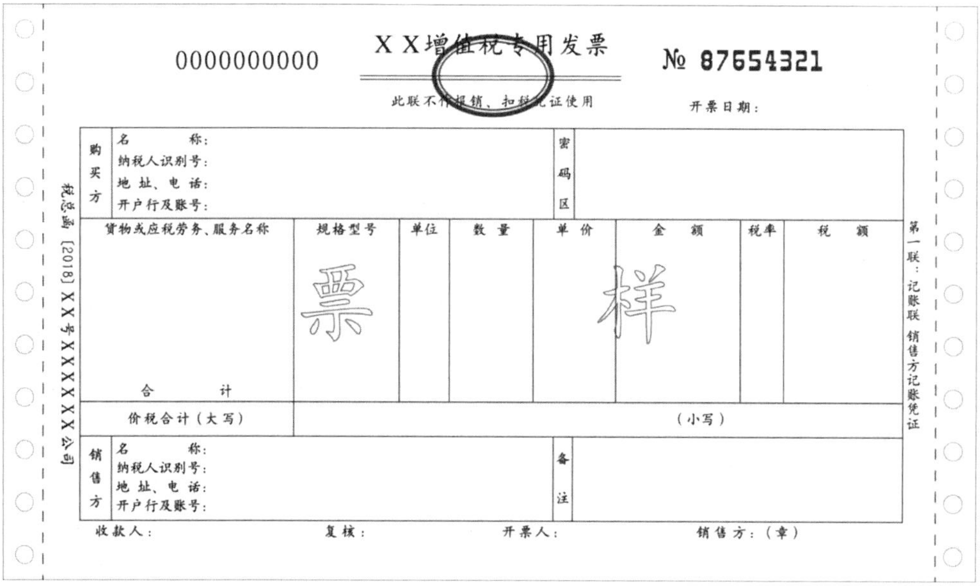
0000000000　XX增值税专用发票　№ 87654321

此联不作报销、扣税凭证使用　开票日期：

购买方	名称： 纳税人识别号： 地址、电话： 开户行及账号：					密码区		
货物或应税劳务、服务名称	规格型号	单位	数量	单价	金额	税率	税额	
合计								
价税合计（大写）				（小写）				
销售方	名称： 纳税人识别号： 地址、电话： 开户行及账号：					备注		

收款人：　复核：　开票人：　销售方：（章）

税总函〔2018〕XX号XXXXXX公司

第一联：记账联 销售方记账凭证

票样

图3-2 增值税专用发票样式

自制原始凭证，是指由本单位经办业务的部门或人员在经济业务发生或完成时自行填制的原始凭证。如材料验收入库时填制的收料单、发出领用材料时填制的领料单等，一般样式分别见表3-1、表3-2。

表3-1 **收料单**

供货单位： 收料仓库：

发票号码： 年 月 日 编 号：

材料类别	材料编号	材料名称	规 格	单 位	数 量		价 格			
					应收	实收	单价	买价	采购费用	金额
合 计										

仓库负责人： 保管员： 交料人： 复核：

表3-2 **领料单**

领料单位： 发料仓库：

用途： 年 月 日 编 号：

材料类别	材料编号	材料名称	规 格	单 位	数 量		价 格	
					请领	实领	单价	金额
	合 计							

仓库负责人： 保管员： 领料人： 复核：

（2）原始凭证按其填制手续不同，可以分为一次凭证、累计凭证和汇总凭证。

一次凭证，是指记录一项经济业务，或者同时反映若干项相同性质的经济业务，填制手续是一次完成的原始凭证。如收据、发货单、借款单以及银行的各种结算凭证等。外来的原始凭证一般都属于一次凭证。**累计凭证，**是指在一定时期内，记载同类重复发生的经济业务，在一张凭证中多次进行登记才能完成的原始凭证。累计凭证一般为自制原始凭证，其优点是简化了登记手续，可以在一张凭证上随时登记发生的经济业务，期末计算出累计数后作为记账依据，便于同计划、定额、预算数比较，加强费用管理，满足内部控制目的。如限额领料单，格式见表3-3。

表 3-3　**限额领料单**

领料部门：　　年　月　　领料编号：

计划产量：　　产品名称：　　单位消耗定额：　　发料仓库：

<table>
<tr><td rowspan="2">材料类别</td><td rowspan="2">材料编号</td><td rowspan="2">材料名称及规格</td><td rowspan="2">计量单位</td><td rowspan="2">单　价</td><td rowspan="2">全月领用限额</td><td colspan="2">全月实领</td></tr>
<tr><td>数量</td><td>金额</td></tr>
<tr><td></td><td></td><td></td><td></td><td></td><td></td><td></td><td></td></tr>
<tr><td colspan="4">供应部门负责人（签章）</td><td colspan="4">生产计划部门负责人（签章）</td></tr>
</table>

<table>
<tr><td>日期</td><td colspan="2">请　领</td><td colspan="3">实　发</td><td rowspan="2">限额结存</td><td colspan="2">退　库</td></tr>
<tr><td></td><td>数量</td><td>领料单位负责人</td><td>数量</td><td>发料人</td><td>领料人</td><td>数量</td><td>退库单号</td></tr>
<tr><td></td><td></td><td></td><td></td><td></td><td></td><td></td><td></td><td></td></tr>
<tr><td></td><td></td><td></td><td></td><td></td><td></td><td></td><td></td><td></td></tr>
<tr><td>合计</td><td></td><td></td><td></td><td></td><td></td><td></td><td></td><td></td></tr>
</table>

仓库负责人：　　领料人：　　保管：

汇总凭证，又称原始凭证汇总表，是指将一定时期内若干份记录同类经济业务的原始凭证加以汇总编制，用以集中反映某项经济业务总括发生情况的原始凭证。汇总原始凭证合并了同类型经济业务，有助于简化会计记账手续。如发料凭证汇总表、差旅费报销单等。需要指出的是，汇总原始凭证只能将同类经济业务汇总在一张凭证上，不能汇总两类或以上的不同类型的经济业务。

（3）原始凭证按照格式不同，可以分为通用凭证和专用凭证。

通用凭证，是指在全国或某地区、某系统范围内普遍使用，具有统一格式的凭证。如全国通用的火车票、增值税专用发票等，各银行在全国统一使用的银行结算单据，某地区统一印制的收款收据等。

专用凭证，是指一些单位使用的具有特定内容和专门用途的原始凭证。这类凭证仅在本单位内部使用，一般要将单位和凭证名称印在原始凭证上，其他无法使用。如“山西财经大学差旅费报销单”见表 3-4。

需要说明的是，以上是按照不同标准对原始凭证进行的分类，但各种分类之间是相互依存、密切联系的，某种凭证按照不同标准同时归属于不同类别。如销售商品时开具的增值税专用发票，属于通用格式原始凭证，对于销货方来说属于自制的一次凭证，对于购货方来说属于外来的一次凭证；又如单位内部印制的“差旅费报销单”，属于专用格式的、自制的汇总原始凭证。

2. 记账凭证

记账凭证又称传票，是本单位会计部门根据审核无误的原始凭证或汇总原始凭证编制的、载有会计分录，并作为登记账簿直接依据的会计凭证。

表3-4 **山西财经大学差旅费报销单**

部门： 填制日期： 年 月 日

<table>
<tr><td>项目编号</td><td colspan="2"></td><td>出差人级别</td><td colspan="2"></td><td>出差人姓名</td><td colspan="4"></td><td>人数</td><td>____人
____人</td></tr>
<tr><td>出差地点</td><td colspan="2"></td><td>出差事由</td><td colspan="2"></td><td>时间</td><td colspan="4">自____年____月____日
至____年____月____日</td><td>天数</td><td>____天</td></tr>
<tr><td>项 目</td><td>飞机票</td><td>火车票</td><td>汽车票</td><td>其他</td><td>交通补助</td><td>住宿费</td><td>伙食补助</td><td>会议费</td><td>培训费</td><td>其他</td><td colspan="2">合 计</td></tr>
<tr><td>票据张数</td><td></td><td></td><td></td><td></td><td></td><td></td><td></td><td></td><td></td><td></td><td colspan="2"></td></tr>
<tr><td>申请报销金额(元)</td><td></td><td></td><td></td><td></td><td></td><td></td><td></td><td></td><td></td><td></td><td colspan="2"></td></tr>
<tr><td>审核报销金额(元)</td><td></td><td></td><td></td><td></td><td></td><td></td><td></td><td></td><td></td><td></td><td colspan="2"></td></tr>
<tr><td>合计（大写）</td><td colspan="12">拾 万 千 佰 拾 元 角 分</td></tr>
<tr><td>支付方式</td><td colspan="2">收款人</td><td colspan="4">账号</td><td colspan="3">开户行</td><td colspan="3">金额(元)</td></tr>
<tr><td></td><td colspan="2"></td><td colspan="4"></td><td colspan="3"></td><td colspan="3"></td></tr>
<tr><td colspan="3">校领导意见</td><td colspan="3">财务负责人意见</td><td colspan="2">财务审核意见</td><td colspan="2">部门负责人意见</td><td colspan="3">经办人签字</td></tr>
<tr><td colspan="3"></td><td colspan="3"></td><td colspan="2"></td><td colspan="2"></td><td colspan="3"></td></tr>
</table>

同步思考3-1

记账凭证与原始凭证之间的关系是什么？如何理解？

理解要点：二者之间既有相同点，又有不同点。相同点是二者同属于会计凭证，反映的经济内容相同。不同点有：原始凭证是由经办人员填制的，记账凭证一律由会计人员填制；原始凭证根据发生或完成的经济业务填制，记账凭证根据审核后的原始凭证填制，依据会计科目对已经发生或完成的经济业务进行归类整理；原始凭证是填制记账凭证的依据，记账凭证是登记账簿的直接依据。

由于企业的日常经济业务纷繁复杂，用来反映经济业务发生和完成情况的原始凭证数量庞大、格式不一，因此在记账前，必须进行系统的归类和整理，即根据原始凭证编制记账凭证。在实际工作中，会计分录的编制就是通过记账凭证来完成的，这样，原始凭证就成为记账凭证的附件，即成为登记账簿的原始依据，而记账凭证则成为登记账簿的直接依据。记账凭证可以根据不同的标准分类：

（1）记账凭证按其用途的不同，可以分为专用记账凭证和通用记账凭证。

专用记账凭证，是指分类反映经济业务的凭证，按照经济业务是否涉及货币资金，专用记账凭证分为收款凭证、付款凭证和转账凭证。

收款凭证是根据现金与银行存款收入业务的原始凭证填制，用于记录货币资金收入业务的记账凭证，其一般格式见表3-5；**付款凭证**是根据现金和银行存款付出业务的原始凭证填制，用于记录货币资金付出业务的记账凭证，其一般格式见表3-6；**转账凭证**是用于记录与货币资金收付无关的经济业务的记账凭证，其一般格式见表3-7。收款凭证与付款凭证是出纳人员办理收付款项的依据，也是据以登记库存现金日记账和银行存款日记账的依据。为监督货币资金的使用，出纳人员不得直接依据记录货币资金收付业务的原始凭证办理收付款项，必须依据会计主管人员审核批准的收付款业务的记账凭证办理收付款项。

需要指出的是，对于从银行提取现金或将现金存入银行等导致现金和银行存款此增彼减的经济业务，如果既编制收款凭证又编制付款凭证，会造成重复记账。因此，此类经济业务只编制付款凭证而不再编制收款凭证，即将现金存入银行只编制现金付款凭证，从银行提取现金只编制银行存款付款凭证。

如果企业经济业务繁多，还可以按照反映的具体内容不同，将收款凭证进一步分为现金收款凭证和银行存款收款凭证，将付款凭证进一步分为现金付款凭证和银行存款付款凭证，再加上转账凭证共五种。

通用记账凭证，是指用来反映所有经济业务的记账凭证，为各类经济业务所共同使用，因此也称标准凭证，其格式一般同转账凭证的格式相同。在实际工作中，那些业务比较单纯、业务量也较少的单位，非常适合使用这类记账凭证。

（2）记账凭证根据填列方式的不同，可以分为复式记账凭证和单式记账凭证。

复式记账凭证，是指将经济业务所涉及的全部会计科目集中填列在一张凭证上的记账凭证。这种凭证全面反映了经济业务的账户对应关系，便于了解经济业务的来龙去脉，有利于检查会计分录的正确性，减少填制记账凭证的工作量。但是，这种凭证不便于分工记账，不便于分工汇总会计科目的发生额。前述收款凭证、付款凭证、转账凭证和通用记账凭证都属于复式记账凭证。

单式记账凭证，是指要求将某一经济业务涉及的每一个会计科目都分别编制记账凭证，即有几个总账会计科目就编制几张记账凭证。编制借方科目的记账凭证称为借项凭证，编制贷方科目的记账凭证称为贷项凭证。

单式记账凭证便于分工记账，便于分工汇总会计科目的发生额，但不便于反映经济业务的全貌，不便于检验会计分录的正确性，制证工作量大。在企业普遍实行了会计信息化后，这一形式在实务中已经基本不再使用了。

（3）记账凭证按是否经过汇总，可以分为汇总记账凭证和非汇总记账凭证。

汇总记账凭证，是指根据非汇总记账凭证进一步汇总而编制的用来登记总账的一种记账凭证。汇总记账凭证按汇总方法的不同，可分为分类汇总记账凭证和全部汇总记账凭证两种。前者如汇总收款凭证、汇总付款凭证和汇总转账凭证，后者如科目汇总表。

非汇总记账凭证，是指没有经过汇总的记账凭证。如前述的复式记账凭证和单式记账凭证等。

原始凭证和记账凭证关系密切，原始凭证是记账凭证的基础及依据，记账凭证则是根据原始凭证编制的，是对原始凭证所反映的经济业务所做的概括和说明，即会计确认与计量，是登记账簿的直接依据。

二、原始凭证

（一）原始凭证的基本内容

由于经济业务是多种多样的，因而用来反映经济业务的原始凭证，其内容与格式也不尽相同。但是，它们都必须具备下列基本内容，这些内容也称为原始凭证的要素，主要包括：

（1）原始凭证的名称；

（2）填制凭证的日期和编号；

（3）填制凭证单位名称或者填制人姓名；

（4）接受凭证单位名称；

（5）经济业务的基本内容，包括数量、单价和金额；

（6）经办人员的签名或者盖章。

自制原始凭证根据会计核算及内部管理的需要，除上述基本内容外，还可补充一些必要内容。

（二）原始凭证的填制要求

原始凭证是经济业务已经发生或完成的书面证明，是会计核算的原始依据，为了完整、真实、及时地记录经济业务，必须使业务经办人员充分认识到原始凭证在经营管理中的重要作用，做好原始凭证的填制工作，了解掌握原始凭证的填制要求和方法。原始凭证的填制要求，主要有以下几个方面：

（1）记录真实，手续完备。原始凭证上所记载的经济业务的内容和数据必须与实际情况相符，不得弄虚作假。从外单位取得的原始凭证，必须加盖填制单位的公章；从个人处取得的原始凭证，必须有填制人员的签名或盖章。自制的原始凭证必须有经办单位领导人或者其指定人员的签名或盖章，对外开出的原始凭证，必须加盖本单位的公章；购买实物的原始凭证必须有验收证明；支付款项的原始凭证必须有收款单位和收款人的收款证明。

（2）内容完整，书写清楚。原始凭证上要求填列的各个项目必须填写齐全（包括有关人员的签名或盖章），不得有所遗漏。字迹要清楚规范，易于辨认。

（3）编制要及时。经济业务发生或完成时，应由经办人员及时填制原始凭证，并及时送到会计机构进行会计核算。

（4）发现错误，规范修改。发现原始凭证有错误时，不得随意刮擦、涂改、挖补。原始凭证有错误的，应当由出具单位重开或更正，更正处应当加盖出具单位印章。原始凭证金额有错误的，应当由出具单位重开，不得在原始凭证上更正。

（5）编号要连续。各种凭证要连续编号，以便查考。如果写坏作废时，应加盖“作废”戳记，连同存根妥善保管，不得撕毁。

此外，如果一张原始凭证上所列的支出需要几个单位共同负担时，应当将其他单位分担的部分，开出原始凭证分割单进行结算。

（三）原始凭证的审核

为了正确反映经济业务的发生和完成情况，充分发挥会计的监督作用，会计负责人或其他经指定的审核人员必须严格审核会计凭证。原始凭证审核的主要内容一般包括：

（1）原始凭证的合法性。审核所发生的经济业务是否符合国家有关规定的要求，有否违反财经制度的现象；原始凭证中所列的经济业务事项是否真实，有无弄虚作假的情况。

（2）原始凭证的合理性。审核所发生的经济业务是否符合厉行节约、反对浪费、有利于提高经济效益的原则，是否有违反该原则的现象。

（3）原始凭证的完整性。审核原始凭证是否具备基本内容，是否有应填未填或填写不清楚的现象，有关人员的签名或盖章是否齐全，手续是否完备。

（4）原始凭证的正确性。审核原始凭证在计算方面是否存在失误。如经审核凭证后确定有业务内容摘要与数量、金额不相对应，业务所涉及的数量与单价的乘积同金额不符，金额合计错误等情况，不能作为正确的原始凭证。

同步思考3-2

会计工作中为何要对原始凭证进行审核？与记账凭证的审核有何不同？

理解要点：在会计实际工作中，企业所发生的经济活动主要在原始凭证上加以记载，并且相关经济责任人应签章，对原始凭证进行审核，就是对经济活动本身的合法性、合理性和有效性实施的监督，同时明确了经办人员的经济责任，所以由会计人员严格进行审核，是保证会计信息客观真实的重要环节之一。记账凭证上记载的是会计人员对于原始凭证所反映的经济内容的会计处理，其核心内容是会计分录，记账凭证的审核主要侧重于会计确认与计量是否正确。

对于审核后的原始凭证，如发现不真实、不合法和不合理的，不予受理；对弄虚作假、严重违法的原始凭证在不予受理的同时，应当予以扣留，并及时向单位领导人报告，请求查明原因，追究当事人的责任。对于项目不齐全、计算不准确、手续不完整的原始凭证，予以退回，要求经办人员更正、补充。经审核无误的原始凭证，才能作为编制记账凭证和登记账簿的依据。

三、记账凭证

（一）记账凭证的基本内容

记账凭证虽然有收款凭证、付款凭证和转账凭证之分，但具备的基本内容是一致的。记账凭证必须具备以下基本内容：

（1）记账凭证的名称；

（2）填制凭证的日期；

（3）凭证的编号；

（4）经济业务的内容摘要；

（5）会计分录（应借、应贷的会计科目的名称、方向和金额）；

（6）所附原始凭证的张数；

（7）填制凭证人员、稽核人员、记账人员、会计机构负责人的签名或盖章。

（二）记账凭证的填制方法与要求

1.记账凭证的填制方法

总体来看，记账凭证的填制方法大致相同，但对不同的记账凭证来说，具体方法有所区别。

（1）收款凭证的填制方法。

收款凭证是用来记录货币资金收款业务的记账凭证，当收到货币资金时，就应当填写收款凭证。收款凭证的日期要填写编制本凭证的日期，左上方的借方科目填写现金或银行存款，右上方的编号按“现收字第×号”和“银收字第×号”分类编号或统一编号为“收字第×号”。摘要栏内填写经济业务的内容概要，贷方科目填写与“现金”或“银行存款”科目相对应的科目，金额栏内填写实际收到的现金或银行存款，账页栏填写登记到账簿中的页数，凭证右侧填写所附原始凭证的张数，并由相关人员签名或盖章。收款凭证的格式见表3-5。

表3-5 **收款凭证**

20×8年4月1日

借方科目：银行存款　　银收字第01号

摘　要	贷方科目		账　页	金　额
	总账科目	明细科目		
收回甲公司购货款	应收账款	甲公司	9	50 000
合计金额	人民币大写：伍万元整			¥50 000

附件2张

会计主管：　记账：　复核：　出纳：　制单：

（2）付款凭证的填制方法。

付款凭证是用来记录货币资金付款业务的记账凭证，当支出货币资金时，就应当填写付款凭证。付款凭证的日期要填写编制本凭证的日期，左上方的贷方科目填写现金或银行存款，右上方的编号按“现付字第×号”和“银付字第×号”分类编号或统一编号为“付字第×号”。摘要栏内填写经济业务的内容概要，借方科目填写与“现金”或“银行存款”科目相对应的科目，金额栏内填写实际支付的现金或银行存款，账页栏填写登记到账簿中的页数，凭证右侧填写所附原始凭证的张数，并由相关人员签名或盖章。付款凭证的格式见表3-6。

表3-6 **付款凭证**

20×8年6月1日

贷方科目：银行存款 银付字第01号

摘　要	借方科目		账　页	金　额
	总账科目	明细科目		
偿付乙公司购料款	应付账款	乙公司	7	19 000
合计金额	人民币大写：壹万玖仟元整			￥19 000

附件2张

会计主管： 记账： 复核： 出纳： 制单：

（3）转账凭证的填制方法。

转账凭证是用来记录与货币资金收付无关的经济业务的凭证，发生此类业务时，应当填制转账凭证，所涉及的借贷方会计科目应按其记账方向分别填入“借方科目”与“贷方科目”栏的有关总账科目与明细科目，借方科目的金额与贷方科目的金额都统一填入“金额”栏内。转账凭证的格式见表3-7。

表3-7 **转账凭证**

20×8年7月3日 转字第05号

摘　要	借方科目		贷方科目		账　页	金　额
	总账科目	明细科目	总账科目	明细科目		
领用材料	生产成本	A产品			7	50 000
	制造费用	一车间			3	8 000
			原材料	甲材料		58 000
合计金额	人民币大写：伍万捌仟元整					￥58 000

附件1张

会计主管： 记账： 复核： 制单：

2.记账凭证的填制要求

（1）记账凭证应根据审核无误的原始凭证编制。

（2）记账凭证的内容必须完整。需要说明的是，以自制的原始凭证或者原始凭证汇总表代替记账凭证的，也必须具备记账凭证应有的项目。

（3）记账凭证应连续编号。一笔经济业务需要填制两张或两张以上的记账凭证时，可以采用分数编号法编号。如1号会计事项分录需填制三张记账凭证，则可将三张记账凭证分别编号为：“$1\frac{1}{3}$”“$1\frac{2}{3}$”“$1\frac{3}{3}$”。

（4）除结账和更正错误的记账凭证可以不附原始凭证外，其他记账凭证必须附有原始凭证，并注明所附原始凭证的张数。所附原始凭证的张数计算，一般以原始凭证的自然张数为准。如果一张原始凭证涉及几张记账凭证的，可以把原始凭证附在一张主要的记账凭证后面，并在其他记账凭证上注明附有该原始凭证的记账凭证的编号或者附原始凭证复印件。

（5）如果在填制记账凭证时发生错误，应当重新填制。已经登记入账的记账凭证，在当年内发现填写错误时，可用红字填写一张与原内容相同的记账凭证，在摘要栏内注明“注销某月某日某号凭证”字样，同时再用蓝字重新填制一张正确的记账凭证，注明“订正某月某日某号凭证”字样。如果会计科目没有错误，只是金额有错误，也可以将正确数字与错误数字之间的差额，另编一张调整的记账凭证，调增金额用蓝字，调减金额用红字。发现以前年度记账凭证有错误的，应当用蓝字填制一张更正的记账凭证。

（6）记账凭证填制完成后，如有空行，应自金额栏最后一笔数字下的空行处至合计数上的空行处划线注销。

（7）填制记账凭证时，字迹必须清晰工整。

（8）实行电算化会计的单位，对于机制记账凭证要认真审核，做到会计科目使用正确，数字准确无误。打印的机制记账凭证要加盖制单人员、审核人员、记账人员及会计机构负责人、会计主管人员的印章或签字。

（三）记账凭证的审核

为了保证会计信息的质量，在记账之前应由有关稽核人员对记账凭证进行严格的审核。其审核的主要内容是：

（1）审核记账凭证与原始凭证的一致性。记账凭证是根据原始凭证编制的，因此记账凭证与原始凭证所反映的内容和数据都应当是一致的。

（2）审核记账凭证上会计分录的正确性。

（3）审核记账凭证上有关项目的填写是否完整，有关人员是否都已签名或盖章。

审核过程中，若发现记账凭证有差错，应查明原因并及时更正，只有审核无误的记账凭证才能据以登记账簿。

四、会计凭证的传递与保管

（一）会计凭证的传递

会计凭证的传递，是指从会计凭证的取得或填制时起至归档保管过程中，在单位内部有关部门和人员之间按照规定的时间、路线进行处理的程序。会计凭证的传递，一般包括传递程序和传递时间两个方面，要求能够满足内部控制制度的要求，使传递程序合理有效，同时尽量节约传递时间、减少传递的工作量。

正确组织会计凭证的传递，对于及时处理和登记经济业务，明确经济责任，实行会计监督，具有重要作用。从一定意义上说，会计凭证的传递起着在单位内部经营管理各环节之间协调和组织的作用。会计凭证传递程序是企业管理规章制度重要的组成部分，传递程序的科学与否，说明该企业管理的科学程度。其作用主要体现在：

1.有利于完善经济责任制度

经济业务的发生或完成及记录，是由若干责任人共同负责、分工完成的，会计凭证作为记录经济业务、明确经济责任的书面证据，体现了经济责任制度的执行情况。单位会计制度可以通过会计凭证传递程序和传递时间的规定，进一步完善经济责任制度，使各项业务的处理顺利进行。

2.有利于及时进行会计记录

从经济业务的发生到账簿登记有一定的时间间隔，通过会计凭证传递，可使会计部门尽早了解经济业务发生和完成情况，并通过会计部门内部的凭证传递，记录经济业务，进行会计核算，实行会计监督。

由于企业生产经营活动的组织和管理要求不同，因此在会计凭证传递中，企业应根据自身的情况，如经济业务的特点、机构设置和人员分工情况确定每一种凭证的传递程序和方法，作为业务部门和会计部门处理会计凭证的工作规范。

（二）会计凭证的保管

会计期末，对已经完成登账任务的各种会计凭证，应由会计部门加以整理、归类、装订、编号后交给专门的会计人员负责保管，并在年度终了后移送财会档案室登记归档。会计凭证是一种有法律效力的重要经济档案，入账后要妥善保管，以便日后随时利用查阅。根据我国《会计档案管理办法》的规定，企业类会计凭证保管期限为15年。

会计凭证是各项经济活动的历史记录，是重要的经济档案，为了保证会计凭证的安全和完整，会计档案的整理和保管必须按照下列要求进行：

（1）各种记账凭证，连同所附的原始凭证或者原始凭证汇总表，按照编号顺序，折叠整齐，按期装订成册，并加具封面，注明单位名称、年度、月份、起讫日期、凭证种类、起讫号码，由装订人在装订线封签外签名或者盖章。

（2）对于一些内容相同、数量过多或需要随时查阅的原始凭证，可以单独装订保管，在封面上注明记账凭证日期、编号、种类，同时在记账凭证上注明“附件另订”和原始凭证名称及编号。

（3）各种经济合同、存出保证金收据以及涉外文件等重要原始凭证，应当另编目录，单独登记保管，并在有关的记账凭证和原始凭证上相互注明日期和编号。

（4）原始凭证不得外借，其他单位如因特殊原因需要使用原始凭证时，经本单位会计机构负责人、会计主管人员批准，可以复制。向外单位提供的原始凭证复制件，应当在专设的登记簿上登记，并由提供人员和收取人员共同签名或者盖章。

（5）从外单位取得的原始凭证如有遗失，应当取得原开出单位盖有公章的证明，并注明原来凭证的号码、金额和内容等，由经办单位会计机构负责人、会计主管人员和单位领导人批准后，才能代作原始凭证。如果确实无法取得证明的，如火车票、轮船票、飞机票等凭证，由当事人写出详细情况，由经办单位会计机构负责人、会计主管人员和单位领导人批准后，代作原始凭证。

（6）会计凭证归档后，应按照时间排列，以便查阅。对已经归档的会计凭证查阅、调用和复制时，都必须经过批准和办理相应手续。会计凭证在保管过程中，应采取有效措施，防止人为偷盗毁灭、火烧水淹、霉烂破损、鼠咬虫蛀，确保其安全完整。

（7）会计凭证装订成册后，应由专人负责保管。未满保管期限的会计凭证，任何人不得销毁。对于保管期满的会计凭证，销毁时必须编制销毁清单，经本单位领导审核，报上级主管部门批准后才能销毁，必要时应由主管部门派人监销。

第三节　会计账簿

一、设置会计账簿的意义

任何单位的经济业务发生后，都必须取得与填制原始凭证，并根据审核无误的原始凭证加以归类整理后，编制记账凭证及时反映与监督每项经济业务的发生和完成情况。但是，由于记账凭证及其所附的原始凭证数量多且分散，每张凭证只反映了一种经济业务，不能全面、连续、系统地反映每一会计要素具体项目的增减变动情况，无法提供企业经营管理和外部信息使用者所需要的数据资料。因此，必须要设置会计账簿，以便把会计凭证上记载的经济业务加以归类，加工整理，提供全面系统的会计信息。

会计账簿（简称账簿），是由相互联系的具有一定格式的账页组成，并以会计凭证为依据，全面、连续、系统地记录各项经济业务的簿籍。设置和登记账簿是编制会计报表的基础，是连接会计凭证和会计账簿的中间环节，在会计核算和监督中具有特别重要的意义。

1.可以为经营管理提供连续、系统、完整的会计核算资料

通过设置和登记会计账簿，可以全面、连续、系统和综合地核算经济业务，并将大量分散的会计核算资料加工成分门别类的会计信息，有助于全面反映会计要素

各项目的增减变动和资金运动过程及成果，正确计算企业各会计期间的经营成果，加强经济核算，提高经营管理水平。

2. 为编制会计报表提供直接依据

通过设置和登记会计账簿，可以分类反映经济业务，是编制会计报表的直接依据，会计报表所需的绝大部分资料来源于会计账簿。科学地设置和登记账簿，对保证会计报表的准确性和及时性具有重要意义。

3. 为发挥会计监督职能提供重要手段

通过设置和登记会计账簿，可以反映企业各项资产、负债和所有者权益的增减变动情况和结存情况，从而可以通过财产清查来检查账实是否相符，发挥会计的监督职能。

二、会计账簿的种类

在实际工作中，账簿的种类比较多，按照不同的标准，可以将账簿分为不同的类别。

（一）按照会计账簿的用途分类

按照主要用途不同，会计账簿可分为序时账簿、分类账簿和备查账簿。

（1）**序时账簿，**又称日记账，是按照经济业务发生的时间先后顺序，逐日、逐笔登记经济业务的账簿。序时账簿保证了经济业务的序时性和连续性。为加强对现金和银行存款的管理，我国企业会计制度要求企业必须依法设置库存现金日记账和银行存款日记账。

（2）**分类账簿，**是按照分类账户开设并对经济业务分类登记的账簿。按照总分类账户分类登记经济业务的是总分类账簿，简称总账；按照明细分类账户分类登记经济业务的是明细分类账簿。总分类账反映的是总括的会计信息，对所属明细分类账起统驭作用；明细分类账反映详细的会计信息，对总分类账起补充和说明作用。分类账簿反映了各项会计要素具体项目的增减变化及结余情况，是企业经营管理的重要资料来源，也是编制会计报表的主要依据，是整个账簿体系的主体。

（3）**备查账簿，**又称辅助账簿，是对序时账簿和分类账簿等主要账簿不能登记或登记不详细的事项进行补充登记的账簿。与前两种账簿相比较，该种账簿主要起辅助作用，为经营管理提供某些必要的参考资料。常见的有“租入固定资产备查账簿”“应收票据贴现备查账簿”等。

备查账簿与序时账簿和分类账簿相比，存在两点不同之处：一是登记依据可能不需要记账凭证，甚至不需要一般意义上的原始凭证；二是账簿的格式和登记方法不同，备查账簿的主要栏目不记录金额，它更注重用文字来表达某项经济业务的发生情况，而且登记备查账簿也不需要编制记账凭证。

（二）按照会计账簿的外表形式分类

会计账簿按其外表形式不同，可分为订本账、活页账和卡片账。

（1）**订本账，**是启用前就将格式相同并连续编号的账页装订成册的账簿。订本账的优点是防止账页散失和非法抽换；其缺点是不便于分工记账，也不能为各账户准确地预留账页。这种账簿通常用于比较重要的账簿，如总分类账、库存现金日记账和银行存款日记账。

（2）**活页账**，是在启用时，将若干格式相同的零散账页放置于活页账夹内，可以随时抽取空白账页的账簿。这种账簿在使用时应连续编号，使用完毕后应装订成册，加具封面，并由主管人员在账页上加盖印章，以便于保管。其优点是可随时增减空白账页，便于分工记账；其缺点是易造成账页散失或被人为抽换账页。因此，对已使用的账页必须连续编号，并由专人妥善保管。明细分类账一般采用活页账。

（3）**卡片账**，是由具有一定格式的硬卡片组成并存放在卡片箱内的账簿。卡片账严格来说也是一种活页账，在使用时也需要连续编号，其优点类似于活页账。常见的卡片账是固定资产卡片账。由于固定资产在使用过程中实物形态保持不变，又可能经常转移使用部门，设置卡片账便于卡片随同实物一起转移，使对固定资产的管理更加方便，例如当某项固定资产出售或报废时，该卡片随之抽出。

（三）按照会计账簿的账页格式分类

会计账簿按其账页格式不同，可分为三栏式账簿、多栏式账簿、数量金额式账簿和特殊格式账簿。

1.**三栏式账簿**，是在账页上只设有借方、贷方和余额三个基本金额栏目的账簿。其主要适用于库存现金日记账、银行存款日记账，总分类账和只需核算金额不需核算数量的明细账，如资本、债权、债务明细账等。

2.**多栏式账簿**，是在账簿的两个基本栏目借方和贷方按需要分设多个金额专栏的账簿。多栏式账簿可详细核算借、贷方发生额的组成情况。其主要适用于核算项目比较多，且管理上要求提供核算项目和详细内容的账簿。专栏可设在借方，也可设在贷方，或借贷方同时设专栏，专栏设多少根据需要而定。收入、费用以及应交增值税的明细账一般采用此种格式的账簿。

3.**数量金额式账簿**，是在账簿的借方、贷方和余额三个栏目内都分设数量、单价和金额三个专栏，以满足管理上既要核算金额又要核算数量的明细账。如原材料、库存商品等存货项目的明细账。

4.其他格式账簿，是指除上述三种格式之外的账簿。如为了核算固定资产的具体情况，需要设置针对固定资产专门格式的固定资产明细账。

在账页格式中，最基本的是三栏式，其他各种格式都是从三栏式演变而来的。

三、会计账簿的设置与登记

（一）账簿的基本内容

在实际工作中使用的账簿格式多种多样，每种格式的账簿其具体内容也不一样，但其基本内容是一致的，包括封面、扉页和账页三个基本内容。

（1）封面，一般用来标明账簿的名称。

（2）扉页，扉页上列明了账簿启用及经管人员一览表，其主要内容是：单位名称、账簿名称、账簿编号、账簿册数、账簿页数、启用日期、记账人员、会计主管、移交人和移交日期、接管人和接管日期。

（3）账页，账页是账簿的主体，因其反映的具体业务内容不同而有不同的格式，但其基本内容应包括：

①账户名称，即会计科目（总分类科目或明细科目）；

②记账的日期栏，用来记录经济业务发生的时间；

③会计凭证种类和编号栏，说明记账的依据；

④摘要栏，即经济业务内容的简要说明；

⑤金额栏，即借方、贷方金额栏和余额栏，用来记录经济业务的增减变动金额及其增减变动后的余额；

⑥总页次和分户页次。

账簿的设置主要包括确定账簿的种类和数量、设计账簿中账页的格式和内容、确定账簿的登记方法等。账簿的设置取决于企业生产经营的特点、规模的大小、经营管理的要求以及国家统一会计制度等情况，必须做到组织严密、层次分明，各种账簿之间保持内在联系，相互制约。这里主要从账页格式的角度说明账户的设置与登记。

（二）日记账的设置与登记

一般单位为了加强对货币资金的管理都应设置库存现金日记账和银行存款日记账，以序时反映库存现金和银行存款的增减变动及结存情况。

1.库存现金日记账的设置与登记

库存现金日记账是用来序时反映库存现金的增减变动及结存情况的账簿。

（1）库存现金日记账的设置。

库存现金日记账应当采用订本账，其账页格式可以采用三栏式，也可以采用多栏式，但以三栏式库存现金日记账较为常用，设置收入、支出和结余三个基本金额栏目。为了标明现金收入的来源和现金支出的用途，在金额栏与摘要栏之间常常插入“对方科目”栏。其具体格式见表3-8。

表3-8　**库存现金日记账**

年		凭证		摘要	对方科目	收入	付出	结余
月	日	字	号					
3	1			月初结余				500
3	1	现付	1	购办公用品	管理费用		350	150
3	1	银付	1	提取现金	银行存款	800		950
3	1	现付	2	支付差旅费	其他应收款		500	450
3	1			本日合计		800	850	450
				…				
3	31			本日合计		780	840	760
3	31			本月合计		21 087	20 827	760

（2）库存现金日记账的登记。

库存现金日记账是由出纳人员根据审核无误的同现金收付有关的记账凭证，按照经济业务发生的时间先后顺序逐日、逐笔登记的，即根据现金收款凭证和与现金有关的银行存款付款凭证（从银行提取现金业务）登记现金收入，根据现金付款凭证登记现金付出，每日终了还应加计当日现金收入、付出合计数及余额，每月终了还应加计当月收入、付出合计数及余额，以便及时与库存现金实有数额核对，做到日清月结。

2.银行存款日记账的设置与登记

银行存款日记账是序时反映银行存款的增减变动及结存情况的账簿。

（1）银行存款日记账的设置。

银行存款日记账应当采用订本账，其账页格式与库存现金日记账的格式相似，可以采用三栏式，也可以采用多栏式，但不论采用哪种格式，都应当在“摘要”栏与“对方科目”栏之间增加“结算凭证”一栏，以便与银行核对账目。在实际工作中以三栏式日记账较为常用，其格式见表3-9。

表3-9 **银行存款日记账**

年		凭证		摘要	结算凭证		对方科目	收入	付出	结余
月	日	字	号		种类	号数				
3	1			月初结余						200 000
3	1	银付	1	购原材料			原材料		50 000	150 000
3	1	银收	1	从银行借款			短期借款	100 000		250 000
3	1	银付	2	提取现金			库存现金		50 000	200 000
3	1			本日合计				100 000	100 000	200 000
				…						
3	31			本日合计				50 000	8 000	80 000
3	31			本月合计				780 000	900 000	80 000

（2）银行存款日记账的登记。

银行存款日记账是由出纳人员根据审核无误的同银行存款增减变动有关的记账凭证，按照经济业务发生的时间先后顺序逐日、逐笔登记的，即根据银行存款收款凭证和与银行存款有关的现金付款凭证（将现金存入银行业务）登记银行存款的收入。出纳人员应根据银行存款付款凭证登记银行存款付出，每日终了还应加计当日银行存款发生额合计数及余额，每月终了还应加计当月收入、付出合计数及余额，以便与银行对账，也便于对银行存款进行管理。

（三）总分类账的设置与登记

总分类账又称总账，是按照总分类账户分类登记以提供总括会计信息的账簿。

1.总分类账的设置

总分类账是按照总分类账户分类登记全部经济业务的账簿，是其明细账的统驭性账户，一般采用订本账，其账页格式有三栏式和多栏式两种。

2.三栏式总分类账的登记

总分类账簿最常用的格式是三栏式（或称“金额三栏式”），设置“借方金额”、“贷方金额”和“余额”三个基本金额栏目，其格式见表3-10。

表3-10 **总分类账**

账户名称：原材料

年		凭证		摘要	借方金额	贷方金额	借或贷	余额
月	日	字	号					
1	1			年初结余			借	50 000
1	2	付	1	购买原材料	90 000			140 000
1	5	转	1	发出原材料		80 000		60 000
1	18	转	2	材料入库	100 000			160 000
1	22	转	3	材料出库		70 000		90 000
⋮	⋮	⋮	⋮	⋮	⋮	⋮	⋮	⋮
1	31			本月合计	250 000	220 000	借	80 000

3. 多栏式总分类账的登记

多栏式（或称“金额多栏式”）总分类账是把序时账簿和总分类账簿结合在一起，变成一种联合账簿，通常称为日记总账，其具有序时账簿和总分类账簿的双重作用。采用这种总分类账簿，可以减少记账工作，提高工作效率，并能较全面地反映资金运动情况。多栏式总分类账适用于经济业务较少的单位。

总分类账的登记依据和登记方法取决于企业采用的账务处理程序，既可以根据各种记账凭证逐笔登记，也可以将一定时期的各种记账凭证先编制成汇总记账凭证或科目汇总表，然后再据以登记总账。我国各经济单位通常采用的主要账务处理程序有五种：记账凭证账务处理程序、汇总记账凭证账务处理程序、科目汇总表账务处理程序、多栏式日记账账务处理程序和日记总账账务处理程序。各种账务处理程序的主要区别表现在登记总账的依据和方法不同。

（四）明细分类账的设置与登记

明细分类账又称明细账，是根据二级账户或明细账户开设账页，分类、连续地登记经济业务以提供明细核算资料的账簿。明细分类账是根据总分类账的核算内容按照更详细的分类，反映某一具体类别经济活动的财务收支情况，对总分类账起到补充说明作用。明细分类账一般采用活页式账簿。

根据经济管理的要求和各明细分类账记录的内容不同，明细分类账一般采用“三栏式”、“数量金额式”和“多栏式”三种格式。

1.三栏式明细分类账的设置与登记

（1）三栏式明细分类账的设置。

三栏式明细分类账只设置借方、贷方和余额三个基本金额栏目，其格式与三栏式总分类账的格式相同。这种格式适用于只要求提供货币信息而不需要提供非货币信息的账户。如债权、债务等结算类账户，资本金账户等。其格式见表3-10。

（2）三栏式明细分类账的登记。

三栏式明细分类账是由会计人员依据审核无误的记账凭证和原始凭证，按照经济业务发生的时间先后顺序逐日逐笔登记。

2.数量金额式明细分类账的设置与登记

（1）数量金额式明细分类账的设置。

数量金额式明细分类账要求对借方、贷方和余额三个基本金额栏的每一栏再分别设置数量、单价和金额三个专栏。这种格式适用于既要进行金额核算又要进行数量核算的各种财产物资账户。如“原材料”“库存商品”等明细分类账户。数量金额式明细分类账的格式见表3-11。

表3-11 **原材料明细账**

材料类别：原料 编号：1108 计量单位：千克 最高储量：500

材料名称：甲材料 规格：12×8 存放地点：2号库 最低储量：200

年		凭证		摘要	收入			发出			结存		
月	日	字	号		数量	单价	金额	数量	单价	金额	数量	单价	金额
1	1			年初结余							300	100	30 000
1	2	银付	1	购买原材料	400	100	40 000				700	100	70 000
1	5	转	1	发出原材料				500	100	50 000	200	100	20 000
⋮	⋮	⋮	⋮	⋮	⋮	⋮	⋮	⋮	⋮	⋮	⋮	⋮	⋮
1	31			本月合计	1 400	100	140 000	1 500	100	150 000	200	100	20 000

（2）数量金额式明细分类账的登记。

数量金额式明细分类账是由会计人员依据审核无误的记账凭证、原始凭证或汇总原始凭证，按照经济业务发生的时间先后顺序逐日、逐笔登记，也可以定期汇总登记。

3.多栏式明细分类账的设置与登记

（1）多栏式明细分类账的设置。

多栏式明细分类账是将属于同一账户的若干明细账户合并在一张账页上进行登记，以集中提供该账户的详细资料。这种格式的账页在借方或贷方发生额栏内按照明细项目设若干专栏，分栏登记各明细账的发生额。多栏式明细分类账非常适用于成本、费用、收入和利润等类账户的明细分类核算。

在实际工作中，多栏式明细分类账可以分为借方多栏式、贷方多栏式和借贷方多栏式三种格式。借方多栏式明细分类账适用于借方需要设多个明细项目进行分类核算的账户，如“材料采购”“生产成本”“制造费用”“管理费用”等账户，格式见表3-12。

表3-12 生产成本明细账

产品品种或类别：

年		凭证		摘要	借方（成本项目）				余额
月	日	字	号		直接材料	直接人工	制造费用	合计	

贷方多栏式明细分类账适用于贷方需要设多个明细项目进行分类核算的账户，如收入类账户，格式见表3-13。

表3-13 主营业务收入明细账

年		凭证		摘要	贷方金额分析		
月	日	字	号		产品销售收入	加工收入	合计

借贷方多栏式明细分类账适用于借贷方均需要设多个明细项目进行分类核算的账户，如“本年利润”“应交税费——应交增值税”账户。借贷方多栏式明细分类账的格式见表3-14。

表3-14 应交税费——应交增值税明细账

年		凭证		摘要	借方			贷方				借或贷	余额
月	日	字	号		进项税额	已交税金	合计	销项税额	出口退税	进项税额转出	合计		

（2）多栏式明细分类账的登记

多栏式明细分类账是由会计人员根据审核无误的记账凭证或原始凭证逐日逐笔登记的。对于借（贷）方多栏式明细分类账，由于只在借（贷）方设多栏，平常在借（贷）方登记发生额，贷（借）方登记月末将借（贷）方发生额一次转出的数额，因此平常如果有贷（借）方发生额，应在借（贷）方用红字冲记。

第四节 对账与结账

一、对账

对账就是会计核算中对账簿记录的核对工作，目的是使账簿记录正确无误，真实地反映一个单位经济活动实际情况。为保证账簿记录的可靠性，各单位应定期对会计账簿记录的结果进行核对。对账的内容和方法主要包括：

（一）账证核对

账证核对是将账簿记录和记账凭证及其所附的原始凭证进行核对。核对会计账簿记录与原始凭证、记账凭证的日期、凭证字号、内容、金额是否一致，记账方向是否相符。一般来讲，日记账应与收付款凭证相核对；总账应与记账凭证相核对；明细账应与记账凭证或原始凭证相核对。这种核对除在日常制证、记账过程中进行外，每月终了发现账证不相符时，也应重新进行账证核对。

（二）账账核对

账账核对是将各种账簿之间的有关数字相互核对。这种核对至少应在每月月终进行一次。具体内容有：

1.总分类账中各账户的本期借方发生额、余额合计数与其贷方发生额、余额合计数是否相符。

2.总分类账中各账户的余额和本期发生额与其所属各种明细分类账中的同期余额、本期发生额之和是否相符。

3.库存现金总账账户和银行存款总账账户的期末余额与库存现金日记账和银行存款日记账的期末余额是否相符。

4.会计部门有关财产物资明细分类账中的余额应该同财产物资保管部门和使用部门经管的明细记录的余额核对相符。

（三）账实核对

账实核对就是对各种财产物资、债权债务的账面记录与其实存（实际）数额的相互核对。具体包括：

1.库存现金日记账的账面余额应逐日与实际库存现金数核对相符。

2.银行存款日记账应该定期与开户银行的对账单核对。

3.各种财产物资明细分类账的账面余额，应定期与财产物资的库存实物数量核对相符。

4.各种有关债权债务明细分类账的期末余额应该同有关债权债务单位的账目核对相符。

在实际工作中，账实核对一般是通过财产清查进行的。

二、结账

结账是在会计期末（月末、季末、年末）将本期全部的经济业务登记入账的基础上，按照规定的方法对账簿进行小结，结算出每个账户的本期发生额和期末余额的账务处理工作。结账后才能进一步根据账簿资料编制会计报表。结账的内容和程序如下：

第一，结账前，将本期内所发生的经济业务全部记入有关账簿。不属于本期的经济业务不能提前入账，也不能将本期发生的经济业务延至下期入账。

第二，按照权责发生制原则调整和结转有关账项。本期内所有应入账的应计和预收收入以及应计和预付费用业务，均应编制记账凭证记入有关账簿，以调整账簿记录。如完工产品的结转、已销商品成本的结转、各项收入和费用账户的结转。

第三，结清各损益类账户，并据以计算本期利润。

第四，计算登记各账户本期发生额和期末余额。在本期全部经济业务登记入账的基础上，结算出库存现金日记账、银行存款日记账，以及明细分类账和总分类账各账户的本期发生额和期末余额，并结转下期或转入新账。

第五节　错账更正

会计核算工作中，难免出现错误，对于发生的错账要及时查找出来并加以更正。账簿记录的错误，一经发现后，应立即更正，更正时不得直接在账簿上涂改、刮擦、挖补或用褪色药水等更改字迹，而应视账簿记录错误发生的具体情况，采取不同的方法进行更正。一般来说，常用的更正方法有下列几种：

一、划线更正法

也称红线更正法。在结账之前，如果发现账簿记录有错误，而记账凭证无错误，即纯属数字或文字上的笔误或数字计算有错误，应采用划线更正法更正错误。具体做法是，将错误的文字或者数字划红线注销，但必须使原有字迹仍可辨认；然后在线的上方填写正确的文字或者数字，并由记账人员在更正处盖章。对于错误的数字，应当全部划红线更正，不得只更正其中的错误数字。对于文字错误，可只划去错误的部分。

二、红字更正法

红字更正法又称红字冲销法。它主要适用于依据错误的凭证登记了错账，具体有以下两种情况：

1.记账以后，发现记账凭证中应借、应贷会计科目有误，或科目用错，或方向记反，并已登记入账，从而造成账簿记录错误的情形。更正时，先用红字金额填制一张内容与原来错误的记账凭证相同的记账凭证，并据以用红字金额登记有关账簿，冲销原来的错误记录；再用蓝字金额填制一张正确的记账凭证，并据以登记有关账簿。

【例3-1】 生产车间领用一般消耗用材料1 000元，填制记账凭证时，将借方账户“制造费用”误写为“生产成本”账户，并已登记入账。

（1）借：生成成本　　1 000
　　贷：原材料　　1 000

发现这一错误时，应先用红字金额填制一张内容与错误凭证一样的记账凭证并登记入账。

（2）借：生产成本　　1 000
　　贷：原材料　　1 000

同时用蓝字填制一张正确的记账凭证，并登记入账。

（3）借：制造费用　　1 000
　　贷：原材料　　1 000

以上有关账户的更正记录如图3-3所示：

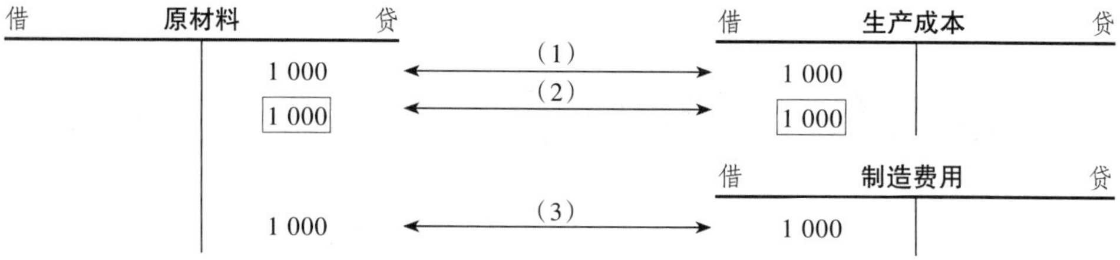

图3-3　红字冲销法示意图一

2. 记账后，发现记账凭证中的应借、应贷科目无误，但所记的金额大于应记的金额。更正时，将多记的金额用红字填制一张与原错误记账凭证的科目名称、方向相同的记账凭证并登记入账，以冲销原来的多记金额，并在记账凭证的“摘要”栏内注明“冲销×月×日×号凭证多计数”。

【例3-2】收回货款5 000元，存入银行。在填制记账凭证时，对应科目没有记错，但是把金额误记为50 000元，并按下列分录登记入账。

（1）借：银行存款　　50 000
　　贷：应收账款　　50 000

发现这一错误时，应将多记的45 000元（50 000−5 000）用红字金额填制一张记账科目与原来相同的记账凭证，并据以登记入账。

（2）借：银行存款　　45 000
　　贷：应收账款　　45 000

以上账户的更正记录如图3-4所示：

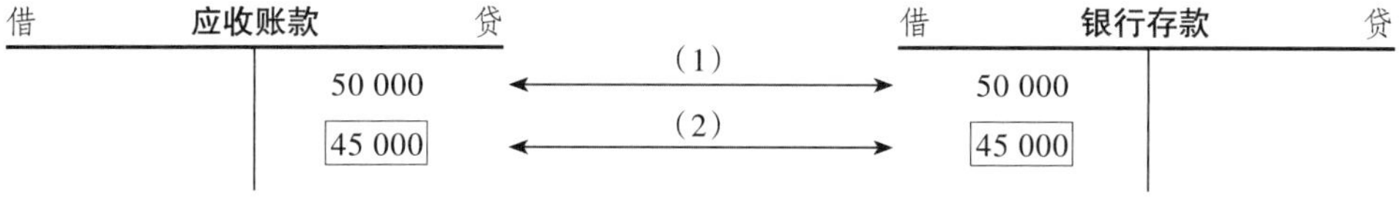

图3-4　红字冲销法示意图二

三、补充登记法

补充登记法也称蓝字更正法，记账之后，如果发现记账凭证应借、应贷的会计科目无误，但所填的金额小于应填的金额，致使账簿的记录也发生同样的差错，则可采用补充登记法予以更正。更正时，只要把少记的金额用蓝字填制一张与原本对应账户一致的记账凭证，并将其补充登记入账即可，在记账凭证的“摘要”栏内注明“补计×月×日×号凭证少计数”。

【例3-3】　收回货款5 000元，存入银行。在填制记账凭证时，对应科目没有记错，但是把金额误记为500元，并按下列分录登记入账。

（1）借：银行存款　　500

　　贷：应收账款　　500

发现上述错误时，应将少计金额4 500元（5 000-500）用蓝字编制如下会计分录并登记入账。

（2）借：银行存款　　4 500

　　贷：应收账款　　4 500

以上账户的更正记录如图3-5所示：

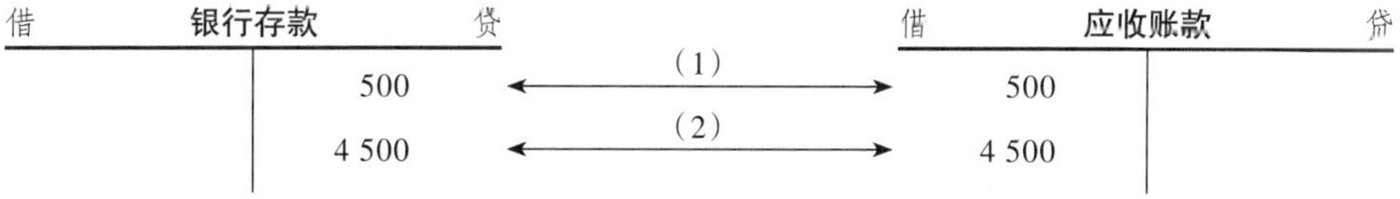

图3-5　补充登记法示意图

首先需要注意的是，上述三种错账更正方法是会计实践工作中手工系统下针对不同错误类型而采取的专门方法，在会计信息化系统下，会计核算流程较手工系统更为先进，会计账簿和报表自动生成，不会出现手工系统下由于登记账簿分工而产生的单纯性账簿记录错误，因此也无须采取划线更正法；其次是手工系统下用红字表示的冲销，在会计信息化系统下也由负数取而代之了。由此可见，三种错账更正方法仅是在特定工作条件下而采取的方法，会计核算手段发生变化后，这些具体方法也会发生相应的变化。

■ 本章内容结构图（如图2-6所示）

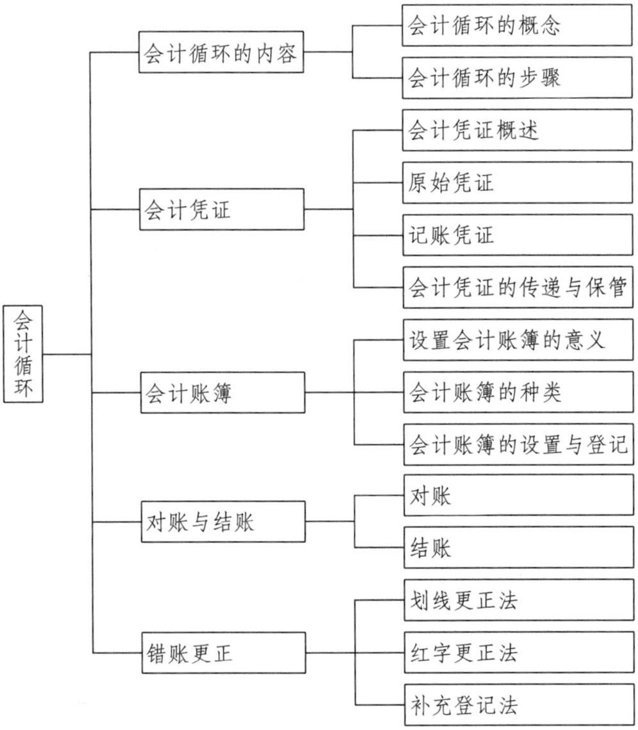

图3-6 本章内容结构图

■ 复习思考题

1. 什么是会计凭证，会计凭证的主要作用体现在哪些方面？
2. 会计凭证按照填制程序和用途，分为哪两类，二者有何联系与区别？
3. 什么是会计账簿，设置会计账簿的重要意义体现在哪些方面？
4. 简述各类账簿设置与登记的方法。
5. 简述明细分类账按照账页格式的分类，举例说明各类明细账的适用范围。
6. 什么是结账？结账的内容和程序如何？
7. 对账的主要内容有哪些？

■ 本章小结

本章主要阐述了手工系统下会计核算工作的基本流程，简要介绍了会计循环的主要内容及步骤，系统阐述了会计凭证的种类以及各种凭证的填制与审核方法、会计凭证的传递与保管要求，详细介绍了设置会计账簿的重要意义以及各类账簿的设置与登记的方法，简要介绍了对账和期末结账的主要工作内容以及错账更正方法。

■ 关键概念

会计循环　会计凭证　原始凭证　累计凭证　记账凭证　收款凭证　付款凭证　转账凭证　会计账簿　序时账簿　分类账簿　结账

■ 案例分析题

背景与情境：

李明大学毕业后自己创业，在学校附近开设了一个文印工作室，生意兴隆。李明每天都把与发生的经济业务有关的单据细心地保留下来，并定期将其装订保管。半年后，税务部门来检查，李明搬出了装订整齐的凭证，可是税务人员却说他的会计核算资料不健全，会计核算方法不完整，责令他尽快建立会计账簿，并要把前几个月的账簿进行补充登记。李明觉得不理解，工作室的所有经济活动都有合法凭证，手续齐备，并及时缴纳了各种税款，为什么还要设置会计账簿，这样会增加好多的工作量，有可能还会平添许多额外的支出，很不划算。

问题：

（1）李明的会计核算资料有哪些欠缺？核算方法需要如何加以完善？

（2）设置会计账簿在会计核算体系中的重要意义体现在哪些方面？设置账簿应遵循哪些原则？

（3）简述会计凭证、会计账簿、会计报表在会计核算中的作用？

二维码3-2：会计达人说会计

第四章

流动资产

二维码4-1：学会计的理由

学习目标

◇了解货币资金的管理及内部控制

◆理解存货期末计量所采用的成本与可变现净值孰低法

★掌握货币资金与交易性金融资产的会计处理

★掌握应收款项的内容和会计处理

★掌握存货取得及发出的会计处理

任何企业从事生产经营活动都离不开一定种类、数量和质量的经济资源。一项经济资源是否能够确认为资产，必须同时满足两个条件：其一，与该资源有关的经济利益很可能流入企业。其二，该资源的成本或者价值能够可靠计量。资产按照流动性，可以分为流动资产和非流动资产。资产的流动性是按照资产的变现或耗用时间长短来确定的，满足下列条件之一的，应当归类为流动资产：①预计在一个正常营业周期中变现、出售或耗用；②主要为交易目的而持有；③预计在资产负债表日起1年内（含1年，下同）变现；④自资产负债表日起1年内，交换其他资产或清偿负债的能力不受限制的现金或现金等价物。流动资产以外的资产归类为非流动资产。流动资产通常包括货币资金、交易性金融资产、应收及预付款项和存货等。

第一节　货币资金与交易性金融资产

一、货币资金

货币资金是指直接以货币形态存在的资产。货币资金作为企业流动性最强的资产，可以用于交换各种形态的其他资产和偿付债务。货币资金对企业的生存发展至关重要，持有一定量的货币资金也是企业进行生产经营的基本条件。货币资金根据其存放地点及用途的不同，可以分为库存现金、银行存款和其他货币资金。

（一）库存现金

现金有狭义和广义之分，狭义的现金是指存放于企业内部，并由出纳人员保管的、用于日常零星开支的货币资金，即库存现金；广义的现金除了库存现金外，还包括银行存款和其他货币资金。本书中的现金，主要指狭义的现金，即库存现金。

1.库存现金的管理

现金是企业资产中流动性最强的资产，可以直接用于支付和结算。为了加强对现金的管理，《中华人民共和国现金管理暂行条例》中规定了对企业使用现金的约束和限制，规定企业可以在以下范围内使用现金：①职工工资、津贴；②个人劳务报酬；③根据国家规定颁发给个人的科学技术、文化艺术、体育等各种奖金；④各种劳保、福利费用以及国家规定的对个人的其他支出；⑤向个人收购农副产品和其他物资的价款；⑥出差人员必须随身携带的差旅费；⑦结算起点（一般为1 000元）以下的零星支出；⑧中国人民银行确定的需要支付现金的其他支出。除此之外，企业一切款项的收付都必须通过银行办理转账结算。

我国目前对企业实行库存现金限额管理。所谓库存现金限额，是指为保证各单位日常零星支出按规定允许留存现金的最高限额。库存现金的限额由开户银行根据开户单位实际情况核定，一般以满足开户单位3～5天的零星开支为标准来核定；边远地区和交通不便地区的开户单位，可以按多于5天但不超过15天的日常零星开支确定限额。

企业在办理现金日常收支时，应按照以下规定办理：①企业现金收入应于当日送存开户银行；当日送存银行确有困难的，由开户银行确定送存时间。②企业支付现金，可以从本企业库存现金限额中支付或者从开户银行提取，不得从本企业的现金收入中直接支付（即坐支）；因特殊情况需要坐支现金的，应事先报经开户银行批准，由开户银行核定坐支范围和限额。③企业从开户银行提取现金，应当写明用途，由本单位财会部门负责人签字盖章，经开户银行审核后予以支付。④企业因采购地点不固定、交通不便以及其他特殊情况必须使用现金的，应向开户银行提出申请，由本单位财会部门负责人签字盖章，经开户银行审核后，予以支付现金。

企业应完善内部会计控制，强化对现金的管控：①不得由一人办理与现金相关的全过程业务。应将经管现金和会计记账分开，经管现金收支的出纳员不得进行会计记账，进行现金收付记账的会计人员不得经管现金。②对涉及现金收付的交易必须按原始凭证编制收付款凭证，并要在原始凭证与收付款凭证上盖上“现金收讫”或“现金付讫”章。③会计人员根据经核对无误后的“收款或付款清单”和“银行存款回单”等编制记账凭证，登记有关账簿。④企业的出纳人员应定期进行轮换，不得一人长期从事现金管理工作。

2.库存现金的会计处理

为了总括地反映现金收支及结存情况，企业应设置“库存现金”账户，借方登记库存现金的增加额，贷方登记库存现金的减少额；期末余额在借方，反映期末库存现金的应有数额。

为了随时掌握现金收付和库存情况，企业应设置库存现金日记账，由出纳人员根据收付款凭证，按照现金业务发生的先后顺序逐笔记载。每日营业终了，统计出当日的现金收入合计数、支出合计数和结余数，并将结余数与实际库存数相核对，做到账实相符；月份终了，库存现金日记账的余额要与“库存现金”账户的余额进行核对，以做到日清月结，账账相符。

（1）库存现金收支的会计处理

企业收到库存现金时，借记“库存现金”账户，贷记有关账户；支出库存现金时，借记有关账户，贷记“库存现金”账户。

【例4-1】大明公司发生下列现金业务，账务处理如下：

（1）开出现金支票，从银行提取现金8 000元。

借：库存现金 8 000

　贷：银行存款 8 000

（2）办公室印刷文件一批，发生印刷费220元，以现金支付。

借：管理费用 220

　贷：库存现金 220

（3）办公室职员张华因公出差，预借差旅费3 000元，以现金支付。

借：其他应收款——张华 3 000

　贷：库存现金 3 000

（4）张华出差归来，报销差旅费2 700元，剩余300元退回财务部门。

借：管理费用 2 700

　　库存现金 300

　贷：其他应收款——张华 3 000

（2）库存现金溢余、短缺的会计处理

每日营业终了，企业出纳人员应对库存现金进行盘点，同时结出库存现金日记账的结存余额，并检查库存现金实存数与库存现金日记账的结存余额是否相符。另外，还应由清查小组的工作人员定期或不定期地对现金进行清查盘点。清查中出现现金短缺（盘亏）或溢余（盘盈）时，应通过“待处理财产损溢——待处理流动资产损溢”账户进行账务处理，并要及时查明原因。

对于已记入“待处理财产损溢”账户的现金短缺，属于应由相关责任人赔偿或由保险公司赔偿的，转入“其他应收款”账户；属于经营管理不善、非正常损失或无法查明原因的，转入“管理费用”账户。对于已记入“待处理财产损溢”账户的现金溢余，属于应支付给其他单位或个人的，转入“其他应付款”账户；属于无法查明原因的，转入“营业外收入”账户。

【例4-2】大明公司在财产清查时，发现库存现金短缺600元，原因尚未查明，账务处理如下：

借：待处理财产损溢——待处理流动资产损溢 600

　贷：库存现金 600

上述现金短缺原因查明，出纳员刘江应负全部赔偿责任。公司账务处理如下：

借：其他应收款——刘江 600

　贷：待处理财产损溢——待处理流动资产损溢 600

（二）银行存款

银行存款是企业存放在银行或其他金融机构的货币资金。按照国家有关规定，银行是支付结算和资金清算的中介机构，凡是独立核算的单位都必须在银行开设账户。

1.银行存款的管理

根据《人民币银行结算账户管理办法》规定，单位银行结算账户按用途分为基本存款账户、一般存款账户、专用存款账户和临时存款账户。基本存款账户是存款人因办理日常转账结算和现金收付需要开立的银行结算账户，存款人只能在银行开立一个基本存款账户。一般存款账户是存款人因借款或其他结算需要，在基本存款账户开户银行以外的银行营业机构开立的银行结算账户。专用存款账户是存款人按照法律、行政法规和规章对其特定用途资金进行专项管理和使用而开立的银行结算账户。临时存款账户是存款人因临时需要（如设立临时机构、异地临时经营活动、注册验资）并在规定期限内使用而开立的银行结算账户。

企业应当遵守以下银行结算规定：（1）认真贯彻执行国家的政策、法令，遵守银行信贷、结算和现金管理等有关规定；（2）在银行检查时，各单位必须提供有关账户使用情况的资料；（3）每个单位一般只能在一家银行或其他金融机构开立基本账户；（4）不准出租、出借单位银行账户；（5）各单位必须在银行的账户中存有足够的资金，不准签发空头支票和远期支票以套取银行信用；（6）及时、准确地记载和银行的往来账务，重视对账工作等。

2.银行结算方式

开设银行账户后，企业除了在规定范围内可以用现金直接支付外，在经营过程中所发生的一切货币收支业务，都必须通过银行办理转账结算。企业可采用的银行结算方式主要有以下几种：

（1）银行汇票，是由出票银行签发的，由其在见票时按照实际结算金额无条件支付给收款人或持票人的票据。银行汇票的出票银行为付款人。单位和个人各种款项结算，均可使用银行汇票。银行汇票可以转账，填写现金字样的银行汇票也可以用于支取现金。银行汇票的提示付款期限为自出票日起1个月。

（2）商业汇票，是出票人签发的，委托付款人在指定日期无条件支付确定的金额给收款人或者持票人的票据。商业汇票分为商业承兑汇票和银行承兑汇票，商业承兑汇票由银行以外的付款人承兑，银行承兑汇票由银行承兑。商业汇票一律采用记名方式，允许背书转让。商业汇票适用于企业先发货后收款或双方约定延期付款的商品交易，在同城和异地均可采用。汇票经承兑后，承兑人及付款人负有到期无条件支付票款的责任。商业汇票的付款期限由交易双方商定，最长不超过6个月。符合条件的商业汇票的持票人可持未到期的商业汇票连同贴现凭证向银行申请贴现，以融通资金。

（3）银行本票，是由银行签发的，承诺自己在见票时无条件支付确定金额给收款人或持票人的票据。单位和个人在同一票据交换区域需要支付各种款项，均可以使用银行本票。银行本票可以用于转账，注明现金字样的银行本票可以用于支取现金。银行本票分为定额本票和不定额本票两种，一律采用记名方式，允许背书转让，适用于同城结算。采用银行本票购买商品，销货方可以见票发货，购货方可以凭票提货，债权债务人双方可以凭票结算。银行本票的提示付款期限为自出票日起最长不得超过2个月。

（4）支票，是由出票人签发的，委托办理支票存款业务的银行或者其他金融机构在见票时无条件支付确定的金额给收款人或者持票人的票据。支票上印有现金字样的为现金支票，现金支票只能用于支取现金。支票上印有转账字样的为转账支票，转账支票只能用于转账。支票上未印有现金或转账字样的为普通支票，普通支票可以用于支取现金，也可以用于转账。在普通支票正面左上角划两条平行线的，为划线支票，划线支票只能用于转账，不得支取现金。单位和个人在同一票据交换区域的各种款项结算，均可以使用支票。支票的提示付款期限为自出票日起10日内，但中国人民银行另有规定的除外。

（5）信用卡，是商业银行向个人和单位发行的，凭以向特约单位购物、消费和向银行存取现金，且具有消费信用的特制载体卡片。按使用对象不同，信用卡可分为单位卡和个人卡。我国支付结算办法中，对于不同信用卡的使用范围、资金来源、支付风险等方面有具体的规定。

（6）汇兑，是汇款人委托银行将款项汇往外地收款人开户银行的结算方式。单位和个人的各种款项的结算，均可使用汇兑结算方式。汇兑分为信汇、电汇两种，由汇款人选择使用。信汇是指汇款人委托银行通过邮寄的方式将款项划转给收款人，电汇是指汇款人委托银行通过电报将款项划给收款人。汇兑一般适用于异地各单位之间的商品交易、劳务供应、资金缴拨、清理旧账等。

（7）托收承付，是根据购销合同由收款人发货后委托银行向异地付款人收取款项，由付款人向银行承诺付款的结算方式。办理托收承付结算的款项，必须是商品交易以及因商品交易而产生的劳务供应的款项。收款人办理托收，必须提交有关商品已经发运的证件，收款单位应在收到银行的收账通知时确认收款，付款单位根据承付通知和有关发票等原始凭证确认付款。托收承付结算方式适用于有合同的商品交易和劳务供应。

（8）委托收款，是收款人委托银行向付款人收取款项的结算方式。单位和个人凭已承兑商业汇票、债券、存单等付款人债务证明办理款项的结算，均可以使用委托收款结算方式。委托收款在同城和异地均可以采用，不受金额起点限制。委托收款结算款项的划回方式分邮寄和电报两种，由收款人选用。

除了上述八种结算方式外，企业在国际结算中主要使用信用证进行结算。信用证，是指银行根据进口人申请，向出口人签发一定金额的，并在一定时期内凭出口人提交的规定货运单据承兑付款的书面保证文件的结算方式。采用信用证结算方式的，收款单位收到信用证后，即备货装运，签发有关发票账单，连同运输单据和信用证送交银行，根据退还的信用证等有关凭证编制收款凭证；付款单位在接到开证行的通知时，根据付款单据编制付款凭证。

3.银行存款的会计处理

为了反映银行存款的收支情况，企业应当设置“银行存款”账户。该账户借方登记银行存款的增加额，贷方登记银行存款的减少额；期末余额在借方，反映期末银行存款的实有数额。

企业还应按开户银行和存款种类分别设置银行存款日记账，进行银行存款的序时核算。银行存款日记账由出纳人员根据有关收付款凭证，按业务发生的顺序逐笔登记，每日结出余额。有外币存款的企业，应以人民币和外币分别设置银行存款日记账。银行存款日记账应定期与银行对账单核对。月份终了，银行存款日记账的余额必须与银行存款账户的余额核对相符。

【例4-3】大明公司发生下列银行存款收支业务，账务处理如下：

（1）收到购货单位支付的现销货款226 000元，其中货物价款200 000元，增值税26 000元，已办妥入账手续。

借：银行存款　226 000
　贷：主营业务收入　200 000
　　　应交税费——应交增值税（销项税额）　26 000

（2）从开户银行提取现金9 000元。

借：库存现金　9 000
　贷：银行存款　9 000

（3）支付前欠胜利公司的购货款80 000元，并办妥付款手续。

借：应付账款——胜利公司　80 000
　贷：银行存款　80 000

4.银行存款的清查

为了查清企业银行存款的实际余额，以及检查银行存款记录的正确与否，企业应当定期将银行存款日记账记录与开户银行提供的银行对账单相互核对，每月至少核对一次。如果银行存款日记账的余额与银行对账单的余额不一致，可能存在的主要原因：一是企业和开户银行一方或双方存在记账错误；二是存在未达账项。

未达账项，是指对于同一经济业务，由于结算凭证在企业与开户银行之间的传递存在时间间隔，造成企业与开户银行在记账方面存在不一致，即一方收到结算凭证并已入账，而另一方尚未收到凭证而未登记入账的款项。未达账项一般包括四种情况：

（1）企业已收，银行未收。指企业已经收款入账，银行尚未收款入账的款项。如企业送存银行的支票。

（2）企业已付，银行未付。指企业已经付款入账，银行尚未支付的款项。如企业开出的支票，支票持有人尚未到银行办理提款或转账。

（3）银行已收，企业未收。指银行已经收款入账，企业尚未拿到收款通知而尚未记录的款项。如企业委托银行收取的款项。

（4）银行已付，企业未付。指银行已经付款入账，企业尚未拿到付款通知而未记录支付的款项。如银行代扣的各类款项。

在实际工作中，企业一般在期末编制“银行存款余额调节表”，对企业银行存款账面余额与银行对账单余额之间的差额进行调整，并解释导致差异的原因。该表的编制方法是在企业的银行存款日记账余额与银行对账单余额的基础上，分别加上对方已收款入账而本方未收款入账的款项，各自减去对方已付款入账而本方未付款入账的款项，以及更正记账差错，最终得出两个相同的金额。下面举例说明。

【例4-4】 20×8年6月30日，大明公司银行存款日记账余额为625 040元，银行对账单余额为629 395元。经逐笔核对，发现：

（1）公司收到销货款13 200元，银行尚未入账；

（2）公司购买材料开出转账支票9 700元，银行尚未入账；

（3）银行为公司代收销货款8 790元，企业尚未入账；

（4）银行为公司支付水电费845元，企业尚未入账；

（5）公司6月20日收到银行存款8 235元，公司误记为8 325元，多记90元。

根据以上资料编制的银行存款余额调节表（见表4-1）。

表4-1 银行存款余额调节表

20×8年6月30日 金额：元

项目	金额	项目	金额
银行存款日记账余额	625 040	银行对账单余额	629 395
加：银行已收、企业未收款	8 790	加：企业已收、银行未收款	13 200
减：银行已付、企业未付款 银行存款多记	845 90	减：企业已付、银行未付款	9 700
调节后的余额	632 895	调节后的余额	632 895

表4-1中调节后的余额相等，说明除了“银行存款多记”这一差错外，公司与银行双方其余的记账均正确。如果调节后的余额仍然不相等，可能还存在记账错误，应积极查找并更正。

通过银行存款余额调节表调节之后的余额，是企业当时可以实际动用的款项。需要指出的是，银行存款余额调节表只起到对账的作用，不作为调节银行存款账面余额的凭证。企业只有等到有关银行结算的凭证到达后，才能对未达账项进行相应的会计处理。但是，对于记账差错则应立即更正处理。

（三）其他货币资金

企业有些货币资金的存放地点和用途与库存现金和银行存款不同，包括外埠存款、银行汇票存款、银行本票存款、信用证保证金存款、信用卡存款、存出投资款等，这些资金统称为其他货币资金。其中，外埠存款是指企业到外地进行临时或零星采购时，汇往采购地银行开立采购专户的款项。银行汇票存款是指企业为取得银行汇票，按照规定存入银行的款项。银行本票存款是指企业为取得银行本票，按照规定存入银行的款项。信用证存款是指采用信用证结算方式的企业为开具信用证而存入银行信用证保证金专户的款项。存出投资款是指企业已存入证券公司但尚未进行投资的资金。

为了记录其他货币资金的增减及结余情况，企业应设置“其他货币资金”账户。该账户借方登记其他货币资金的增加额，贷方登记其他货币资金的减少额；期末余额在借方，反映期末持有其他货币资金的实有数。该账户按其他货币资金的具体内容设置“外埠存款”“银行汇票存款”“银行本票存款”“信用证存款”等二级明细账户，进行明细核算。

【例4-5】20×1年5月，大明公司委托当地开户银行汇款700 000元给采购地银行开立专户，账务处理如下：

借：其他货币资金——外埠存款　　700 000
　贷：银行存款　　700 000

采购的原材料验收入库，收到供应单位发票等报销凭证565 000元（其中增值税65 000元）。公司账务处理如下：

借：原材料　　500 000
　　应交税费——应交增值税（进项税额）　　65 000
　贷：其他货币资金——外埠存款　　565 000

采购完成后，将多余的外埠存款转回当地开户银行时，根据银行收账通知转销“其他货币资金——外埠存款”账户。公司账务处理如下：

借：银行存款　　135 000
　贷：其他货币资金——外埠存款　　135 000

二、交易性金融资产

（一）交易性金融资产概述

金融资产是单位或个人所拥有的以价值形态存在的资产，是一种索取实物资产的无形的权利。是一切可以在有组织的金融市场上进行交易、具有现实价格和未来估价的金融工具的总称。金融资产的最大特征是能够在市场交易中为其所有者提供即期或远期的货币收入流量。金融资产一般可以分为三类：以摊余成本计量的金融资产、以公允价值计量且其变动计入当期损益的金融资产、以公允价值计量且其变动计入其他综合收益的金融资产。交易性金融资产属于以公允价值计量且其变动计入当期损益的金融资产。一般而言，企业以赚取差价为目的，利用暂时闲置资金从二级市场购入的股票、债券、基金和权证等都属于交易性金融资产。

（二）账户设置

为了核算以公允价值计量且其变动计入当期损益的金融资产，企业应设置“交易性金融资产”“公允价值变动损益”“投资收益”等账户。

“交易性金融资产”账户，核算企业为交易目的的持有的债券投资、股票投资、基金投资、权证投资等交易性金融资产的公允价值。企业持有的直接指定为以公允价值计量且其变动计入当期损益的金融资产，也在本账户核算。该账户借方登记取得交易性金融资产时的成本，以及资产负债表日其公允价值高于账面余额的差额；贷方登记资产负债表日其公允价值低于账面余额的差额，以及企业出售交易性金融资产时结转的成本和公允价值变动损益。企业应当按照交易性金融资产的类别和品种，分别设置“成本”“公允价值变动”等明细账户进行核算。

“公允价值变动损益”账户，核算企业交易性金融资产等因公允价值变动而形成的应计入当期损益的利得或损失。该账户贷方登记资产负债表日企业持有的交易性金融资产的公允价值高于账面余额的差额，借方登记资产负债表日企业持有的交易性金融资产的公允价值低于账面余额的差额。

“投资收益”账户，核算企业持有交易性金融资产等期间取得的投资收益以及处置交易性金融资产等实现的投资收益或投资损失。该账户贷方登记企业出售交易性金融资产等实现的投资收益，借方登记企业出售交易性金融资产等发生的投资损失。

（三）交易性金融资产的会计处理

1.交易性金融资产的取得

企业取得交易性金融资产时，按交易性金融资产的公允价值，借记“交易性金融资产（成本）”账户，按发生的交易费用，借记“投资收益”账户，按实际支付的金额，贷记“银行存款”“其他货币资金”等账户。企业取得交易性金融资产所支付价款中包含的已到付息期但尚未领取的利息或已宣告发放但尚未发放的现金股利，借记“应收利息”或“应收股利”账户，贷记“银行存款”“其他货币资金”等账户。

【例4-6】20×7年1月1日，大明公司按照面值购入胜利公司于当日发行的面值300 000元、期限3年、票面利率6%、每年年底付息、到期还本的债券作为交易性金融资产，支付交易费用1 600元。公司账务处理如下：

借：交易性金融资产——胜利公司债券（成本）	300 000	
投资收益	1 600	
贷：银行存款		301 600

【例4-7】20×7年2月6日，大明公司按照每股10.3元的价格购入乙公司股票100 000股作为交易性金融资产，10.3元中包含0.3元已宣告但尚未发放的现金股利。公司账务处理如下：

借：交易性金融资产——乙公司股票（成本）	1 000 000	
应收股利	30 000	
贷：银行存款		1 030 000

20×7年3月6日，收到乙公司发放的现金股利。公司账务处理如下：

借：银行存款	30 000	
贷：应收股利		30 000

2.交易性金融资产的持有

在持有交易性金融资产期间，被投资单位宣告发放现金股利或在资产负债表日按债券票面利率计算利息时，应借记“应收股利（利息）”账户，贷记“投资收益”账户；收到股利或利息时，借记“银行存款”账户，贷记“应收股利（利息）”账户。

【例4-8】沿用【例4-7】相关资料。20×7年7月2日，乙公司宣布半年度利润分配方案，每股派发现金股利0.4元。大明公司按其持股数量计算，可获得股利40 000元。公司账务处理如下：

借：应收股利　　40 000

　贷：投资收益　　40 000

20×7年8月1日，收到乙公司发放的现金股利，账务处理如下：

借：银行存款　　40 000

　贷：应收股利　　40 000

3.交易性金融资产的期末计量

资产负债表日，对于交易性金融资产的公允价值高于其账面余额的差额，借记“交易性金融资产（公允价值变动）”账户，贷记“公允价值变动损益”账户；对于公允价值低于其账面余额的差额，则做相反的会计分录。

【例4-9】沿用【例4-8】相关资料。20×7年12月31日，乙公司股票的市场价格为12元，大明公司所持股票的期末公允价值为1 200 000元，确认公允价值变动损益200 000元。公司账务处理如下：

借：交易性金融资产——乙公司股票（公允价值变动）　　200 000

　贷：公允价值变动损益　　200 000

4.交易性金融资产的处置

出售交易性金融资产时，应按实际收到的处置价格，借记“银行存款”账户，按照该交易性金融资产的初始成本，贷记“交易性金融资产（成本）”账户，按照该交易性金融资产的公允价值变动，贷记（或借记）“交易性金融资产（公允价值变动）”账户，按其差额，贷记（或借记）“投资收益”账户。

【例4-10】沿用【例4-9】相关资料。20×8年2月9日，大明公司将乙公司股票100 000股全部出售，取得出售价款1 450 000元。公司账务处理如下：

借：银行存款　　1 450 000

　贷：交易性金融资产——乙公司股票（成本）　　1 000 000

　　　　　　　　　——乙公司股票（公允价值变动）　　200 000

　　投资收益　　250 000

第二节 应收款项

应收款项属于企业从其他单位收取现金或其他金融资产的合同权利。应收款项的范围较广，包括应收票据、应收账款、预付账款、应收股利、应收利息、其他应收款等。

一、应收票据

应收票据是指企业因赊销商品、产品、提供劳务等收到的商业汇票所形成的债权。在我国除了商业汇票外，其他大部分票据（支票、银行汇票、银行本票等）均为即期票据，可即刻收款或转化为银行存款，不需要作为应收票据核算，因此应收票据即指商业汇票。

商业汇票必须经过付款人（或银行）在票据上签署意见承诺照付（即承兑）。商业汇票经承兑后，便成为承兑人的应付票据。商业汇票按承兑人的不同，分为商业承兑汇票和银行承兑汇票两种。商业汇票按是否计息，又可分为不带息商业汇票和带息商业汇票，即商业汇票如果带息，承兑人到期必须按照票面金额加上应计利息向收款人或背书人支付票款。

（一）应收票据入账金额的确定

应收票据入账金额的确定有两种方法：一是按照面值确定，二是按照票据的未来的现金流量的现值确定。由于我国商业汇票的期限较短（最长为6个月），为简化核算，应收票据一般按照票面金额计价。

（二）应收票据的会计处理

为了核算应收票据的增减变化，企业应设置“应收票据”账户。该账户借方登记收到的商业汇票的票面金额，贷方登记到期收回的商业汇票的金额；期末余额在借方，反映期末尚未收到的商业汇票金额。

企业还应当设置“应收票据备查簿”，逐笔登记每一笔商业汇票的种类、号数、出票日期、票面金额、票面利率、交易合同号和付款人、承兑人、背书人的姓名或单位名称、到期日、背书转让日、贴现日期、贴现率和贴现净额、未计提的利息，以及收款日期和收回金额、退票情况等资料。商业汇票到期结清票款或退票后，在备查簿中予以注销。

企业在收到商业汇票时，按面值借记“应收票据”账户，贷记“主营业务收入”等账户；到期收回票款时，借记“银行存款”账户，贷记“应收票据”账户。如果票据到期承兑人违约拒付或无力偿还票款时，企业应将到期票据的票面金额从“应收票据”账户转入“应收账款”账户。

【例4-11】大明公司20×8年1月20日向甲公司销售产品一批，发票注明货款200 000元，增值税税额税额26 000元。收到商业承兑汇票一张，期限6个月，不带息。公司账务处理如下：

借：应收票据——甲公司	226 000	
贷：主营业务收入		200 000
应交税费——应交增值税（销项税额）		26 000

6个月后，收到票据款226 000元，存入银行。公司账务处理如下：

借：银行存款　　226 000

　贷：应收票据——甲公司　　226 000

假设票据到期后，甲公司无力偿还，大明公司将到期票据转入“应收账款”账户，账务处理如下：

借：应收账款——甲公司　　226 000

　贷：应收票据——甲公司　　226 000

（三）应收票据贴现

企业如果出现资金短缺，为了加速资金回笼，可通过应收票据贴现来融通资金。**应收票据贴现**又称银行贴现，是指票据持有人将未到期的商业汇票转让给银行，由银行按一定的利率从票据的到期值中扣除自贴现日至票据到期日的利息后，将余额付给票据持有人的行为，是企业与贴现银行之间就票据权利所做的一种转让。票据贴现包括有追索权票据贴现和无追索权票据贴现两种。在有追索权条件下，如果出票人或付款人到期不能兑付，背书人负有连带的付款责任，这种票据贴现的实质是贴现企业以票据做抵押向贴现银行或其他金融机构取得贷款。对企业来讲，贴现的应收票据是一项或有负债，即如果出票人或付款人到期不能兑付或拒付，贴现企业便有责任向贴现银行或其他金融机构支付有关款项。无追索权的贴现票据被贴现后，不论到期出票人或付款人是否兑付，该票据与贴现企业均无关系。目前我国的应收票据贴现均有追索权。应收票据贴现的会计处理在此不作阐述。

二、应收账款

应收账款指企业因销售商品、产品或提供劳务等活动而应向购货单位或接受劳务单位收取的款项。应收账款是由于赊销商品或劳务而形成的一种债权，代表企业获得未来经济利益（未来现金流入）的权利。

（一）应收账款的确认

应收账款的确认应当满足资产的确认条件以及金融资产的确认要求。由于应收账款是伴随着企业销售商品、产品或提供劳务而产生的一项流动资产，因此当企业的赊销活动满足收入确认标准时，应收账款也会满足其确认标准。另外，确认应收账款还需要依据一些表明商品或劳务提供过程已经完成、债权债务关系已经成立的书面文件，如购销合同、商品出库单、发票、发运单等。

（二）应收账款的计量

应收账款作为金融资产，在初始确认时，应当按照公允价值进行计量，即应收账款作为一种在未来能够实现的债权，应按照未来可获得现金的现值入账。

按照现行会计惯例，应收账款的初始计量金额不仅包括成交价格（合同中约定的协议价格），还包括增值税税额以及代垫的包装费、运杂费等。另外，应收账款在初始计量时，还需要考虑商业折扣、现金折扣、销售退回和折让等因素。

1.商业折扣。**商业折扣**是企业常用的促销手段之一，是为了鼓励购货方多购买商品，而在出售商品时从价目表的售价中扣减一定数额的款项。由于扣除商业折扣后的价格才是商品的实际售价，因此商业折扣对应收账款的计量不产生影响，应收账款应按扣减商业折扣后的实际售价来计量。

2.现金折扣。**现金折扣**是企业为了鼓励购货方早日偿还赊欠货款，根据购货方的付款时间给予对方的折扣优惠。现金折扣一般用符号“折扣/付款期限”来表示。例如，“2/10，n/30”表示付款期限为30天，如果购货方在10天内付款，将给予发票价格2%的优惠，10天以后付款则不享受优惠。对销货方而言，利用现金折扣有利于提前收回货款，加速资金的周转。

当存在现金折扣时，应收账款的计量方法有两种：总价法和净价法。总价法是以未扣减折扣前的价款作为应收账款的入账金额，实际发生现金折扣时，把现金折扣计入财务费用。净价法是以扣减折扣后的价款作为应收账款的入账金额，如果未发生现金折扣，则将折扣作为财务费用的减项。我国企业会计准则规定企业应收账款的入账金额按照总价法确定。

3.销售退回和折让。**销售退回**是指企业的货物销售之后，由于货物的质量、品种或规格不符合合同要求而被购货方退回。**销售折让**是指由于所销货物的质量、品种或规格与合同约定存在一定偏差，经购销双方协商不予退货，而由销售方在价格上给予购货方一定的减让。由于销售退回和销售折让发生在营业收入及应收账款的确认之后，因此不影响应收账款的计量。实际发生销售退回或销售折让时，企业应冲减已入账的营业收入和应收账款，同时调整相应的增值税销项税额。

（三）应收账款的会计处理

为了核算和监督应收账款的发生和收回情况，企业应设置“应收账款”账户。该账户借方登记应收账款的增加数，贷方登记应收账款的收回数及确认的坏账损失数，期末余额在借方，反映尚未收回的应收账款数额。该账户应按债务人设置明细账户，进行明细核算。

企业因销售商品而发生应收账款时，按照全部应收款项，借记“应收账款”账户，贷记“主营业务收入”“应交税费——应交增值税（销项税额）”等账户；收回应收账款时，借记“银行存款”账户，贷记“应收账款”账户。

【例4-12】大明公司赊销给甲公司一批产品，发票标明产品价款200 000元，增值税税额为26 000元，约定30日内付款。公司采用托收承付的结算方式，已办妥托收手续。公司账务处理如下：

借：应收账款——甲公司	226 000	
贷：主营业务收入		200 000
应交税费——应交增值税（销项税额）		26 000

第30日，收到甲公司支付的款项226 000元，公司账务处理如下：

借：银行存款 226 000

贷：应收账款——甲公司 226 000

【例4-13】大明公司向乙公司赊销商品一批，该批商品的售价450 000元，增值税税额58 500元，规定的现金折扣条件为2/10，1/20，n/30，产品交付并办妥了托收手续。假定计算现金折扣时不考虑增值税。公司账务处理如下：

借：应收账款——乙公司 508 500

贷：主营业务收入 450 000

应交税费——应交增值税（销项税额） 58 500

如果乙公司在10天内付款，大明公司收到款项499 500元。公司账务处理如下：

借：银行存款 499 500

财务费用 9 000

贷：应收账款——乙公司 508 500

如果乙公司在第30天付款，大明公司收到508 500元。公司账务处理如下：

借：银行存款 508 500

贷：应收账款——乙公司 508 500

（四）应收账款的融通

伴随着商业信用的发展，企业有时为了加速回笼资金，会利用应收账款融通资金。应收账款融通业务主要包括应收账款抵押借款、应收账款出售、应收账款保理及应收账款证券化。

应收账款抵押借款是企业以其应收账款作为抵押，向银行或其他金融机构借入资金，所借入的款项属于企业对银行或其他金融机构的负债，一般作为短期借款核算。

应收账款出售是企业将其应收账款出售给银行或其他金融机构。按照应收账款的风险是否转移，应收账款出售可分为不附追索权出售和附追索权出售两种。如果是附追索权出售，银行等金融机构在应收账款到期后无法收到款项时，有权向出售应收账款的企业进行追偿。

应收账款保理是指销货商与保理商签订转让契约，销货商将其现成或将来的基于购货商订立的货物销售（服务）合同所产生的应收账款转让给保理商，由保理商提供下列服务中的至少两项：贸易融资、销售分户管理、应收账款催收、信用风险开展及坏账担保等。应收账款保理也分为有追索权保理和无追索权保理两种。

应收账款证券化是指企业将应收账款出售给专门从事资产证券化的特设信托机构，汇入特设信托机构的资产池，特设信托机构对应收账款重组整合与包装后，向资本市场的投资者发行以应收账款为基础的有价证券。这些证券发行后，可以在交易所或场外挂牌上市，在二级市场流通。

三、预付账款

预付账款是企业按照购货合同（劳务合同）的规定，预先支付给供货方（提供劳务方）的款项。预付账款代表企业将来从供应单位取得货物（劳务）的短期债权。预付账款必须以购销双方签订的购销合同为条件，按照规定的程序和方法进行核算。

为了进行预付账款的支付和结算，企业应设置“预付账款”账户。该账户借方登记企业向供货方（提供劳务方）预付的货款，贷方登记企业收到所购货物（劳务）的应付款项；期末余额一般在借方，反映企业已经预付但尚未结算的款项；如果出现贷方余额，反映企业所购货物（劳务）款项大于预付款项的差额，属于应付账款性质。该账户应按供应单位或个人的名称设置明细账户。

企业应在预付款项时，按实际支付的金额，借记“预付账款”账户，贷记“银行存款”账户；收到供货单位发来的货物时，借记“原材料”等账户，贷记“预付账款”账户；需要补付货款时，借记“预付账款”账户，贷记“银行存款”账户；如果是收到退回预付的多余款时，则作相反的账务处理。

【例4-14】大明公司根据购销合同规定，向甲公司预付购买原材料的货款100 000元。公司账务处理如下：

借：预付账款——甲公司	100 000	
贷：银行存款		100 000

原材料收到，发票账单显示原材料金额为300 000元，增值税税额为39 000元。公司账务处理如下：

借：原材料	300 000	
应交税费——应交增值税（进项税额）	39 000	
贷：预付账款——甲公司		339 000

大明公司补付剩余款项239 000元。公司账务处理如下：

借：预付账款——甲公司	239 000	
贷：银行存款		239 000

当企业预付款项业务很少时，也可以不设置“预付账款”账户，将预付的货款通过“应付账款”账户进行核算，即预付货款时，借记“应付账款”账户，贷记“银行存款”账户，收到所购货物时再予以转销。此时的“应付账款”账户则变成了债权债务类双重性质的账户。

四、其他应收款

其他应收款是指企业除应收账款、应收票据、预付账款、应收股利、应收利息以外的各种应收、暂付的款项。其具体包括应收的各种赔款、罚款、应收出租包装物租金、备用金、存出的保证金、应向职工个人收取的各种垫付款项等。

企业应设置“其他应收款”账户进行相关的核算。该账户借方登记其他应收款项的发生额，贷方登记其他应收款项的收回额，期末余额在借方，反映已经发生但尚未收回的其他应收款额。该账户应按不同的债务人设置明细账。

企业发生其他应收、暂付款项时，应借记“其他应收款”账户，贷记“库存现金”“银行存款”“其他业务收入”等账户；收回其他应收、暂付款项时，借记“库存现金”“银行存款”等账户，贷记“其他应收款”账户。

五、应收款项的减值

（一）应收款项减值的确认

企业应当在每个资产负债表日对应收款项的账面价值进行检查，如果有客观证据表明应收款项发生减值的，应当计提减值准备。

表明应收款项发生减值的客观证据，是指应收款项初始确认后实际发生的、对该应收款项的预计未来现金流量有影响，且企业能够对该影响进行可靠计量的事项。应收款项发生减值的客观证据包括以下事项：

1.债务人发生严重财务困难；

2.债务人违反了合同条款，如偿付利息或本金发生违约或逾期等；

3.债权人出于经济或法律等方面因素的考虑，对发生财务困难的债务人做出让步；

4.债务人很可能倒闭或进行其他财务重组；

5.无法辨认一组应收款项中的某项资产的现金流量是否已经减少，但根据公开的数据对其进行总体评价后发现，该组应收款项自初始确认以来的预计未来现金流量确已减少且可计量，如该组应收款项的债务人支付能力逐步恶化，或债务人所在国家或地区失业率提高、担保物在其所在地区的价格明显下降、所处行业不景气等；

6.其他表明应收款项发生减值的客观证据。

对单项金额重大的应收款项，应当单独进行减值测试，如有客观证据表明其已发生减值，应当确认减值损失，计入当期损益。对单项金额不重大的应收款项，可以单独进行减值测试，或包括在具有类似信用风险特征的金融资产组合中进行减值测试。

（二）应收款项减值的计量

应收款项发生减值时，应当将该应收款项的账面价值减记至预计未来现金流量现值，减记的金额确认为信用减值损失，计入当期损益。计算应收款项未来现金流量现值时应采用实际利率折现。

单独进行减值测试并发生了减值的应收款项（包括单项金额重大和不重大的应收款项），应当根据其未来现金流量现值低于其账面价值的差额，确认减值损失，计提坏账准备。对于单项金额不重大的应收款项，也可以与经单独测试后未减值的应收款项一起按类似信用风险特征划分为若干组合，再按这些应收款项组合在资产负债表日余额的一定比例计算确认减值损失，计提坏账准备。

会计实务中，应收款项计提坏账准备的方法主要有：

1.余额百分比法，即按照应收款项余额的一定比例计算确定减值金额，据以计提坏账准备。

2.账龄分析法，即根据应收账款被拖欠时间的长短（即应收款项账龄的长短），将应收账款划分为若干个账龄组，以历史年度各账龄组实际损失率为基础，结合本期情况确定各账龄组应计提的坏账准备比率，进而计提坏账准备。

3.销货百分比法，即根据过去经验和有关资料，估计坏账损失与赊销金额之间的比率，以赊销金额的一定百分比估计坏账。

4.个别认定法，即根据每一项应收款项的具体情况估计坏账损失。

应收款项确认减值损失后，如有客观证据表明该应收款项价值已经恢复，且客观上与确认该损失后发生的事项有关（如债务人的信用等级已提高等），原确认的减值损失应当予以转回，计入当期损益，但是该转回后的账面价值不应当超过假定不计提减值准备情况下该应收款项在转回日的摊余成本。

（三）应收款项减值的会计处理

为了核算应收款项的减值情况，企业应设置“坏账准备”账户。该账户是“应收账款”等应收款项账户的备抵账户，贷方登记每期预提的坏账准备数额，借方登记发生坏账冲减的坏账准备数额，期末余额在贷方，反映已预提但尚未转销的坏账准备数额。

资产负债表日，企业应收款项发生减值时，按应减记的金额，借记“信用减值损失”账户，贷记“坏账准备”账户；对于确实无法收回的应收款项，按照管理权限报经批准后作为坏账，转销应收款项，借记“坏账准备”账户，贷记“应收账款”“预付账款”“其他应收款”等账户；对于已转销的应收款项以后又收回的，按照实际收回的金额，借记“银行存款”账户，贷记“坏账准备”账户。

【例4-15】大明公司从20×6年开始对应收账款计提坏账准备，根据采用的方法计算，该年末应计提坏账准备50 000元；20×7年，确认债务方乙公司的40 000元货款无法收回，予以注销；20×7年末，应计提坏账准备45 000元；20×8年，上年已注销的乙公司的40 000元货款又得以收回；20×8年末，应计提坏账准备60 000元。

（1）20×6年末计提坏账准备50 000元。公司账务处理如下：

借：信用减值损失	50 000	
贷：坏账准备		50 000

（2）20×7年确认坏账40 000元。公司账务处理如下：

借：坏账准备	40 000	
贷：应收账款——乙公司		40 000

（3）20×7年末，坏账准备应计提45 000元，但此时“坏账准备”账户尚有贷方余额10 000元，只需计提坏账准备35 000元。公司账务处理如下：

借：信用减值损失　35 000

　贷：坏账准备　35 000

（4）20×8年收回已注销的乙公司货款40 000元。公司账务处理如下：

借：应收账款——乙公司　40 000

　贷：坏账准备　40 000

借：银行存款　40 000

　贷：应收账款——乙公司　40 000

（5）20×8年末，坏账准备应计提60 000元，但此时该账户已有贷方余额85 000元，因此应冲销以前年度多计提的25 000元。公司账务处理如下：

借：坏账准备　25 000

　贷：信用减值损失　25 000

第三节　存货

一、存货概述

（一）存货的定义及内容

存货是指企业在日常活动中持有以备出售的产成品或商品、处在生产过程中的在产品、在生产过程或提供劳务过程中耗用的材料和物料等。企业持有存货的最终目的是出售。有的是用于直接出售，例如企业的产成品和商品；有的需要经过进一步加工后才能出售，例如原材料。这一点是存货区别于固定资产等非流动资产的最基本的特征。

企业的存货通常包括以下内容：

1.原材料，是指工业企业用于制造产品并构成产品实体的外购物品，以及外购的供生产耗用而不构成产品实体的辅助性材料，主要包括原料及主要材料、辅助材料、外购半成品、修理用备件、燃料等。

2.在产品，是指正在各个生产工序加工的、尚未完工入库的产品。已经加工完毕但尚未检验，或已经检验但尚未入库的产品也属于在产品。

3.半成品，是指已经过一定生产过程并已检验合格交付半成品仓库，但尚未制成产品，仍须继续加工的中间产品。

4.产成品，是指企业已经完成全部生产过程并已验收入库，合乎标准规格和技术条件，可以按照合同规定的条件送交订货单位，或者可以作为商品对外销售的产品。

5.商品，是指商品流通企业外购或委托加工完成验收入库用于销售的各种物品。

6.周转材料，是指企业能够多次使用，但不符合固定资产定义的材料，如包装物和低值易耗品。其中，包装物是指为了包装本企业商品、产品而储备的各种包装容器，如桶、箱、瓶、坛、袋等。低值易耗品是指单位价值较低或使用期限较短（一般在1年左右），且不能确认为固定资产的各种用具物品，如工具、管理用具、玻璃器皿、劳动保护用品等。在使用过程中保持其实物形态基本不变，也是低值易耗品的特征之一。

（二）存货的确认条件

企业的存货不仅要符合存货的定义，还需要同时满足下列两个条件才能予以确认：

1.与该存货有关的经济利益很可能流入企业。作为企业资产的一种，存货的确认关键是判断其是否很可能给企业带来经济利益（或其所包含的经济利益是否很可能流入企业）。通常，拥有存货的所有权是与该存货有关的经济利益很可能流入本企业的一个重要标志。企业在判断与该存货有关的经济利益能否流入企业时，通常应结合考虑该存货所有权的归属，即在盘存日，凡是法定所有权属于企业的一切存货，不论其存放地点如何，均属于企业的存货。

2.该存货的成本能够可靠地计量。成本或者价值能够可靠地计量是资产确认的一项基本条件。存货的成本计量必须以取得的确凿证据为依据，并且具有可验证性。

（三）存货的初始计量

存货按照成本进行初始计量。存货成本包括采购成本、加工成本和其他成本。采购成本包括存货的购买价款、相关税费、运输费、装卸费、保险费以及其他可归属于存货采购成本的费用；加工成本是进一步加工存货过程中追加发生的生产成本，包括直接人工以及按照一定方法分配的制造费用；其他成本是除采购成本、加工成本以外的，使存货达到目前场所和状态所发生的其他支出。

不同方式形成的存货，其入账价值包括的内容也不同：

1.外购存货，主要包括原材料和商品。外购存货的成本即存货的采购成本，指企业存货从采购到入库前所发生的全部支出，包括购买价款、相关税费、运输费、装卸费、保险费以及其他可归属于存货采购成本的费用。

2.自制存货，按照制造过程中发生的各项实际支出计价，包括直接材料、直接人工和制造费用等。

3.委托加工的存货，其实际成本包括加工中耗用材料物资的实际成本、往返过程中的运杂费、保险费用和支付的有关税金等。

4.投资者投入的存货，按照评估确认或者合同、协议约定的价值计价。

5.盘盈的存货，按照同类存货的重置成本计价。

6.通过非货币性资产交换、债务重组、企业合并等方式取得的存货，其成本应当按照企业会计准则的相关规定来确定。

在确定存货成本时，下列费用不应计入存货成本，而应在其发生时计入当期损益：①非正常消耗的直接材料、直接人工及制造费用，例如企业因水灾导致仓库产品遭受毁损。②仓储费用，指企业在采购入库后发生的储存费用。但是，在生产过程中为达到下一个生产阶段所必需的仓储费用则应计入存货成本。例如，酒类生产企业发生的酒的储存费用，则计入酒的成本。③不能归属于使存货达到目前场所和状态的其他支出，不符合存货的定义和确认条件，应在发生时计入当期损益。

二、存货取得的会计处理

存货在进行会计处理时有两种方法，一种是按照实际成本核算，即存货的收入、发出和结余均依据实际成本进行计价；另一种是按照计划成本核算，即存货的收入、发出和结余均按预先制定的计划成本计价。本章仅介绍存货实际成本核算方法。

企业取得存货的渠道不同，其会计处理方法也不相同。下面以企业采购原材料为例来说明存货取得的会计处理。

（一）账户的设置

为了核算和监督原材料的收入、发出、结存等情况，企业需要设置"原材料"和"在途物资"账户。

1.“原材料”账户，用来核算企业库存材料的增减变动及其结存情况。该账户借方登记入库材料的成本，贷方登记出库材料的成本，期末余额在借方，表示在库材料的实际成本。该账户可以按照材料的保管地点（仓库）、材料的类别、品种和规格等进行明细核算。

2.“在途物资”账户，用来核算货款已付但尚未验收入库的物资的采购成本。该账户借方登记已支付或开出承兑商业汇票的材料物资实际采购成本，贷方登记验收入库材料物资的实际成本，期末余额在借方，反映企业尚未验收入库的材料物资的实际成本。该账户按照供应单位和物资品种进行明细分类核算。

（二）相关账务处理

企业外购材料时，由于结算方式的不同，以及材料入库和货款支付在时间上存在差异，会计处理也会有所不同。

1.货款已支付，同时材料已验收入库

这种情况下，当材料验收入库后，企业应根据发票账单等结算凭证确定的材料成本借记“原材料”账户，根据增值税专用发票上注明的增值税税额借记“应交税费——应交增值税（进项税额）”账户，根据实际支付的款项贷记“银行存款”账户。

【例4-16】大明公司为增值税一般纳税人，向乙公司购入原材料一批，取得的增值税专用发票上注明原材料价款400 000元，增值税税额52 000元，发票等结算凭证已经收到，货款已通过银行转账支付（假定运费由销货单位承担，下同）。公司账务处理如下：

借：原材料	400 000
应交税费——应交增值税（进项税额）	52 000

贷：银行存款 452 000

2.开出、承兑商业汇票，同时材料已验收入库

这种情况下，当材料验收入库后，企业根据发票账单等结算凭证确定的材料成本借记“原材料”账户，根据增值税专用发票上注明的增值税税额借记“应交税费——应交增值税（进项税额）”账户，根据应付票据面值贷记“应付票据”账户。

【例4-17】沿用【例4-16】资料。假如大明公司向乙公司所购原材料的发票等结算凭证已经收到，向乙公司开具银行承兑汇票一张，面值452 000元，期限3个月，不带息。公司账务处理如下：

借：原材料 400 000

应交税费——应交增值税（进项税额） 52 000

贷：应付票据——乙公司 452 000

3个月后，票据到期，向乙公司支付款项，进行如下账务处理：

借：应付票据——乙公司 452 000

贷：银行存款 452 000

3.货款已支付或开出商业承兑汇票，材料尚未到达或尚未验收入库

这种情况下，企业应根据发票账单等结算凭证确定的材料成本借记“在途物资”账户，根据取得的增值税专用发票上注明的税额借记“应交税费——应交增值税（进项税额）”账户，根据实际支付的款项或应付票据面值贷记“银行存款”或“应付票据”等账户。待材料到达，验收入库后，再根据收料单借记“原材料”账户，贷记“在途物资”账户。

【例4-18】沿用【例4-16】资料。假设大明公司购入原材料的发票等结算凭证已到，货款已经支付，但材料尚未运到。大明公司在收到发票等结算凭证时，进行如下账务处理：

借：在途物资 400 000

应交税费——应交增值税（进项税额） 52 000

贷：银行存款 452 000

上述材料到达验收入库后，再作如下账务处理：

借：原材料 400 000

贷：在途物资 400 000

4.材料已到并验收入库，但发票账单尚未到达

这种情况下，为了简化核算，在当月内发生的可以暂不入账，待收到发票账单等结算凭证支付货款或开出、承兑商业汇票后再按正常程序进行会计处理。如果月末发票账单等结算凭证仍未收到，应按存货的暂估价值借记“原材料”账户，贷记“应付账款——暂估应付账款”账户，下月初用红字作同样的分录予以冲回，待下期收到发票账单等结算凭证，再按正常程序进行会计处理。

【例4-19】沿用【例4-16】资料。假设公司购入的原材料已经运到并验收入

库，但发票账单等结算凭证在月末尚未收到，货款尚未支付。公司月末按照暂估价值410 000元入账。公司账务处理如下：

借：原材料　410 000

　贷：应付账款——暂估应付账款　410 000

下月初用红字将上述会计分录冲回。公司账务处理如下（加方框的数字代表红色字）：

借：原材料　[410 000]

　贷：应付账款——暂估应付账款　[410 000]

收到有关结算凭证后，支付货款。公司账务处理如下：

借：原材料　400 000

　　应交税费——应交增值税（进项税额）　52 000

　贷：银行存款　452 000

5.发票账单已收到，材料已验收入库，但货款暂时赊欠

这种情况下，企业应根据发票账单等结算凭证确定的材料成本借记“原材料”账户，根据取得的增值税专用发票上注明的税额借记“应交税费——应交增值税（进项税额）”账户，根据实际应支付的款项贷记“应付账款”账户；待实际付款时，借记“应付账款”账户，贷记“银行存款”账户。

【例4-20】沿用【例4-16】资料，假设购入原材料的发票等结算凭证已到，材料已经验收入库，但货款尚未支付。公司账务处理如下：

借：原材料　400 000

　　应交税费——应交增值税（进项税额）　52 000

　贷：应付账款——乙公司　452 000

实际向乙公司支付款项时，公司账务处理如下：

借：应付账款——乙公司　452 000

　贷：银行存款　452 000

6.货款已预付，材料尚未验收入库

这种情况下，企业应在预付款项时，借记“预付账款”账户，贷记“银行存款”账户；收到供货单位发来的材料时，借记“原材料”账户，根据取得的增值税专用发票上注明的税额借记“应交税费——应交增值税（进项税额）”账户，贷记“预付账款”账户；需要补付货款时，借记“预付账款”账户，贷记“银行存款”账户；如果是收到退回预付的多余款时，则作相反的账务处理。

三、存货发出的会计处理

（一）存货发出的计量

企业不同时期入库存货的成本通常不同。例如，企业外购原材料，由于市场价格的变化，导致企业不同时期入库原材料的成本也出现变化；当材料市场价格波动较大时，则导致入库原材料的成本也出现较大波动。

【例4-21】大明公司20×8年8月份甲材料收发及结存情况见表4-2。

表4-2 **甲材料收发及结存情况表**

数量单位：千克 金额单位：元

20×8年		凭证号数	摘要	收入			发出			结存		
月	日			数量	单价	金额	数量	单价	金额	数量	单价	金额
8	1	略	月初结存							400	10	4 000
	3		购入	400	12	4 800						
	12		发出				650					
	15		购入	500	13	6 500						
	20		发出				450					
	30		本月合计	900		11 300	1 100			200		

从表4-2可看出，由于市场价格的变动，导致该公司8月3日和8月15日购入甲材料的价格不同，且与月初结存材料的价格也不同。

由于企业不同时期入库存货的成本不同，因此当这些存货发出（销售或使用）时，则面临一个选择：应该采用哪个价格确定发出存货的成本呢？按照企业会计准则的规定，企业可以根据不同的存货成本流转假设，选择先进先出法、加权平均法（月末一次加权平均法和移动加权平均法）和个别计价法中的一种来确定发出存货的实际成本。存货发出计价方法一旦确定后，不得随意变更。

1.先进先出法

先进先出法是假定先购进的存货先发出，并以这种假设的存货流转次序对发出存货进行计价。采用这种方法，先购入的存货成本在后购入存货成本之前转出，以此确定发出存货和期末存货的成本。

【例4-22】沿用【例4-21】资料。假设大明公司采用先进先出法计算甲材料的发出成本和期末结存成本（见表4-3）。

表4-3 **甲材料明细账**

存货名称： 存货编号： 数量单位：千克

最高存量： 最低存量： 金额单位：元

20×8年		凭证号数	摘要	收入			发出			结存		
月	日			数量	单价	金额	数量	单价	金额	数量	单价	金额
8	1	略	月初结存							400	10	4 000
	3		购入	400	12	4 800				400 400	10 12	4 000 4 800
	12		发出				400 250	10 12	4 000 3 000	150	12	1 800
	15		购入	500	13	6 500				150 500	12 13	1 800 6 500
	20		发出				150 300	12 13	1 800 3 900	200	13	2 600
	30		本月合计	900		11 300	1 100		12 700	200	13	2 600

企业采用先进先出法确定存货成本，它的期末存货成本接近存货的市价。在存货的市场价格持续上涨时，企业发出存货的成本偏低，从而低估了存货的发出成本，以及高估期末存货价值和当期利润；在存货的市场价格持续下降时，则会低估期末存货价值和当期利润。

2.月末一次加权平均法

月末一次加权平均法是以当月全部进货数量加上月初存货数量作为权数，去除当月全部进货成本加上月初存货成本，计算出存货的加权平均单位成本，以此为基础计算当月发出存货的成本和期末存货的成本的一种方法。有关计算公式如下：

$$加权平均单位成本 = \frac{期初存货实际成本 + 本期收入存货实际成本}{期初存货数量 + 本期收入存货数量}$$

本月发出存货成本 = 本月发出存货数量×加权平均单位成本

月末库存存货成本 = 月末库存存货数量×加权平均单位成本

= 月初存货的实际成本 + 本月进货总成本-本月发出存货成本

【例 4-23】沿用【例 4-21】资料。假设大明公司采用月末一次加权平均法计算甲材料发出存货成本和期末结存存货成本，见表 4-4。

表 4-4　**甲材料明细账**

存货名称：　存货编号：　数量单位：千克

最高存量：　最低存量：　金额单位：元

20×8 年		凭证号数	摘要	收入			发出			结存		
月	日			数量	单价	金额	数量	单价	金额	数量	单价	金额
8	1	略	月初结存							400	10	4 000
	3		购入	400	12	4 800				800		
	12		发出				650			150		
	15		购入	500	13	6 500				650		
	20		发出				450			200		
	30		本月合计	900		11 300	1 100	11.77	12 947	200	11.77	2 353*

注：*尾数调整。

本例中的加权平均单位成本、发出成本及库存成本计算情况：

$$加权平均单位成本 = \frac{4\,000+(4\,800+6\,500)}{400+(400+500)} \approx 11.77（元）$$

本月发出存货成本 = 1 100×11.77 = 12 947（元）

月末库存存货成本 = 4 000 + 11 300-12 947 = 2 353（元）

采用月末一次加权平均法，企业只需要在月末一次计算加权平均单位成本，从而简化了存货发出成本的计算工作。但是，由于存货成本计算工作多集中在月末进行，平时企业无法掌握发出存货和结存存货的单价和金额，不利于对存货成本的日常管理与控制。

3.移动加权平均法

移动加权平均法是以每次进货的成本加上原有库存存货的成本，除以每次进货的数量加上原有库存存货的数量，据以计算移动加权平均单位成本，以此为基础计算下次进货前各次发出存货成本的一种方法。其计算公式如下：

$$\text{移动加权平均单位成本}=\frac{\text{原结存存货实际成本}+\text{本次收入存货实际成本}}{\text{原结存存货数量}+\text{本次收入存货数量}}$$

本次发出存货成本=本次发出存货数量×移动加权平均单位成本

$$\text{月末库存存货成本}=\text{月末库存存货数量}\times\text{月末存货移动加权平均单位成本}=\text{月初存货实际成本}+\text{本月进货的总成本}-\text{本月发出存货成本}$$

【例4-24】沿用【例4-21】资料。假设大明公司采用移动加权平均法计算甲材料发出存货成本和期末结存存货成本，见表4-5。

表4-5 甲材料明细账

存货名称： 存货编号： 数量单位：千克

最高存量： 最低存量： 金额单位：元

20×8年		凭证号数	摘要	收入			发出			结存		
月	日			数量	单价	金额	数量	单价	金额	数量	单价	金额
8	1	略	月初结存							400	10	4 000
	3		购入	400	12	4 800				800	11	8 800
	12		发出				650	11	7 150	150	11	1 650
	15		购入	500	13	6 500				650	12.54	8 151
	20		发出				450	12.54	5 643	200	12.54	2 507*
	30		本月合计	900		11 300	1 100		12 793	200	12.54	2 507*

注：*代表尾数有调整。

本例中的移动加权平均单位成本、发出存货成本及库存成本计算情况：

$$8\text{月}3\text{日购入材料后的单位成本}=\frac{4\ 000+4\ 800}{400+400}=11\text{（元）}$$

8月12日发出材料的成本 $=650\times11=7\ 150$（元）

$$8\text{月}15\text{日购入材料后的单位成本}=\frac{1\ 650+6\ 500}{150+500}\approx12.54\text{（元）}$$

8月20日发出材料的成本 $=450\times12.54=5\ 643$（元）

本月发出材料成本 $=7\ 150+5\ 643=12\ 793$（元）

月末库存材料成本 $=4\ 000+11\ 300-12\ 793=2\ 507$（元）

移动加权平均法的优点在于，能使企业管理当局及时了解存货的结存情况，有利于存货的日常管理，相对于月末一次加权平均法，由于平均的范围较小，计算结果较为客观。但是，由于每次收入存货都要重新计算一次加权平均单价，计算工作量较大。

4.个别计价法

个别计价法，又称个别认定法、具体辨认法、分批实际法，采用这种方法时，需要逐一辨认各批发出存货和期末存货所属的购进批别或生产批别，分别按其购入或生产时所确定的单位成本计算各批发出存货和期末存货的成本，即把每一种存货的实际成本作为计算发出存货成本和期末存货成本的基础。

【例4-25】沿用【例4-21】资料。假如大明公司采用个别计价法计算甲材料发出存货成本和期末结存存货成本，则发出材料的成本计算见表4-6。

表4-6　甲材料发出成本计算表

数量单位：千克　金额单位：元

20×8年		发出数量	发出材料的购入批次	发出材料成本的计算
月	日			
8	12	650	期初余额250千克，以及8月3日购入的400千克	7 300（250×10＋400×12）
8	20	450	8月15日购入的450千克	5 850（450×13）

从表4-6可看出，发出甲材料总成本为13 150元（7 300＋5 850），则期末结存甲材料（200千克）的成本为2 150元（4 000＋11 300−13 150）。

在个别计价法下，由于发出存货的实物流转与成本流转完全一致，因而发出存货的成本核算是准确的。但是，这种方法需要对发出和结存存货的批次进行具体认定，以辨别其所属的收入批次，在存货数量大、品种多，而且成本经常变动的情况下，实务操作工作量大，甚至存在很大困难。因此，个别计价法一般适用于容易辨认、不能替代使用的存货，以及为特定项目专门购入或制造的存货（如汽车、飞机、珠宝等）和提供劳务的成本。

（二）存货发出的账务处理

以发出原材料为例，原材料在生产经营过程中被领用或出售后，其成本也随之形成产品成本或转化为经营费用等。对于原材料的发出，企业应填制领料凭证和发料凭证，为简化日常工作，企业可在月末填制“发料凭证汇总表”，结转发出材料的实际成本，根据发出材料的用途，按照实际成本分别借记“生产成本”“制造费用”“管理费用”“其他业务成本”等账户，贷记“原材料”账户。

【例4-26】大明公司某月共发出原材料510 000元，其中：生产车间生产产品领用450 000元，车间一般性耗用20 000元，企业管理部门领用25 000元，对外销售15 000元。公司账务处理如下：

借：生产成本	450 000	
制造费用	20 000	
管理费用	25 000	
其他业务成本	15 000	
贷：原材料		510 000

四、存货的期末计量

资产负债表日，存货应当按照成本与可变现净值孰低法进行计量。**可变现净值**是指在日常活动中，存货的估计售价减去至完工时估计将要发生的成本、估计的销售费用以及相关税费后的金额。当存货成本低于可变现净值时，存货按成本计量；当存货成本高于可变现净值时，存货按可变现净值计量，同时按照成本高于可变现净值的差额计提存货跌价准备，计入当期损益。

当发生下列情形之一时，通常表明存货的可变现净值低于成本：①该存货的市场价格持续下跌，并且在可预见的未来无回升的希望；②企业使用该项原材料生产的产品的成本大于产品的销售价格；③企业因产品更新换代，原有库存原材料已不适应新产品的需要，而该原材料的市场价格又低于其账面成本；④因企业所提供的商品或劳务过时或消费者偏好改变而使市场的需求发生变化，导致市场价格逐渐下跌；⑤其他足以证明该项存货实质上已经发生减值的情形。

当发生下列情形之一时，通常表明存货的可变现净值为零：①已霉烂变质的存货；②已过期且无转让价值的存货；③生产中已不再需要，并且已无使用价值和转让价值的存货；④其他足以证明已无使用价值和转让价值的存货。

在确定存货可变现净值时，应当以取得的确凿证据为基础，并且考虑持有存货的目的、资产负债表日后事项的影响等因素。为生产而持有的材料等，用其生产的产成品的可变现净值高于成本的，该材料仍然应当按照成本计量；材料价格的下降表明产成品的可变现净值低于成本的，该材料应当按照可变现净值计量。为执行销售合同或者劳务合同而持有的存货，其可变现净值应当以合同价格为基础计算；企业持有存货的数量多于销售合同订购数量的，超出部分的存货的可变现净值应当以一般销售价格为基础计算。

企业应在每一资产负债表日，根据具体情况确定存货的可变现净值，与存货的成本进行比较，来决定是否计提存货跌价准备。如果以前减记存货价值的影响因素消除，则减记的金额应予以恢复，并在原已计提的存货跌价准备的金额内转回，转回的金额计入当期损益。

企业可设置“存货跌价准备”账户进行相关会计处理。资产负债表日，当存货发生减值时，按照存货可变现净值低于存货成本的差额，借记“资产减值损失”账户，贷记“存货跌价准备”账户；如果原已计提的存货跌价准备转回，则做相反的分录。

【例4-27】20×7年12月31日，大明公司存货账面价值为530 000元，可变现净值为512 000元。公司按照可变现净值低于成本的差额，计提存货跌价准备18 000元。公司账务处理如下：

借：资产减值损失——存货减值损失　　18 000

　贷：存货跌价准备　　18 000

到了20×8年6月30日，存货市场价格上升，可变现净值为536 000元。大明公司转回原先计提的存货跌价准备18 000元。公司账务处理如下：

借：存货跌价准备　　18 000

　贷：资产减值损失——存货减值损失　　18 000

■ 本章内容结构图（如图4-1所示）

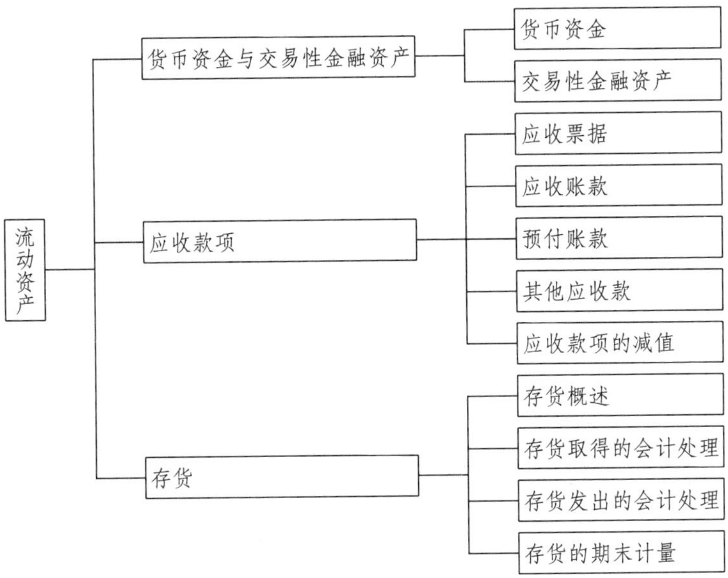

图4-1　本章内容结构图

■ 复习思考题

1. 库存现金、银行存款的内部控制具体内容包括哪些？

2. 银行存款日记账账面余额与银行对账单余额之间出现不一致的原因有哪些？应如何进行处理？

3. 应收款项的内容包括哪些？

4. 应收款项减值的确认条件是什么？

5. 应收款项计提坏账准备有何意义？

6. 什么是存货？按照经济内容分类，存货可分为哪几种？

7. 存货按实际成本法核算时，发出的计价方法有哪几种？

8. 什么是存货发出的先进先出法？简述其特点。

9. 简述存货期末的计价方法。

■ 本章小结

货币资金是指直接以货币形态存在的资产，包括库存现金、银行存款和其他货币资金。企业应加强货币资金的内部控制。当银行存款出现未达账项时，应编制银行存款余额调节表进行调整。交易性金融资产主要指企业为了近期内出售而持有的金融资产。交易性金融资产以公允价值计量，且其变动计入当期损益。

应收款项包括应收票据、应收账款、预付账款、应收股利、应收利息、其他应收款等。资产负债表日，如果有客观证据表明应收款项发生了减值，应当计提减值准备。

存货是指企业在日常活动中持有以备出售的产成品或商品、处在生产过程中的在产品、在生产过程或提供劳务过程中耗用的材料和物料等。存货应按照初始成本进行计量，存货发出时，企业可以选择个别计价法、先进先出法、月末一次加权平均法和移动加权平均法来确定发出存货的实际成本。资产负债表日，存货账面价值应当按照成本与可变现净值孰低进行计量。

■关键概念

货币资金　未达账项　交易性金融资产　应收款项　应收票据　应收账款　预付账款　坏账准备　存货

■案例分析题

背景与情境：

七匹狼实业股份有限公司是中国服装业上市公司之一。公司年报显示，2014年，公司存货期末余额合计11.11亿元，相比2013年的9.35亿元，增长18.82%；期末余额跌价准备为3.69亿元，期末余额账面价值合计7.43亿元。事实上，由于存货的增加，七匹狼计提的跌价准备也越来越多。统计数据显示，七匹狼2010年、2011年、2012年、2013年存货计提跌价准备分别为8 878.21万元、1.25亿元、1.69亿元、2.78亿元。

造成七匹狼资产减值的最大原因是商品的滞销。而商品的滞销，主要是线下渠道受到了电商品牌的冲击。七匹狼指出，电子商务的快速发展，在一定程度上影响了服装行业的商业模式，线上消费发展较快，而消费者对于线下门店的消费需求则有所降低。为此，七匹狼在2014年对终端门店进行了梳理，关闭了681家门店。

问题：

（1）七匹狼为什么要计提存货跌价准备？这样做遵循了会计信息质量要求的哪个原则？

（2）如果七匹狼不计提存货跌价准备，会产生什么影响？谈谈你的看法。

二维码4-2：“会计女神”恋爱笔计

第五章

非流动资产

学习目标

◇了解非流动资产的含义及其内容

◆理解固定资产、无形资产减值的含义

★掌握运用会计方法对固定资产及无形资产的取得、使用、处置过程进行核算

二维码5-1：龙门账

★掌握针对不同的取得方式对固定资产、无形资产的初始计量进行会计处理

★掌握用折旧摊销方法对固定资产、无形资产计提折旧或摊销

★掌握固定资产、无形资产减值的会计处理

★掌握对固定资产、无形资产的处置进行会计核算

非流动资产是指不能在1年或者超过1年的一个营业周期内变现或者耗用的资产。非流动资产具有占用资金多、周转速度慢、变现能力差等特点，因此会对企业相互联系的多个会计期间的财务状况、经营成果产生影响。本章对非流动资产中的固定资产、无形资产的概念及核算进行了详细的描述，并对其他非流动资产进行了简单介绍。

第一节　固定资产

一、固定资产概述

（一）固定资产的概念及特征

固定资产是指同时满足下列特征的有形资产：（1）为生产商品、提供劳务、出租或经营管理而持有的；（2）使用寿命超过一个会计年度。

从定义可以看出，固定资产具有以下特征：

1.企业持有固定资产的目的是为生产商品、提供劳务、出租或经营管理的需要，即固定资产是作为企业的主要劳动资料（劳动工具或手段或劳动条件等）存在的，是通过使用获取利益的，而不是像商品一样通过对外销售获取利益，这是固定资产区别于商品等流动资产的重要标志。出租的固定资产是指企业以经营租赁方式出租的机器设备类固定资产，不包括以经营租赁方式出租的建筑物，后者属于企业

的投资性房地产。

2.固定资产使用寿命超过一个会计年度，表明企业固定资产的收益期超过1年，能在1年以上的时间里为企业创造经济利益。固定资产的使用寿命是指企业使用固定资产的预计期间，或者固定资产所能生产产品或提供劳务的数量。

3.固定资产是有形资产，具有实物形态。这将固定资产与无形资产区别开来。

企业持有的有些资产尽管具有固定资产的某些特性，如工业企业持有的工具、模具、用具、备品备件、维修设备，施工企业持有的模板、挡板、架料等，但由于其数量多、单价低，考虑到成本效益原则，在实务中一般确认为存货。

有生命的动物和植物属于生物资产，应当按照生物资产准则的有关规定进行会计处理。本书不涉及生物资产的相关内容。

（二）固定资产的分类

企业的固定资产种类繁多、规格不一，为加强管理，便于组织会计核算，就必须对其进行科学、合理的分类。根据不同的管理需要和核算要求以及不同的分类标准，可以对固定资产进行不同的分类，固定资产按经济用途和使用情况等进行综合分类，可分为：

1.生产经营用固定资产。

2.非生产经营用固定资产。

3.租出固定资产（指在经营性租赁方式下出租给外单位使用的机器设备类固定资产）。

4.不需用固定资产。

5.未使用固定资产。

6.土地（指过去已经估价单独入账的土地。因征地而支付的补偿费，应计入与土地有关的房屋、建筑物的价值内，不单独作为土地价值入账。企业取得的土地使用权不能作为固定资产管理）。

7.租入固定资产。

由于企业的经营性质不同，经营规模各异，对固定资产的分类不可能完全一致，但在实际工作中，企业大多数采用综合分类作为编制固定资产目录、进行固定资产分类核算的依据。

（三）固定资产的确认条件

固定资产在符合定义的前提下，应当同时满足下列条件才能加以确认。

1.与该固定资产有关的经济利益很可能流入企业

资产最重要的特征是预期会给企业带来经济利益。企业在确认固定资产时，需要判断与该项固定资产有关的经济利益是否很可能流入企业。如果与该项固定资产有关的经济利益很可能流入企业，并同时满足固定资产确认的其他条件，那么企业应将其确认为固定资产，否则不应将其确认为固定资产。

2.该固定资产的成本能够可靠地计量

成本能够可靠地计量是资产确认的一项基本条件。企业在确定固定资产成本时必须取得确凿证据，但是，有时需要根据所获得的最新资料，对固定资产的成本进行合理估计。比如，企业对于已达到预定可使用状态但尚未办理竣工决算的固定资产，需要根据工程预算、工程造价或者工程实际发生的成本等资料，按估计价值确定其成本，办理竣工决算后，再按照实际成本调整原来的暂估价值。

（四）固定资产核算的账户设置

核算固定资产应设置的主要账户有“固定资产”“累计折旧”“固定资产减值准备”“工程物资”“在建工程”“固定资产清理”等。

“固定资产”账户核算企业持有的固定资产原价。该账户借方登记企业增加的固定资产的原价，贷方登记企业减少的固定资产的原价，期末借方余额反映企业期末固定资产的账面原价。企业应设置“固定资产登记簿”和“固定资产卡片”，按固定资产类别、使用部门和每项固定资产进行明细核算。

“累计折旧”账户是“固定资产”账户的备抵账户，核算企业固定资产的累计折旧。该账户贷方登记按一定方法计提的固定资产折旧额，借方登记因固定资产减少而应同时冲销的折旧额，期末贷方余额反映企业固定资产已经计提折旧的累计数。该账户按固定资产类别、使用部门和每项固定资产进行明细核算。

“固定资产减值准备”账户是“固定资产”账户的备抵账户，核算企业固定资产的减值准备。该账户贷方登记按一定方法计提的固定资产减值准备，借方登记因固定资产减少而应同时结转的减值准备金额。期末贷方余额反映企业固定资产已经计提减值准备的累计数。该账户按固定资产类别、使用部门和每项固定资产进行明细核算。

“在建工程”账户核算企业基建、更新改造等在建工程发生的支出。该账户借方登记企业各项在建工程发生的实际支出，贷方登记完工工程转出的成本，期末借方余额反映企业尚未达到预定可使用状态的在建工程的成本。该账户按“建筑工程”“安装工程”“在安装设备”“待摊支出”以及单项工程等进行明细核算。

“工程物资”账户核算企业为在建工程准备的各种物资的成本。该账户借方登记购入工程物资的实际成本，贷方登记领用工程物资的实际成本，期末借方余额反映企业为在建工程准备的各种物资的成本。该账户应当按照“专用材料”“专用设备”“工具器具”等进行明细核算。

“固定资产清理”账户核算企业因出售、报废、毁损、对外投资、非货币性资产交换、债务重组等原因转出的固定资产价值以及在清理过程中所发生的清理费用等。该账户借方登记转出的固定资产账面价值、清理过程中应支付的相关税费及其他费用；贷方登记处置固定资产的价款、残料价值和变价收入，以及应由保险公司或过失人赔偿的损失等。期末借方余额反映企业尚未清理完毕的固定资产清理净损失，期末如为贷方余额，则反映企业尚未清理完毕的固定资产清理净收益。该账户应当按照被清理的固定资产项目进行明细核算。

二、固定资产的初始计量

固定资产的初始计量是指确定固定资产的取得成本。取得成本包括企业为购建某项固定资产达到预定可使用状态前发生的一切合理、必要的支出。这些支出包括直接发生的价款、相关税费、运杂费、包装费和安装成本等，也包括间接发生的，如应承担的借款利息资本化部分、外币借款折算差额以及应分摊的其他间接费用。对于特殊行业的特定固定资产，确定其初始入账成本时还应考虑弃置费用。由于企业取得固定资产的方式不同，因此其成本的具体构成内容及其确定方法也不尽相同。

（一）外购固定资产

企业外购固定资产的成本，包括购买价款、相关税费、使固定资产达到预定可使用状态前所发生的可归属于该项资产的运输费、装卸费、安装费和专业人员服务费等。

外购固定资产是否达到预定可使用状态，需根据具体情况进行分析判断：（1）如果外购设备无须安装，购入后可以直接发挥作用的，则购入后即达到预定可使用状态；（2）如果购入的固定资产需进一步安装调试，则只有在安装调试工作完成，达到设计要求或合同规定的标准时才视为达到预定可使用状态。

1.购入后不需要安装的固定资产

对于购入后不需要安装，直接达到预定可使用状态的固定资产，其取得成本为企业实际支付的购买价款、相关税费（不含可以抵扣的增值税进项税额）、包装费等使该项固定资产达到预定可使用状态前发生的一切合理必要支出。其账务处理如下：按照其取得成本借记“固定资产”科目，贷记“银行存款”“其他应付款”“应付票据”等科目。

【例5-1】大明公司购入一台不需要安装的设备，取得的增值税专用发票上注明价款400 000元，适用的增值税税率为13%，增值税税额为52 000元，同时取得运输增值税专用发票，注明的运输费用为1 900元，按运输费与增值税税率9%计算的进项税额为171元，款项通过银行已全部结清（除特殊说明外，本章例题中的公司均为增值税一般纳税人）。该企业账务处理如下：

借：固定资产（400 000+1 900）　401 900
　　应交税费——应交增值税（进项税额）（52 000+171）　52 171
　贷：银行存款　454 071

2.购入后需要安装的固定资产

这种情况是指固定资产购入后需要安装才能交付使用。在购入时按购置设备实际支付的购买价款、包装费、运输费、交纳的相关税费等，借记“工程物资”账户，贷记“银行存款”等账户。将设备投入安装时，借记“在建工程”账户，贷记“工程物资”账户。按实际发生的安装成本，借记“在建工程”账户，贷记“原材料”“应付职工薪酬”等账户。安装完毕达到预定可使用状态时，借记“固定资产”账户，贷记“在建工程”账户。

【例5-2】大明公司购入一台需要安装的生产用机器设备，取得的增值税专用发票上注明设备价款为50万元，适用的增值税税率为13%，增值税进项税额为65 000元，同时取得运输增值税专用发票，注明的运输费用为2 500元，按其运输费与增值税税率9%计算的进项税额为225元，款项已通过银行支付；安装设备时，领用本公司原材料一批，价值3万元，购进该批原材料时支付的增值税进项税额为4 800元；支付的安装工人工资为4 900元。假定不考虑其他相关税费。大明公司的账务处理如下：

（1）支付设备价款、增值税、运输费合计为565 225元：

借：在建工程　　502 500

　　应交税费——应交增值税（进项税额）（65 000+2 500×9%）　　65 225

　贷：银行存款　　565 225

（2）领用本公司原材料、支付安装工人工资等费用合计为34 900元：

借：在建工程　　34 900

　贷：原材料　　30 000

　　　应付职工薪酬　　4 900

（3）设备安装完毕达到预定可使用状态：

借：固定资产（502 500+34 900）　　537 400

　贷：在建工程　　537 400

3.外购固定资产的特殊考虑

（1）一笔款项同时购入多项没有单独标价的固定资产

在实务中，企业可能以一笔款项同时购入多项没有单独标价的资产。如果这些资产均符合固定资产的定义，并满足固定资产的确认条件，则应当单独确认为固定资产，并按照各项固定资产的公允价值比例分摊固定资产的购买总成本，分别确认各项固定资产的成本。如果以一笔款项购入多项资产中还包括固定资产以外的资产也按照类似的方法进行账务处理。

（2）分期付款购买固定资产

购买固定资产的价款超过正常信用条件延期支付，实质上具有融资性质的，固定资产的成本以购买价款的现值为基础确定。固定资产购买价款的现值，应当按照各期支付的价款选择恰当的折现率进行折现后的金额加以确定。折现率是反映当前市场货币时间价值和延期付款债务特定风险的利率。该折现率实质上是供货企业的必要报酬率。实际支付的价款与购买价款的现值之间的差额，应当在信用期间内采用实际利率法进行摊销，摊销金额除满足借款费用资本化条件的应当通过在建工程计入固定资产成本外，均应当在信用期间内确认为财务费用，计入当期损益。其账务处理为：购入固定资产时，按购买价款的现值，借记“固定资产”或“在建工程”等账户，按应支付的金额，贷记“长期应付款”账户，按其差额，借记“未确认融资费用”账户。

【例 5-3】20×4 年 1 月 1 日，大明公司与乙公司签订一项购货合同，大明公司从乙公司购入一台需要安装的特大型设备。合同约定，大明公司采用分期付款的方式支付价款。该设备价款共计 900 万元（不考虑增值税），在 20×4 年至 20×8 年的 5 年内每半年支付 90 万元，每年的付款日期分别为当年的 6 月 30 日和 12 月 31 日。

20×4 年 1 月 1 日，设备如期运抵大明公司并开始安装。20×4 年 12 月 31 日，设备达到预定可使用状态，发生安装费 398 530.60 元，已用银行存款支付。

假定大明公司适用的半年折现率为 10%。

(1) 购买价款的现值为：900 000×（P/A，10%，10）=900 000×6.1446=5 530 140（元）。

20×4 年 1 月 1 日大明公司的账务处理如下：

借：在建工程　　5 530 140

　　未确认融资费用　　3 469 860

　贷：长期应付款　　9 000 000

(2) 确定信用期间未确认融资费用的分摊额，见表 5-1。

表 5-1　**未确认融资费用的分摊额**　单位：元

日期	分期付款额	确认的融资费用	应付本金减少额	应付本金余额
①	②	③=期初⑤×10%	④=②-③	期末⑤=期初⑤-④
20×4 年 1 月 1 日				5 530 140.00
20×4 年 6 月 30 日	900 000	553 014.00	346 986.00	5 183 154.00
20×4 年 12 月 31 日	900 000	518 315.40	381 684.60	4 801 469.40
20×5 年 6 月 30 日	900 000	480 146.94	419 853.06	4 381 616.34
20×5 年 12 月 31 日	900 000	438 161.63	461 838.37	3 919 777.97
20×6 年 6 月 30 日	900 000	391 977.80	508 022.20	3 411 755.77
20×6 年 12 月 31 日	900 000	341 175.58	558 824.42	2 852 931.35
20×7 年 6 月 30 日	900 000	285 293.14	614 706.86	2 238 224.47*
20×7 年 12 月 31 日	900 000	223 822.45	676 177.55	1 562 046.92
20×8 年 6 月 30 日	900 000	156 204.69	743 795.31	818 251.61
20×8 年 12 月 31 日	900 000	81 748.39*	818 251.61	0
合　计	9 000 000	3 469 860	5 530 140	0

注：*代表尾数调整：81 748.39=900 000-818 251.61。818 251.61 为最后一期应付本金余额。

20×4年12月31日未确认融资费用摊销（确认的融资费用）=［（9 000 000-900 000）-（3 469 860-553 014）］×10%=518 315.40（元）。

（3）20×4年1月1日至20×4年12月31日为设备的安装期间，未确认融资费用的分摊额符合资本化条件，计入固定资产成本。

20×4年6月30日大明公司的账务处理如下：

借：在建工程 553 014

贷：未确认融资费用 553 014

借：长期应付款 900 000

贷：银行存款 900 000

20×4年12月31日大明公司的账务处理如下：

借：在建工程 518 315.40

贷：未确认融资费用 518 315.40

借：长期应付款 900 000

贷：银行存款 900 000

借：在建工程 398 530.60

贷：银行存款 398 530.60

固定资产成本=5 530 140+553 014+518 315.40+398 530.60=7 000 000（元）

借：固定资产 7 000 000

贷：在建工程 7 000 000

（4）20×5年1月1日至20×8年12月31日，该设备已经达到预定可使用状态，未确认融资费用的分摊额不再符合资本化条件，应计入当期损益。

20×5年6月30日：

借：财务费用 480 146.94

贷：未确认融资费用 480 146.94

借：长期应付款 900 000

贷：银行存款 900 000

（二）自行建造固定资产

自行建造固定资产的成本，由建造该项固定资产达到预定可使用状态前发生的必要支出构成，包括工程物资成本、人工成本、缴纳的相关税费、应予资本化的借款费用以及应分摊的间接费用等。企业自行建造固定资产包括自营建造和出包建造两种方式。无论采用何种方式，所建工程都应当按照实际发生的支出确定其工程成本并单独核算。

1.自营方式建造固定资产

企业以自营方式建造固定资产，即企业自行组织购买材料、组织人员施工。实务中，这种方式比较少见，企业通常多采用出包方式建造固定资产。

企业为建造固定资产准备的各种物资按照实际支付的买价、运输费、保险费等相关税费，借记“工程物资”，贷记“银行存款”“应付账款”等账户。工程领用工程物资、原材料或库存商品的，按其实际成本借记“在建工程”账户，贷记“工程物资”“原材料”“库存商品”等账户。建造过程中发生的职工薪酬，水、电、运输等劳务，以及其他必要支出等也应计入所建工程项目的成本，即借记“在建工程”账户，贷记“应付职工薪酬”等账户。符合资本化条件的借款费用也应借记“在建工程”账户。

所建造的固定资产已达到预定可使用状态，但尚未办理竣工决算的，应自达到预定可使用状态之日起，根据工程预算、造价或者工程实际成本等，按暂估价值转入固定资产，并按有关计提固定资产折旧的规定，计提固定资产折旧。待办理竣工决算后调整原暂估价值，但无须调整原已计提的折旧额。

【例5-4】大明公司自行建造仓库一栋，购入为工程准备的各种物资500 000元，增值税税额为65 000元，全部用于工程建设，款项用银行存款支付。领用本企业生产的水泥一批，实际成本为80 000元；工程人员应计工资80 000元，以银行存款支付其他费用20 000元。工程完工并达到预定可使用状态。该企业账务处理如下：

（1）购入工程物资：

借：工程物资　　500 000

　　应交税费——应交增值税（进项税额）　　65 000

　贷：银行存款　　5 650 000

（2）领用工程物资：

借：在建工程　　500 000

　贷：工程物资　　500 000

（3）工程领用本企业生产的水泥：

借：在建工程　　80 000

　贷：库存商品　　80 000

（4）分配工程人员工资：

借：在建工程　　80 000

　贷：应付职工薪酬——工资　　80 000

（5）支付工程发生的其他费用：

借：在建工程　　20 000

　贷：银行存款　　20 000

（6）工程完工转入固定资产：

借：固定资产　　680 000

　贷：在建工程　　680 000

2.出包方式建造固定资产

出包方式建造固定资产是指企业通过招标等方式将工程项目出包给建造商，由建造商组织施工的建筑工程和安装工程。企业以出包方式建造固定资产的，其成本由建造该项固定资产达到预定可使用状态前发生的一切合理、必要支出构成，包括建筑工程支出、安装工程支出和待摊支出。其中，待摊支出是指在建设期间发生的应由所建造固定资产共同负担，不能直接计入某项固定资产成本费用。如建造工程发生的管理费、可行性研究费、临时设施费、公证费、监理费等。当所建造固定资产全部完工时，可以按照以下公式，将发生的待摊支出分配到各个固定资产中：

$$\text{待摊支出分配率}=\text{累计发生的待摊支出}\div\left(\text{建筑工程支出}+\text{安装工程支出}+\text{在安装设备支出}\right)\times 100\%$$

$$\text{××工程应分配的待摊支出}=\left(\text{××工程的建筑工程支出}+\text{××工程的安装工程支出}+\text{××工程的在安装设备支出}\right)\times\text{待摊支出分配率}$$

出包工程建设期间，按照发生的各项实际成本借记“在建工程——建筑工程——××工程”“在建工程——安装工程——××工程”，贷记“银行存款”“预付账款”等账户。企业将需安装的设备等运抵现场时，借记“在建工程——在安装设备——××设备”账户，贷记“工程物资——××设备”账户。企业为建造固定资产发生的待摊支出，借记“在建工程——待摊支出”账户，贷记“银行存款”“应付职工薪酬”等账户。

出包工程完工后，按照该项固定资产的实际成本，借记“固定资产”账户，贷记“在建工程——建筑工程——××工程”“在建工程——安装工程——××工程”“在建工程——在安装设备——××设备”“在建工程——待摊支出”等账户。

【例5-5】大明公司经当地有关部门批准，新建一个火电厂。建造的火电厂由3个单项工程组成，包括建造发电车间、冷却塔以及安装发电设备。20×7年2月1日，大明公司与乙公司签订合同，将该项目出包给乙公司承建。根据双方签订的合同，建造发电车间的价款为1 000万元，建造冷却塔的价款为600万元，安装发电设备需支付安装费用100万元。建造期间发生的有关事项如下（假定不考虑相关税费）：

（1）20×7年2月10日，大明公司按合同约定向乙公司预付10%备料款160万元，其中发电车间100万元，冷却塔60万元。

（2）20×7年8月2日，建造发电车间和冷却塔的工程进度达到50%，大明公司与乙公司办理工程价款结算800万元，其中发电车间500万元，冷却塔300万元。大明公司抵扣了预付备料款后，将余款用银行存款付讫。

（3）20×7年10月8日，大明公司购入需安装的发电设备，价款总计700万元，已用银行存款付讫。

（4）20×8年3月10日，建筑工程主体已完工，大明公司与乙公司办理工程价款结算800万元，其中，发电车间500万元，冷却塔300万元。大明公司向乙公司开具了一张期限3个月的商业票据。

（5）20×8年4月1日，大明公司将发电设备运抵现场，交乙公司安装。

（6）20×8年5月10日，发电设备安装到位，大明公司与乙公司办理设备安装价款结算100万元，款项已支付。

（7）工程项目发生管理费、可行性研究费、公证费、监理费共计58万元，已用银行存款付讫。

（8）20×8年5月，进行负荷联合试车领用本企业材料20万元，发生其他试车费用10万元，用银行存款支付，试车期间取得发电收入40万元。

（9）20×8年6月1日，完成试车，各项指标达到设计要求。

大明公司账务处理如下（单位：万元）：

（1）20×7年2月10日，预付备料款：

借：预付账款 160

贷：银行存款 160

（2）20×7年8月2日，办理建筑工程价款结算：

借：在建工程——建筑工程（冷却塔） 300

——建筑工程（发电车间） 500

贷：银行存款 640

预付账款 160

（3）20×7年10月8日，购入发电设备：

借：工程物资——发电设备 700

贷：银行存款 700

（4）20×8年3月10日，办理建筑工程价款结算：

借：在建工程——建筑工程（冷却塔） 300

——建筑工程（发电车间） 500

贷：应付票据 800

（5）20×8年4月1日，将发电设备交乙公司安装：

借：在建工程——在安装设备（发电设备） 700

贷：工程物资——发电设备 700

（6）20×8年5月10日，办理安装工程价款结算：

借：在建工程——安装工程（发电设备） 100

贷：银行存款 100

（7）支付工程发生的管理费、可行性研究费、公证费、监理费：

借：在建工程——待摊支出 58

贷：银行存款 58

（8）进行负荷联合试车：

借：在建工程——待摊支出 30

贷：原材料 20

银行存款 10

借：银行存款 40

贷：在建工程——待摊支出 40

（9）结转在建工程计算分配待摊支出：

待摊支出分配率=（58+30−40）÷（1 000+600+100+700）×100%=2%

发电车间应分配的待摊支出=1 000×2%=20（万元）

冷却塔应分配的待摊支出=600×2%=12（万元）

发电设备应分配的待摊支出=（700+100）×2%=16（万元）

借：在建工程——建筑工程（发电车间） 20
　　　　　　——建筑工程（冷却塔） 12
　　　　　　——安装工程（发电设备） 2
　　　　　　——在安装设备（发电设备） 14
　贷：在建工程——待摊支出 48

计算已完工的固定资产的成本：

发电车间的成本=1 000+20=1 020（万元）

冷却塔的成本=600+12=612（万元）

发电设备的成本=（700+100）+16=816（万元）

借：固定资产——发电车间 1 020
　　　　　　——冷却塔 612
　　　　　　——发电设备 816
　贷：在建工程——建筑工程（发电车间） 1 020
　　　　　　　——建筑工程（冷却塔） 612
　　　　　　　——安装工程（发电设备） 102
　　　　　　　——在安装设备（发电设备） 714

（三）通过其他方式取得的固定资产

企业通过其他方式取得的固定资产按照相关规定进行会计处理：

1.投资者投入的固定资产。投资者投入固定资产的成本按照投资合同或协议约定的价值确定，但约定价值不公允的，应当按照公允价值作为入账价值。

2.通过非货币性资产交换、债务重组、企业合并等方式取得的固定资产按照相关准则进行会计处理，但其后续处理仍然按照固定资产准则进行。

3.盘盈固定资产的成本。盘盈固定资产作为前期差错处理，在按照管理权限报经批准处理前，应先通过“以前年度损益调整”账户核算。

三、固定资产的后续计量

固定资产的后续计量主要包括固定资产折旧的计提、减值损失的确定，以及后续支出的计量。

（一）固定资产折旧

1.固定资产折旧的含义及影响因素

折旧，是指在固定资产使用寿命内，按照确定的方法对应计折旧额进行系统分摊。

应计折旧额，即应计提折旧的固定资产在整个使用寿命内应予折旧的金额，即固定资产原值扣除预计净残值后的金额，如果对固定资产计提减值准备的，还应当扣除已计提的固定资产减值准备的累计金额。其实质是由于固定资产在使用过程中损耗而逐渐转移的价值，是一种费用。固定资产在使用过程中，虽然实物形态不变，但因其使用逐渐损耗而减少固定资产价值，这部分价值应以折旧的形式在固定资产使用寿命内分期计入成本费用，并从企业营业收入中得到补偿，转化为货币资金。固定资产使用过程中的损耗，包括有形损耗和无形损耗。有形损耗是指固定资产在使用过程中，由于正常使用和自然力的作用而引起的使用价值和价值的损失，如设备使用中发生磨损、房屋建筑物受到自然侵蚀等。无形损耗是指由于科学技术的进步和劳动生产率的提高而带来的固定资产价值上的损失，如因新技术的出现而使现有的资产技术水平相对陈旧、市场需求变化使其所生产的产品过时等。

影响固定资产折旧的因素有：（1）固定资产原价；（2）固定资产预计净残值，即假定固定资产预计使用寿命已满并处于使用寿命终了时的预期状态，企业目前从该项资产处置中获得的扣除预计处置费用后的金额；（3）固定资产使用寿命，在确定固定资产使用寿命时，不仅要考虑固定资产的损耗，还应考虑固定资产的预计生产能力或实物产量，以及法律或者类似规定对资产使用的限制；（4）固定资产减值准备。

企业应当根据固定资产的性质和使用情况，合理确定固定资产的使用寿命和预计净残值。固定资产的使用寿命、预计净残值一经确定，不得随意变更。

2.固定资产折旧的范围

企业应当对所有的固定资产计提折旧，但是，已提足折旧仍继续使用的固定资产和单独计价入账的土地除外。在确定计提折旧的范围时还应注意以下几点：

（1）固定资产应当按月计提折旧。固定资产应自达到预定可使用状态时开始计提折旧，终止确认时或划分为持有待售非流动资产时停止计提折旧。当月增加的固定资产，当月不计提折旧，从下月起计提折旧；当月减少的固定资产，当月仍计提折旧，从下月起不计提折旧。

（2）固定资产提足折旧后，不论能否继续使用，均不再计提折旧，提前报废的固定资产也不再补提折旧。所谓提足折旧是指已经提足该项固定资产的应计折旧额。

（3）已达到预定可使用状态但尚未办理竣工决算的固定资产，应当按照估计价值确定其成本，并计提折旧；待办理竣工决算后再按实际成本调整原来的暂估价值，但不需要调整原已计提的折旧额。

3.固定资产折旧的方法

企业应当根据与固定资产有关的经济利益的预期消耗方式选择折旧方法。可选用的折旧方法包括年限平均法、工作量法、双倍余额递减法和年数总和法等。固定资产折旧方法一经选定，不得随意变更。

（1）年限平均法

年限平均法又称直线法，是将固定资产的应计折旧额均衡地分摊到预计使用寿命内各期的一种方法。采用这种方法计算的每期折旧额是相等的。其计算公式如下：

年折旧额=（原价-预计净残值）÷预计使用寿命（年）

年折旧率=（1-预计净残值率）÷预计使用寿命（年）

月折旧率=年折旧率÷12

月折旧额=固定资产原价×月折旧率

【例 5-6】大明公司有一幢厂房，原价为2 000 000元，预计可使用20年，预计报废时的净残值率为2%。该厂房的折旧率和折旧额的计算如下：

年折旧率=（1-2%）÷20=4.9%

月折旧率=4.9%÷12=0.41%

月折旧额=2 000 000×0.41%=8 200（元）

（2）工作量法

工作量法是根据固定资产在使用期间完成总工作量平均计算折旧的一种方法。其计算公式如下：

单位工作量折旧额=固定资产原价×（1-预计净残值率）÷预计总工作量

某项固定资产月折旧额=该项固定资产当月工作量×单位工作量折旧额

【例 5-7】大明公司一辆载重货车，原价100 000元，预计可行驶50万千米，预计报废时的净残值率为5%，本月该货车行驶了2 000千米。则本月该载重货车应计提的折旧为：

每千米折旧额=100 000×（1-5%）÷500 000 =0.19（元/千米）

本月折旧额=2 000×0.19=380（元）

（3）双倍余额递减法

双倍余额递减法是在不考虑固定资产净残值的情况下，根据每期期初固定资产净值和双倍的直线法折旧率计算固定资产折旧的一种方法。这是一种加速折旧法，其计算公式如下：

年折旧率=2÷预计使用年限×100%

某年折旧额=该年初固定资产净值×年折旧率

月折旧额=年折旧额÷12

由于双倍余额递减法不考虑固定资产的净残值，因此，在采用这种方法时必须注意不能使固定资产的账面净值降低到它的预计净残值以下，即采用双倍余额递减法计提折旧的固定资产，通常在其折旧年限到期前两年内，将固定资产净值扣除预计净残值后的余额平均摊销。

【例 5-8】大明公司的一台设备，原价300 000元，预计使用5年，报废时预计净残值率为5%，采用双倍余额递减法计提折旧，则该企业每年应计提的折旧额见表5-2。

年折旧率=2/5×100%=40%

表 5-2 **固定资产折旧计算表（双倍余额递减法）** 金额单位：元

年份	年初账面余额	折旧率	计提折旧额	累计折旧额	年末账面余额
第 1 年	300 000	40%	120 000	120 000	180 000
第 2 年	180 000	40%	72 000	192 000	108 000
第 3 年	108 000	40%	43 200	235 200	64 800
第 4 年	64 800		24 900	260 100	39 900
第 5 年	39 900		24 900	285 000	15 000
合计			285 000		

从第 4 年起改为平均年限法（直线法）计提折旧。第 4 年、第 5 年应计提折旧额为：（64 800−300 000×5%）÷2=24 900（元）。

（4）年数总和法

年数总和法又称年限合计法，是将固定资产的原值减去预计净残值后的余额乘以一个以固定资产尚可使用寿命为分子、以预计使用寿命逐年数字之和为分母的逐年递减的分数计算每年的折旧额。其计算公式如下：

$$年折旧率=\frac{折旧年限-已使用年限}{折旧年限\times(折旧年限+1)\div 2}\times 100\%$$

某年折旧额=（固定资产原价−预计净残值）×该年折旧率

月折旧额=年折旧额÷12

【例 5-9】沿用【例 5-8】相关资料，如果企业对该项固定资产采用年数总和法计提折旧，则该企业每年应计提的折旧额见表 5-3。

表 5-3 **固定资产折旧计算表（年数总和法）** 金额单位：元

年份	原值−净残值	年折旧率	年折旧额	累计折旧额	年末账面余额
第 1 年	285 000	5/15	95 000	95 000	205 000
第 2 年	285 000	4/15	76 000	171 000	129 000
第 3 年	285 000	3/15	57 000	228 000	72 000
第 4 年	285 000	2/15	38 000	266 000	34 000
第 5 年	285 000	1/15	19 000	285 000	15 000
合 计			285 000		

采用加速折旧法，在固定资产使用的早期多提折旧，后期少提折旧，其递减的速度逐年加快。加快折旧速度，目的是使固定资产成本在估计的使用寿命内加快得到补偿。

4.固定资产折旧的账务处理

固定资产应当按月计提折旧，计提的折旧应通过“累计折旧”账户核算，并根据用途计入相关资产的成本或者当期损益。

（1）企业基本生产车间所使用的固定资产，其计提的折旧应计入制造费用；

（2）管理部门所使用的固定资产，其计提的折旧应计入管理费用；

（3）销售部门所使用的固定资产，其计提的折旧应计入销售费用；

（4）自行建造固定资产过程中使用的固定资产，其计提的折旧应计入在建工程成本；

（5）经营租出的固定资产，其计提的折旧应计入其他业务成本；

（6）未使用的固定资产，其计提的折旧应计入管理费用。

【例5-10】大明公司20×8年1月份固定资产计提折旧情况如下：

第一生产车间厂房计提折旧7.6万元，机器设备计提折旧9万元。管理部门房屋建筑物计提折旧13万元，运输工具计提折旧4.8万元。销售部门房屋建筑物计提折旧6.4万元，运输工具计提折旧5.26万元。此外，本月第一生产车间新购置一台设备，原价为122万元，预计使用寿命10年，预计净残值1万元，按平均年限法计提折旧。

本例中，新购置的设备本月不提折旧，应从20×8年2月开始计提折旧。大明公司20×8年1月份计提折旧的账务处理如下：

借：制造费用——第一生产车间	166 000	
管理费用	178 000	
销售费用	116 600	
贷：累计折旧		460 600

5.固定资产预计使用寿命、预计净残值和折旧方法的复核

企业至少应当于每年年度终了，对固定资产的使用寿命、预计净残值和折旧方法进行复核。使用寿命预计数与原先估计数有差异的，应当调整固定资产使用寿命。预计净残值预计数与原先估计数有差异的，应当调整预计净残值。与固定资产有关的经济利益预期消耗方式有重大改变的，应当改变固定资产折旧方法。

固定资产使用寿命、预计净残值和折旧方法的改变应当作为会计估计变更。

（二）固定资产的后续支出

固定资产的后续支出是指固定资产在使用过程中发生的更新改造支出、修理费用等。固定资产后续支出的确认原则为：符合固定资产确认条件的，应当计入固定资产成本，同时将被替换部分的账面价值扣除；不符固定资产确认条件的，应当计入当期损益。

1.资本化的后续支出

与固定资产有关的更新改造等后续支出，符合固定资产确认条件的，应当计入固定资产成本，同时将被替换部分的账面价值扣除。企业将固定资产进行更新改造的，应将相关固定资产的原价、已计提的累计折旧和减值准备转销，将固定资产的

账面价值转入在建工程，并停止计提折旧。固定资产发生的可资本化的后续支出，通过“在建工程”账户核算。待固定资产发生的后续支出完工并达到预定可使用状态时，再从“在建工程”转为“固定资产”，并按重新确定的使用寿命、预计净残值和折旧方法计提折旧。

【例5-11】大明公司有关固定资产更新改造的资料如下：

（1）20×5年12月30日，该公司自行建成了一条生产线，建造成本为1 136 000元；采用平均年限法计提折旧；预计净残值率为3%，预计使用寿命为6年。

（2）20×7年12月31日，由于生产的产品适销对路，现有生产线的生产能力已难以满足公司生产发展的需要，但若新建生产线则建设周期过长。大明公司决定对现有生产线进行改扩建，以提高其生产能力。假定该生产线未发生减值。

（3）20×7年12月31日至20×8年3月31日，经过3个月的改扩建，完成了对这条生产线的改扩建工程，达到预定可使用状态，共发生支出537 800元，全部以银行存款支付。

（4）该生产线改扩建工程达到预定可使用状态后，大大提高了生产能力，预计将其使用寿命延长4年，即为10年。假定改扩建后的生产线的预计净残值为改扩建后固定资产账面价值的3%；折旧方法仍为平均年限法。

（5）为简化计算过程，整个过程不考虑其他相关税费；公司按年度计提固定资产折旧。

本例中，生产线改扩建后，生产能力大大提高，能够为企业带来更多的经济利益，改扩建的支出金额也能可靠计量，因此该后续支出符合固定资产的确认条件，应计入固定资产的成本。

有关的账务处理如下：

（1）20×6年1月1日至20×7年12月31日两年间，即固定资产后续支出发生前，该条生产线的应计折旧额=1 136 000×（1−3%）=1 101 920（元）；年折旧额=1 101 920÷6≈183 653.33（元）。这两年计提折旧的账务处理为：

借：制造费用　　　　183 653.33

　贷：累计折旧　　　　183 653.33

（2）20×7年12月31日，固定资产的账面价值=1 136 000−（183 653.33×2）=768 693.34（元），固定资产转入改扩建工程相关账户：

借：在建工程——××生产线　　　　768 693.34

　　累计折旧　　　　367 306.66

　贷：固定资产——××生产线　　　　1 136 000

（3）20×7年12月31日至20×8年3月31日，发生改扩建工程支出：

借：在建工程——××生产线　　　　537 800

　贷：银行存款　　　　537 800

（4）20×8年3月31日，生产线改扩建工程达到预定可使用状态，固定资产的入账价值=768 693.34+537 800 =1 306 493.34（元）。

借：固定资产——××生产线　　1 306 493.34

　贷：在建工程——××生产线　　1 306 493.34

（5）20×8年3月31日，改扩建后，按重新确定的使用寿命、预计净残值和折旧方法计提折旧：

应计折旧额=1 306 493.34×（1−3%）=1 267 298.54（元）

月折旧额=1 267 298.54÷（7×12+9）=13 626.87（元）

年折旧额=13 626.87×12=163 522.39（元）

20×8年应计提的折旧额=13 626.87×9=122 641.83（元）

会计分录为：

借：制造费用　　122 641.83

　贷：累计折旧　　122 641.83

2.费用化的后续支出

与固定资产有关的修理费用等后续支出，不符合资本化条件的，应当根据不同情况分别在发生时计入当期管理费用或销售费用。

一般情况下，固定资产投入使用后，由于固定资产磨损、各组成部分耐用程度不同，可能导致固定资产的局部损坏，为了维护固定资产的正常运转和使用，充分发挥其使用效能，企业将对固定资产进行必要的维护。除与存货的生产和加工相关的固定资产的修理费用按照存货成本确定原则进行处理外，行政管理部门、企业专设的销售机构等发生的固定资产修理费用等后续支出计入管理费用或销售费用；企业固定资产更新改造支出不满足资本化条件的，在发生时应直接计入当期损益。

【例5-12】20×8年1月3日，大明公司对现有的一台生产用机器设备进行日常维护，维护过程中领用本企业原材料一批，价值为94 000元，应支付维护人员的工资为28 000元；不考虑其他相关税费。

借：管理费用　　122 000

　贷：原材料　　94 000

　　　应付职工薪酬　　28 000

（三）固定资产减值

资产负债表日，固定资产按照账面价值与可收回金额孰低法计价。当固定资产账面价值低于可收回金额时，固定资产按账面价值计量；当固定资产账面价值高于可收回金额时，应将固定资产账面价值减记至可收回金额，将减记的金额确认为资产减值损失，计入当期损益，同时计提固定资产减值准备。固定资产可收回金额，应当根据固定资产公允价值减去处置费用后的净额与固定资产预计未来现金流量的现值两者之间的较高者确定。

在资产负债表日，企业应当判断固定资产是否发生了减值，即固定资产的账面价值是否大于可收回金额。当固定资产发生了减值，应当按照固定资产账面价值大于可收回金额的差额，借记“资产减值损失”账户，贷记“固定资产减值准备”账户。

四、固定资产的处置

（一）固定资产终止确认

1.固定资产终止确认的条件

固定资产满足下列条件之一的，应当终止确认：

（1）该固定资产处于处置状态。固定资产处置包括固定资产出售、转让、报废或毁损、对外投资、非货币性资产交换、债务重组等。处于处置状态的固定资产不再用于生产产品、提供劳务、出租或经营管理，因此不再符合固定资产的定义，应予以终止确认。

（2）该固定资产预期通过使用或处置不能产生经济利益。

2.固定资产处置的账务处理

企业出售、转让划归为持有待售类别的，按照持有待售非流动资产、处置组的相关规定进行会计处理；未划归为持有待售类别而出售、转让的，通过“固定资产清理”账户归集所发生的损益，其产生的利得或损失转入“资产处置损益”账户，计入当期损益；固定资产因报废毁损等原因而终止确认的，通过“固定资产清理”账户归集所发生的损益，其产生的利得或损失计入营业外收入或营业外支出。企业通过“固定资产清理”账户核算的出售、转让报废或毁损而处置的固定资产，其会计处理一般经过以下几个步骤：

（1）固定资产转入清理。将准备处置的固定资产账面价值转入“固定资产清理”账户，按照已经计提的固定资产折旧，借记“累计折旧”账户，按已计提的减值准备，借记“固定资产减值准备”账户，按照固定资产账面余额，贷记“固定资产”账户。

（2）发生清理费用。在清理过程中发生的相关税费借记“固定资产清理”账户，贷记“银行存款”“应交税费”等账户。

（3）出售残料等收入。固定资产变价收入、残料价值等，借记“银行存款”“原材料”等账户，贷记“固定资产清理”“应交税费——应交增值税”等账户。

（4）保险赔偿。企业收到保险公司、过失人的赔偿等应当冲减清理支出，借记“其他应收款”“银行存款”等账户，贷记“固定资产清理”账户。

（5）清理净损益的处理。固定资产清理完成后产生的清理净损益，依据固定资产处置方式的不同，分别适用不同的处理方法：固定资产清理完成后，对清理净损益，应区分不同情况进行处理：属于正常出售、转让所产生的利得或损失，借记（或贷记）“资产处置损益”账户，贷记（或借记）“固定资产清理”账户；属于已丧失使用功能正常报废所产生的利得或损失，借记（或贷记）“营业外支出——非流动资产报废”账户，贷记（或借记）“固定资产清理”账户；属于自然灾害等非正常原因造成的，借记（或贷记）“营业外支出——非常损失”账户，贷记（或借记）“固定资产清理”账户。

【例5-13】大明公司有一台设备，因使用期满经批准报废。该设备原价为186 400元，累计已计提折旧177 080元、减值准备2 300元。在清理过程中，以银行存款支付清理费用4 000元，收到残料变卖收入5 400元，应支付相关税费270元。

该公司账务处理如下：

（1）固定资产转入清理：

借：固定资产清理	7 020	
累计折旧	177 080	
固定资产减值准备	2 300	
贷：固定资产		186 400

（2）发生清理费用和相关税费：

借：固定资产清理		4 270
贷：银行存款		4 000
应交税费		270

（3）收到残料变价收入：

借：银行存款	5 400	
贷：固定资产清理		5 400

（4）结转固定资产净损益：

借：营业外支出——非流动资产报废	5 890	
贷：固定资产清理		5 890

（二）固定资产盘盈盘亏的会计处理

1.固定资产盘盈的会计处理

企业在财产清查中盘盈的固定资产，作为前期差错处理。企业在财产清查中盘盈的固定资产，在按管理权限报经批准处理前应先通过“以前年度损益调整”账户核算。盘盈的固定资产，应按重置成本确定其入账价值，借记“固定资产”账户，贷记“以前年度损益调整”账户。

2.固定资产盘亏的会计处理

固定资产盘亏造成的损失，应当计入当期损益。在财产清查中盘亏的固定资产，按盘亏固定资产的账面价值借记“待处理财产损溢——待处理固定资产损溢”账户，按照计提的固定资产折旧，借记“累计折旧”账户，按已计提的减值准备，借记“固定资产减值准备”账户，按固定资产原价，贷记“固定资产”账户。报经管理权限批准后，保险公司或责任人应当赔偿的部分，借记“其他应收款”账户，应计入营业外支出的金额，借记“营业外支出——盘亏损失”账户，贷记“待处理财产损溢——待处理固定资产损溢”账户。

（三）固定资产的清查

固定资产是一种价值较高、使用期限较长的有形资产。因此，对于管理规范的企业来说，固定资产盘盈、盘亏的情况较少。企业应当健全固定资产管理制度，定期或至少每年年末对固定资产进行清查盘点，以保证固定资产核算的真实性和完整性，清查中发现的问题应当在期末结账前处理完毕。

同步思考5-1

对企业而言，固定资产属于价值大、使用年限长、生产经营必备的重要资产，企业如何对其进行管理呢？

理解要点：首先，要建立固定资产价值动态管理数据库。该数据库方便固定资产的使用部门、管理部门与财务部门相配合，对固定资产折旧方法、使用寿命、预计净残值的变动进行有效管理；其次，对投资者投入资产的价值确定过程进行约束，尽可能使固定资产的投入价值得到公允反映；最后，对于不符合固定资产确认标准的大额资产，要进一步完善其内部控制制度，保证该部分资产的安全、完整。

第二节 无形资产

一、无形资产概述

（一）无形资产的定义

无形资产是指企业拥有或者控制的没有实物形态的可辨认非货币性资产，主要包括专利权、非专利技术、商标权、著作权、特许权、土地所有权等。

无形资产与其他资产一样，是由企业拥有或者控制并能为其带来经济利益的资源，但是属于没有实物形态的非货币性资产。无形资产通常表现为某种权力、某项技术或某种获得超额利润的能力。它们没有实物形态，但却具有价值。不具有实物形态是无形资产区别于其他有形资产的一个显著标志。非货币性资产，是指企业持有的货币资金和将以固定或可确定的金额收取的资产以外的其他资产。无形资产由于没有发达的交易市场，一般不容易转化成现金，在持有过程中为企业带来的经济利益的情况不确定，不属于以固定或可确定的金额收取的资产，属于非货币性资产。

无形资产具有可辨认性。资产满足下列条件之一的，符合无形资产定义中的可辨认性标准：(1) 能够从企业中分离或者划分出来，并能单独或者与相关合同、资产或负债一起，用于出售、转移、授予许可、租赁或者交换；(2) 源自合同性权利或其他法定权利，无论这些权利是否可以从企业或其他权利和义务中转移或者分离。如企业的商誉，因为无法与企业自身分离，就不具有可辨认性，不应确认为无形资产。

（二）无形资产的确认条件

无形资产在符合的定义的条件下，与其他资产一样，必须同时满足以下两个条件才能予以确认：(1) 与该无形资产有关的经济利益很可能流入企业；(2) 该无形资产的成本能够可靠地计量。

（三）无形资产核算的账户设置

核算无形资产的账户主要有“无形资产”“累计摊销”“无形资产减值准备”

“研发支出”等。

“无形资产”账户的借方登记购入或自行开发以及通过其他方式取得的各种无形资产的成本，贷方登记无形资产出售、转让以及由于其他方式而减少的无形资产成本，期末为借方余额，反映企业无形资产的成本。无形资产可按其项目进行明细核算。

“累计摊销”账户，该账户核算企业对使用寿命有限的无形资产计提的累计摊销。企业按期（月）计提无形资产的摊销，借记“管理费用”“其他业务成本”等账户，贷记“累计摊销”账户。处置无形资产时还应当同时结转累计摊销。该账户可按照无形资产项目进行明细核算。

“无形资产减值准备”账户，该账户核算企业无形资产的减值准备。资产负债表日，无形资产发生减值的，按应减记的金额，借记“资产减值损失”账户，贷记本账户。处置无形资产时还应当同时结转已经计提的减值准备。该账户可按无形资产项目进行明细核算。

“研发支出”账户核算企业进行研究与开发无形资产过程中发生的各项支出。该账户应当按照研究开发项目的不同阶段，分别设置“费用化支出”与“资本化支出”账户进行明细核算。“资本化支出”明细账户的作用类似于核算固定资产中的“在建工程”账户。企业自行开发无形资产发生的研发支出，不满足资本化条件的，借记“研发支出——费用化支出”账户；满足资本化条件的，借记“研发支出——资本化支出”账户，贷记“原材料”“银行存款”“应付职工薪酬”等账户。待研究开发项目达到预定用途形成无形资产的，应按“研发支出——资本化支出”账户的余额，借记“无形资产”账户，贷记“研发支出——资本化支出”账户。期末，企业应将该账户归集的费用化支出金额转入“管理费用”账户，借记“管理费用”账户，贷记“研发支出——费用化支出”账户。期末为借方余额，反映企业正在进行的研究开发项目中满足资本化条件的支出。

二、无形资产的初始计量

（一）外购无形资产

外购无形资产的成本，包括购买价款、相关税费以及直接归属于使该项资产达到预定用途所发生的其他支出。其中，直接归属于使该项资产达到预定用途所发生的其他支出，是指使无形资产达到预定用途所发生的专业服务费、测试无形资产是否能够正常发挥作用的费用等。

下列各项不包括在无形资产初始成本中：

（1）为引入新产品进行宣传而发生的广告费、管理费用等其他间接费用；

（2）无形资产达到预定用途后发生的费用。

外购无形资产应当按照其初始取得成本进行核算。

【例5-14】大明公司某项生产活动需要A公司已获得的一项专利技术，如果使用了该项专利技术，预计大明公司生产能力比原先提高20%，销售利润率增长

15%。为此，大明公司从A公司购入一项专利权，按照协议约定以现金支付，实际支付的价款为300万元，并支付相关税费1万元和有关专业服务费用5万元，款项已通过银行转账支付。

无形资产初始计量的成本=300+1+5=306（万元）

大明公司的账务处理如下：

借：无形资产——专利权　　3 060 000

　贷：银行存款　　3 060 000

（二）内部开发的无形资产

内部研发活动形成的无形资产成本，由可直接归属于该资产的创造、生产并使该资产能够以管理层预定的方式运作的所有必要支出组成。

内部开发的无形资产，一般要经过研究和开发两个阶段。

1.研究阶段。研究是指为获取并理解新的科学或技术知识而进行的独创性的有计划调查，该阶段的工作具有探索性、计划性。企业会计准则规定，企业内部研究开发项目在研究阶段的支出，应当于发生时计入当期损益。

2.开发阶段。开发是指在进行商业性生产或使用前，将研究成果或其他知识应用于某项计划或设计，以生产出新的或具有实质性改进的材料、装置、产品等，该阶段工作具有针对性，并且形成成果的可能性很大。企业会计准则规定，企业内部研究开发项目在开发阶段的支出，可以将有关支出资本化计入无形资产成本的条件包括：

（1）完成该无形资产以使其使用或出售在技术上具有可行性；

（2）具有完成该无形资产并使用或出售的意图；

（3）无形资产产生经济利益的方式，包括能够证明运用该无形资产生产的产品存在市场或无形资产自身存在市场，无形资产将在内部使用的，应当证明其有用性；

（4）有足够的技术、财务资源和其他资源支持，以完成该无形资产的开发，并有能力使用或出售该无形资产；

（5）归属于该无形资产开发阶段的支出能够可靠地计量。

企业内部研究开发支出的会计处理如下：

（1）企业自行开发无形资产发生的研发支出，不满足资本化条件的，借记“研发支出——费用化支出”账户，满足资本化条件的，借记“研发支出——资本化支出”账户，贷记“原材料”“银行存款”“应付职工薪酬”等账户；

（2）企业以其他方式取得的正在进行中的研究开发项目，应按确定的金额，借记“研发支出——资本化支出”账户，贷记“银行存款”等账户。以后发生的研发支出，应当比照上述第一条原则进行处理。

（3）研究开发项目达到预定用途形成无形资产的，应按“研发支出——资本化支出”账户的余额，借记“无形资产”账户，贷记“研发支出——资本化支出”账户。

【例5-15】20×8年1月1日，大明公司经董事会批准研发某项新产品专利技术，该公司董事会认为，研发该项目具有可靠的技术和财务等资源的支持，并且一旦研发成功将降低该公司生产产品的生产成本。该公司在研究开发过程中发生材料费5 000万元、人工工资1 000万元，以及其他费用4 000万元，总计10 000万元，其中，符合资本化条件的支出为6 000万元。20×8年12月31日，该专利技术已经达到预定用途。

该公司的账务处理如下：

（1）发生研发支出：

借：研发支出——费用化支出	40 000 000	
——资本化支出	60 000 000	
贷：原材料		50 000 000
应付职工薪酬		10 000 000
银行存款		40 000 000

（2）20×8年12月31日，该专利技术已经达到预定用途：

借：管理费用	40 000 000	
无形资产	60 000 000	
贷：研发支出——费用化支出		40 000 000
——资本化支出		60 000 000

（三）通过其他方式取得无形资产

企业通过其他方式取得无形资产的按照相关规定进行会计处理：

1.投资者投入的无形资产。投资者投入的无形资产应当按照其取得成本入账，即按照投资合同或协议约定的价值确定无形资产的初始入账成本。但是，如果投资合同或者协议约定不公允的，应当按照无形资产的公允价值作为初始入账成本。

2.通过非货币性资产交换、债务重组、政府补助等形式取得无形资产的按照相关准则的规范进行会计处理。

3.土地使用权的会计处理。企业取得的土地使用权通常应确认为无形资产。土地使用权用于自行开发建造厂房等地上建筑物时，土地使用权与地上建筑物分别进行摊销和提取折旧，但下列情况除外：

（1）房地产开发企业取得的土地使用权用于建造对外出售的房屋建筑物，相关的土地使用权应当计入所建造的房屋建筑物成本。

（2）企业外购房屋建筑物所支付的价款应当按照合理的方法在地上建筑物与土地使用权之间进行分配；难以合理分配的，应当全部作为固定资产处理。

（3）企业改变土地使用权的用途，停止自用土地使用权用于赚取租金或资本增值时，应将其账面价值转为投资性房地产。

三、无形资产的后续计量

(一) 无形资产后续计量的原则

无形资产的后续计量应当根据其初始确认金额扣除其累计摊销额和累计减值准备后的余额计量。累计摊销额的确定基础是估计该项无形资产的使用寿命：对于使用寿命有限的无形资产，需要在其使用寿命内按照系统合理的方法进行摊销；对于使用寿命不确定的无形资产，则不需要摊销。

(二) 使用寿命有限的无形资产

对于使用寿命有限的无形资产，企业应根据其为企业带来经济利益的预期实现方式选择适当的摊销方法在其使用寿命内进行合理摊销，摊销金额计入相关资产成本或当期损益，借记“管理费用”“其他业务成本”“制造费用”等账户，贷记“累计摊销”账户。无形资产的摊销方法与固定资产的折旧方法类似。

无形资产使用寿命的确定原则如下：

(1) 源自合同性权利或其他法定权利取得的无形资产，其使用寿命不应超过合同性权利或其他法定权利的期限。

如果合同性权利或其他法定权利能够在到期时以续约等形式延续，仅当有证据表明企业续约不需要付出重大成本时，续约期才能够包括在使用寿命的估计中。

(2) 没有明确的合同或法律规定的无形资产，企业应当综合各方面情况，如聘请相关专家进行论证或与同行业的情况进行比较以及参考企业的历史经验等，以确定无形资产为企业带来未来经济利益的期限，如果经过这些努力确实无法合理确定无形资产为企业带来经济利益的期限，那么可将其划为使用寿命不确定的无形资产。

无形资产的残值，意味着在其经济寿命结束之前企业预计将会处置该无形资产，并且从该处置中取得利益，其确定原则如下：

(1) 有第三方承诺在无形资产使用寿命结束时购买该项无形资产；

(2) 可以根据活跃市场得到无形资产预计残值信息，并且该市场在该项无形资产使用寿命结束时可能存在；

(3) 除上述情况外，无形资产的残值一般为零。

此外，企业至少应当于每年年度终了，对无形资产的使用寿命及其经济利益预期实现方式进行复核，如与以前期间有所不同，应当根据实际情况变更其摊销年限和摊销方法。

使用寿命有限的无形资产如果发生减值迹象的，在确定其账面价值时还应当考虑其减值准备的金额。

【例5-16】20×8年1月1日，大明公司从外单位购得一项非专利技术，支付价款5 000万元，款项已支付，估计该项非专利技术的使用寿命为10年，该项非专利技术用于产品生产；同时，购入一项商标权，支付价款3 000万元，款项已支付，估计该商标权的使用寿命为15年。假定这两项无形资产的净残值均为零，并按直线法摊销。

大明公司的账务处理如下：

（1）取得无形资产时：

借：无形资产——非专利技术 50 000 000

——商标权 30 000 000

贷：银行存款 80 000 000

（2）按年摊销时：

借：制造费用——非专利技术 5 000 000

管理费用——商标权 2 000 000

贷：累计摊销 7 000 000

（三）使用寿命不确定的无形资产

对于使用寿命不确定的无形资产，应当根据其实际情况，考虑减值准备的计提，不再考虑摊销。企业应当在每个会计期间对使用寿命不确定的无形资产的使用寿命进行复核。如果有证据表明无形资产的使用寿命是有限的，视为会计估计变更，应当估计其使用寿命，按使用寿命有限的无形资产的有关规定处理。

【例5-17】20×7年1月1日，大明公司购入一项市场领先的畅销产品的商标的成本为6 000万元，该商标按照法律规定还有5年的使用寿命，但是在保护期届满时，大明公司可每10年以较低的手续费申请延期，同时大明公司有充分的证据表明其有能力申请延期。此外，有关的调查表明，根据产品生命周期、市场竞争等方面的情况综合判断，该商标将在不确定的期间内为企业带来现金流量。

根据上述情况，该商标可视为使用寿命不确定的无形资产，在持有期间内不需要进行摊销。

20×8年年底，大明公司对该商标按照资产减值的原则进行减值测试，经测试表明该商标已发生减值。20×8年年底，该商标的公允价值为4 000万元。

大明公司的账务处理如下：

（1）20×7年购入商标时：

借：无形资产——商标权 60 000 000

贷：银行存款 60 000 000

（2）20×8年发生减值时：

借：资产减值损失 20 000 000

贷：无形资产减值准备——商标权 20 000 000

四、无形资产的处置

无形资产的处置主要包括无形资产的出售、对外出租、对外捐赠，或者是无形资产无法为企业带来经济利益时，应当将其终止确认并转销。

（一）无形资产的出售

企业出售某项无形资产，表明企业放弃无形资产的所有权，应按照持有待售非流动资产、处置组的相关规定进行会计处理。

（二）无形资产的出租

企业将无形资产出租取得的收入属于与日常经营相关的其他收入，在满足收入确认条件的情况下，应当确认收入并结转成本，具体账务处理如下：让渡无形资产使用权取得收入时，借记“银行存款”等账户，贷记“其他业务收入”账户；摊销无形资产成本及发生其他相关费用支出时，借记“其他业务成本”账户，贷记“累计摊销”等账户。

【例5-18】大明公司将某商标权使用权出租给乙公司，合同规定出租期限为3年，每月租金收入200 000元，每月月末收取当月租金。20×8年7月31日收到当月的租金及增值税税额合计212 000元，已办理入账手续。该商标权每月的摊销额为100 000元。

大明公司会计处理如下：

借：银行存款	212 000	
贷：其他业务收入		200 000
应交税费——应交增值税（销项税额）		12 000
借：其他业务成本	100 000	
贷：累计摊销		100 000

（三）无形资产的报废

无形资产报废，如无形资产已被其他资产所代替不能为企业带来任何经济利益时，则其不再符合无形资产的定义，应将其终止确认并予以转销。此时，按照已经计提的摊销和减值金额，借记“累计摊销”“无形资产减值准备”账户，按照无形资产原价贷记“无形资产”账户，按其差额借记“营业外支出”账户。

第三节 其他长期资产

一、长期股权投资

（一）长期股权投资概述

股权投资，又称权益性投资，是指通过付出现金或非现金等价物等取得被投资单位的股份或股权，享有一定比例的权益份额代表的资产。投资企业取得被投资单位的股权，相应地享有被投资单位净资产有关份额，通过被投资单位分得现金股利或利润以及待被投资单位增值后出售等获利。

股权投资包括长期股权投资和《企业会计准则第22号——金融工具确认和计量》中规定的股权投资。其中，长期股权投资是指投资方对被投资单位实施控制（又称控股合并形成的长期股权投资、企业合并形成的长期股权投资、对子公司投资）、重大影响的权益性投资，以及对其合营企业的权益性投资。

（二）长期股权投资的分类

根据投资方对被投资方的影响程度不同，长期股权投资可以分为：

1.联营企业投资

联营企业投资，是指投资方能够对被投资单位施加重大影响的股权投资。重大影响是指投资方对被投资单位的财务和生产经营决策有参与决策的权力，但并不能控制或与其他方一起共同控制这些政策的制定。比如：在被投资单位的董事会中派有代表；参与被投资单位财务和经营政策制定过程；与被投资单位之间发生重要交易；向被投资单位派出管理人员；向被投资单位提供关键技术资料。

2.合营企业投资

合营企业投资，是指投资方持有的对构成合营企业的合营安排的投资。

3.对子公司投资

对子公司投资，是指投资方持有的能够对被投资单位施加控制的股权投资。

二、投资性房地产

（一）投资性房地产概述

1.投资性房地产的定义

投资性房地产，是指为赚取租金或资本增值，或两者兼有而持有的房地产。投资性房地产应当能够单独计量和出售。实务中，存在某项房地产部分自用或作为存货出售、部分用于赚取租金或资本增值的情形。如某项投资性房地产不同用途的部分能够单独计量和出售的，应当分别确认为固定资产、无形资产、存货和投资性房地产。例如，甲房地产开发商建造了一栋商住两用楼盘，一层出租给一家连锁餐饮公司，已签订经营租赁合同；其余楼层均为普通住宅，正在公开销售中。这种情况下，如果一层餐饮公司能够单独计量和出售，应当确认为甲企业的投资性房地产，其余楼层为家企业的存货，即开发产品。

（二）投资性房地产的范围

投资性房地产的范围包括：已出租的土地使用权、持有并准备增值后转让的土地使用权、已出租的建筑物。

1.已出租的土地使用权

已出租的土地使用权，是指企业通过出让或转让方式取得的、以经营租赁方式出租的土地使用权。企业计划用于出租但尚未出租的土地使用权，不属于此类。

2.持有并准备增值后转让的土地使用权

持有并准备增值后转让的土地使用权，是指企业取得的、准备增值后转让的土地使用权。

3.已出租的建筑物

已出租的建筑物是指企业以经营租赁方式出租的建筑物，主要包括自行建造或开发活动完成后用于出租的建筑物以及正在建造或开发过程中将来用于出租的建筑物。对企业持有以备经营出租的空置建筑物或在建建筑物，只有企业管理当局（董事会或类似机构）作出正式书面决议，明确表明将其用于经营出租且持有意图短期内不再发生变化的，即使尚未签订租赁协议，也可视为投资性房地产。

因此，企业自用房地产，即生产商品、提供劳务或者经营管理而持有的房地产；房地产开发企业作为存货的房地产不属于投资性房地产。

三、其他资产

（一）商誉

商誉一般是指企业实际价值超过其可辨认净资产公允价值的部分，就是企业具有超过自身资产获利能力的价值。但是，企业自创的商誉由于计量困难而在实务中不予确认，只有在企业合并时才能确认商誉。企业会计准则规定，在非同一控制下的企业合并时，购买方对合并成本大于合并中取得的被购买方可辨认净资产公允价值份额的差额，应当确认为商誉。即购买方为取得被购买方净资产所支付的成本大于取得的净资产的价值部分，就是商誉。被购买方可辨认净资产公允价值是指合并中取得的被购买方可辨认资产的公允价值减去负债及或有负债公允价值后的余额。

（二）长期待摊费用

长期待摊费用是指企业已经支出但应由本期和以后各期分担的，摊销期限在1年以上（不含1年）的各项费用。如以经营租赁方式租入固定资产的改良性支出。

（三）长期应收款

长期应收款是指企业在对外往来过程中形成的、期限在1年以上的各种应收预付款项，包括企业融资租赁产生的应收款项、采用递延方式具有融资性质的销售商品和提供劳务等经营活动产生的应收款项。

■ 本章内容结构图（如图5-1所示）

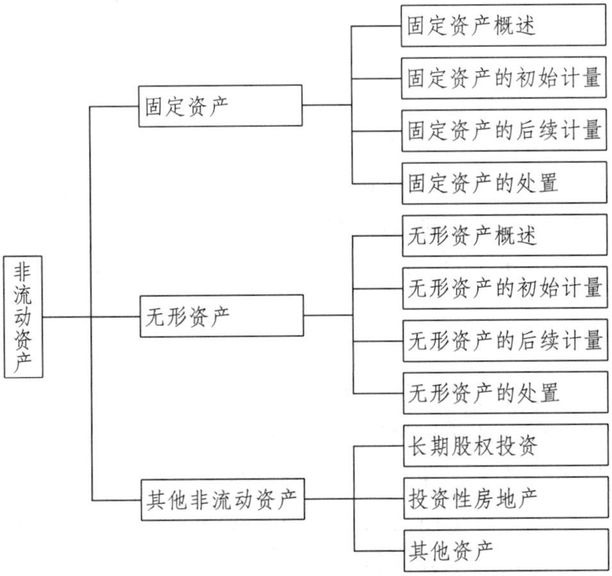

图5-1 本章内容结构图

■ 复习思考题

1. 简述固定资产的特征和确认的条件。

2. 固定资产同存货有什么主要的区别？

3. 固定资产应如何进行初始计量？

4. 什么是固定资产折旧？为什么要计提固定资产折旧？

5. 固定资产计提折旧的方法有哪些？

6. 什么是固定资产加速折旧法？有哪些具体方法？采用加速折旧法对企业有什么影响？

7. 什么是无形资产？简述其特征。

8. 企业将某个项目确认为无形资产应当满足哪些条件？

9. 开发阶段发生的支出是否应全部资本化？为什么？

■ 本章小结

固定资产是企业为了生产产品、提供劳务、出租或经营管理而持有，使用寿命超过一个会计年度的有形资产。固定资产的取得成本是为使其达到预定使用状态前发生的一切合理、必要的支出，按照其取得方式不同固定资产初始计量的会计处理有所不同；固定资产的后续计量包括固定资产折旧的提取、资本化的后续支出、费用化的后续支出以及及其减值的账务处理，其中固定资产的折旧方法有平均年限法、工作量法、双倍余额递减法、年数总和法；固定资产的处置一般通过“固定资产清理”账户进行核算；持有待售的固定资产按照其公允价值减去处置费用后的净额与其账面价值孰低进行计量；盘亏的固定资产先通过“待处理财产损溢——待处理固定资产损溢”账户进行核算，待报经批准后进行相应的账务处理。

无形资产是指企业拥有或者控制的没有实物形态的可辨认非货币性资产。无形资产通常包括专利权、非专利技术、商标权、著作权、特许权、土地使用权等。无资产的初始入账成本为使其达到预定用途而发生的全部支出，根据不同的取得方式，其初始计量的核算方式也有所不同。其中自行研发取得的无形资产应当区分研究阶段和开发阶段进行处理，其中研究阶段的支出全部费用化，开发阶段的支出满足资本化条件的应当资本化，不满足资本化条件的应当费用化。无形资产的后续计量应区分使用寿命确定的无形资产和使用寿命不确定的无形资产：使用寿命确定的无形资产应当摊销，并需考虑减值的因素；使用寿命不确定的无形资产在持有期间内无须摊销，但需要在各期期末进行减值测试。无形资产在处置时（出售、出租、报废等）应当终止确认并转销。

■ 关键概念

固定资产　折旧　应计折旧额　年限平均法　工作量法　双倍余额递减法　年数总和法　无形资产　长期股权投资　投资性房地产　商誉　长期待摊费用　长期应收款

■ 案例分析题

背景与情境：

甲公司属于增值税一般纳税人，其存货发出计价采用先进先出法，每月5日发放上月工资。2019年下半年发生如下与固定资产有关的经济业务：

（1）2019年6月1日，甲公司购入一台需要安装的生产用设备M，取得增值税专用发票上注明的价款为12万元，该设备已运抵基本生产车间开始安装，款项已用银行存款支付。

（2）2019年6月5日，甲公司购进一批A材料，取得增值税专用发票上注明的材料数量为800千克，单价24.5元，材料已验收入库，按照发票开出一张3个月的银行承兑汇票，另外用银行存款支付运费400元。当月月初留存有A材料400千克，单价20元。

（3）2019年6月10日，甲公司领用A材料600千克，用于设备M的安装工程。

（4）2019年6月30日，设备M安装完毕，达到预定可使用状态。安装期间共耗用本公司安装工人工时170个，每单位工时工资为100元。该设备预计净残值率为2%，预计使用寿命5年，采用年数总和法计提折旧。

（5）由于生产的产品适销对路，现有生产线的生产能力已难以满足公司生产发展的需要，但若新建生产线则建设周期过长，甲公司决定于2019年7月1日对现有生产线进行改扩建，以提高生产能力。现有生产线已使用3年，账面原价200万元，预计净残值为4%，预计使用寿命为6年，采用年限平均法计提折旧，未曾发生过减值。

（6）经过三个月的改扩建，甲公司生产线改扩建工程完工，于2019年9月30日达到预定可使用状态，在此期间共发生支出49.8万元，全部以银行存款支付。改扩建工程使得该生产线的预计使用寿命延长4年，即为10年，改扩建后该生产线预计净残值为0，折旧方法仍为年限平均法。

问题（为简化核算，不考虑相关税费）：

（1）根据上述资料编制甲公司2019年6月购建设备M的会计分录；

（2）根据上述资料编制甲公司2019年7月至2019年9月生产线改扩建的会计分录；

（3）计算设备M在2019年应计提的折旧额，并进行相关账务处理；

（4）计算2019年7月至2019年12月改扩建生产线应计提的折旧额，并进行相关账务处理。

二维码5-2：
会计的幽默

第六章

负债

学习目标

二维码6-1：负债图解

◇了解负债的性质及特征
◆理解流动负债与非流动负债的内涵和区别
★掌握短期借款的借入和本息归还的会计核算方法
★熟练掌握应付账款、应付票据和合同负债的会计处理
★熟练掌握应付职工薪酬账户的设置和短期薪酬的会计处理
★熟练掌握应交税费中相关税费的计算和会计核算方法
★熟练掌握长期借款的核算和长期借款费用的会计处理

根据会计恒等式“资产=负债+所有者权益”，企业资金的来源渠道，一是所有者的投入，即所有者权益；另一个就是企业的负债，它们共同形成企业的资产。

负债作为一个会计要素，它是企业权益的重要组成部分。我国《企业会计准则——基本准则》对负债的定义是：负债是指企业过去的交易或者事项形成的、预期会导致经济利益流出企业的现时义务。它是企业权益总额中属于债权人的那部分权益。

将一项现时义务确认为负债，需要符合负债的定义，还需要同时满足以下两个条件：

1.与该义务有关的经济利益很可能流出企业。

负债的确认应当与对经济利益流出的不确定程度的判断结合起来，如果有确凿证据表明，与现时义务有关的经济利益很可能流出企业，就应当将其作为负债予以确认；反之，如果企业承担了现时义务但是导致企业经济利益流出的可能性很小，就不符合负债的确认条件，不应将其作为负债予以确认。

2.未来流出的经济利益的金额能够可靠地计量。

符合负债定义和负债确认条件的项目，应当列入资产负债表；符合负债定义，但不符合确认条件的项目，不应列入资产负债表。负债按偿付期限不同可分为流动负债与非流动负债。

负债是企业筹资的主要方式，也是企业在生产经营活动中客观存在的经济事项。适度的负债经营是现代企业经营管理的普遍方式，它会给企业带来较好的经济利益，也会提高企业资金运用的效果。因此，正确、合理地确认、计量、报告企业负债，是财务会计核算的一个主要内容。

第一节 流动负债

流动负债是指预计在一个正常营业周期中清偿，或者主要为交易目的而持有，或者自资产负债表日起一年内（含一年）到期应予以清偿，或者企业无权自主地将清偿推迟至资产负债表日后一年以上的负债。流动负债主要包括短期借款、应付票据、应付账款、预收账款、合同负债、应付职工薪酬、应交税费、应付利息、应付股利、其他应付款和1年内到期的长期借款等。

确认流动负债，主要目的是将其与企业流动资产进行比较，以大致反映出企业的短期偿债能力。短期偿债能力是短期债权人非常关心的一项财务指标，在资产负债表上必须将流动负债和非流动负债分别列示。

一、短期借款

（一）短期借款的内容

短期借款是指企业向银行或其他金融机构借入的，期限在1年以下（含1年）的各种借款。短期借款一般是为了维持正常的生产经营所需资金或者是为了抵偿某项债务而临时借入的款项。企业借入的款项，只要期限在1年以内的，都属于短期借款。

无论借入款项的来源如何，企业均需要向债权人按期偿还借款本金及利息。短期借款利息属于筹资费用，应当于发生时作为财务费用直接计入当期损益。

（二）短期借款的会计核算

为了核算和监督企业借入的各种短期借款（本金）的增减变动及其结余情况，企业应设置“短期借款”账户，用来核算短期借款的取得及偿还情况。该账户属于负债类账户。企业取得短期借款的本金数额时，记入该账户的贷方。借方登记企业归还的短期借款的本金数额。余额在贷方，反映企业尚未偿还的短期借款的本金。该账户应按债权人设置明细账，并按借款种类进行明细核算。短期借款的利息不在该账户核算。

短期借款的核算主要包括借款取得、期末计息和到期还本三个环节。当企业取得短期借款时，借记“银行存款”账户，贷记“短期借款”账户。企业向银行借入短期借款，应按规定支付利息。由于短期借款利息的结算情况不同，应采用不同的会计处理方法：

（1）如果短期借款利息是按期支付的，如按季度支付利息，或者利息是在借款到期时连同本金一起支付，并且数额较大的，则企业应采用月末预提的方式进行短期借款利息的核算。在资产负债表日，企业应当按照计算确定的短期借款利息费用，借记“财务费用”账户，贷记“应付利息”账户；实际支付利息时，借记“应付利息”账户，贷记“银行存款”账户。

（2）如果企业的短期借款利息是按月支付的，或者利息是在借款到期时连同本金一起归还，但数额不大的，则可以不采用预提的方法。在实际支付时，直接计入当期损益，借记“财务费用”账户，贷记“银行存款”账户。当企业归还短期借款本金时，借记“短期借款”账户，贷记“银行存款”账户。

【例6-1】大明公司于20×8年7月1日向银行借入一笔生产周转用借款2 000 000元，期限为6个月，年利率为6%。根据与银行签署的借款协议，利息按季支付，到期一次还本。大明公司的有关会计处理如下：

（1）7月1日取得短期借款时：

借：银行存款 2 000 000

　贷：短期借款 2 000 000

（2）7月31日计提利息费用时：

本月应计提的利息金额=2 000 000×6%÷12=10 000（元）

借：财务费用 10 000

　贷：应付利息 10 000

8、9月底，企业应做与以上分录相同的分录。

（3）9月30日支付银行短期借款利息时：

借：应付利息 30 000

　贷：银行存款 30 000

10月、11月、12月月末计提利息费用的账务处理同本例第（2）项。

（4）12月31日到期偿还银行借款本金和后三个月的利息费用时：

借：短期借款 2 000 000

　　应付利息 30 000

　贷：银行存款 2 030 000

二、应付票据

（一）应付票据的内容

应付票据指企业因购买材料、商品和接受劳务供应等而开出、承兑的商业汇票。我国企业的应付票据主要是指商业汇票。应付票据是一种期票，是延期付款的证明，有承诺付款的票据作为依据。应付票据是与应收票据相对应的一个概念，销售企业的应收票据也就是购货企业的应付票据。因此，与应收票据一样，应付票据也按承兑人的不同分为商业承兑汇票和银行承兑汇票，按票据是否带息分为带息的商业汇票和不带息的商业汇票。

同步思考6-1

由于我国商业汇票的付款期限不超过6个月，因此，企业将应付票据作为流动负债管理和核算。同时，由于应付票据的偿付时间较短，在会计实务中，应付票据一般按照开出、承兑的商业汇票的面值入账。

（二）应付票据的会计核算

为了反映和监督应付票据的发生、偿还和结欠情况，企业应设置“应付票据”账户，用于核算因企业购买材料、商品和接受劳务供应等开出、承兑的商业汇票面值，该账户属于负债类账户。“应付票据”账户贷方登记企业开出、承兑的商业汇票的金额，借方登记应付票据到期支付的票款，期末余额在贷方，反映企业尚未到期的商业汇票的票面金额，该账户可按债权人设置明细账户。

企业应设置应付票据备查簿，详细记录每一笔应付票据的种类、号数、出票日期、到期日、票面金额、交易合同号、收款人姓名和单位名称以及付款日期和金额等资料。应付票据到期结清时，应当在备查簿内逐笔予以注销。

企业因购买材料、商品和接受劳务供应等而开出、承兑的商业汇票，应当按其票面金额，借记“原材料”“库存商品”“在途物资”“应交税费——应交增值税（进项税额）”等账户，贷记“应付票据”账户。

企业因开出银行承兑汇票而支付银行的承兑汇票的手续费，应计入当期的财务费用，借记“财务费用”账户，贷记“银行存款”“库存现金”账户。应付票据到期支付票款时，按商业汇票的票面金额，借记“应付票据”账户，贷记“银行存款”账户。

如果企业在商业汇票到期时无力支付票款，如为银行承兑汇票，则应将应付票据的票面金额转作短期借款，借记“应付票据”账户，贷记“短期借款”账户。如为商业承兑汇票，则应按票据的面值，借记“应付票据”账户，贷记“应付账款”账户。

【例6-2】大明公司为增值税一般纳税人，采用一般方法计量增值税。该公司于20×8年6月1日购入一批材料，增值税专用发票上注明材料价款为1 000 000元，增值税为130 000元，材料验收入库。大明公司开出一张面值为1 130 000元、期限为3个月的不带息银行承兑汇票，抵付货款。公司以存款交纳银行承兑汇票手续费580元，其中增值税32.8元。大明公司的会计处理如下：

（1）20×8年6月1日开出商业汇票时：

借：原材料	1 000 000	
应交税费——应交增值税（进项税额）	130 000	
贷：应付票据		1 130 000

（2）支付银行承兑汇票的手续费：

借：财务费用	547.2	
应交税费——应交增值税（进项税额）	32.8	
贷：银行存款		580

（3）假如20×8年8月31日票据到期，大明公司以银行存款支付票款：

借：应付票据	1 130 000	
贷：银行存款		1 130 000

（4）假如票据到期，大明公司无力偿还：

借：应付票据　　1 130 000

　贷：短期借款　　1 130 000

三、应付账款

（一）应付账款的确认与计量

应付账款是指企业因购买材料、商品和接受劳务供应等经营活动应支付给供应单位的款项。应付账款是买卖双方在购货活动中因取得货物与支付货款在时间上不一致而产生的负债。由于应付账款一般在较短期间内支付，因此将应付账款列入流动负债项目核算。应付账款是与应收账款相对应的一个概念，销售企业的应收账款也就是购货企业的应付账款。

应付账款入账时间的确定，一般应以与所购买物资所有权有关的风险和报酬已经转移或劳务已经被接受为标志。在实务中，为了使所购入材料、商品的金额、品种、数量和质量等与合同规定的条款相符，避免因验收时发现所购入的材料、商品的数量和质量存在问题而对入账的材料、商品或应付账款金额进行改动，在材料、商品和发票账单同时到达的情况下，一般在所购材料、商品验收入库后，根据发票账单登记入账，确认应付账款；在所购材料、商品已经验收入库，但是发票账单未能同时到达的情况下，企业应付材料、商品供应单位的债务已经成立，在会计期末，为了反映企业的负债情况，需要将所购材料、商品和相关的应付账款暂估入账，待下月初再用红字将上月末暂估入账的应付账款予以冲销。

应付账款的入账金额一般按照应付金额入账，而不按到期应付金额的现值入账。如果供货方代垫运杂费，且需向供货方支付增值税，则运杂费和增值税均应计入应付账款之中。企业在购货时如果附有一定的现金折扣条件，应付账款应按照扣除现金折扣之前的应付款总额入账，因在折扣期内付款而享受的现金折扣，则视为一种理财收益，冲减企业当期的财务费用。

（二）应付账款的会计核算

为了反映和监督应付账款的发生、归还和结欠情况，企业应设置“应付账款”账户，用以核算企业因购买材料、商品和接受劳务等经营活动应支付的款项，该账户属于负债类账户。贷方登记企业购买材料、商品或接受劳务等应付供应单位的款项，借方登记偿还的应付账款。期末余额在贷方，表示企业尚未支付的应付账款。该账户应按供货单位（债权人）设置明细账户，进行明细核算。

企业购入材料、商品或接受劳务所产生的应付账款，根据供应单位的发票账单，借记“原材料”“在途物资”等账户，按可抵扣的增值税税额，借记“应交税费——应交增值税（进项税额）”账户，按应付的金额，贷记“应付账款”账户。企业接受供应单位提供劳务而发生的应付未付款项，根据供应单位的发票账单，借记“生产成本”“管理费用”等账户，按可抵扣的增值税税额，借记“应交税费——应交增值税（进项税额）”账户，贷记“应付账款”账户。

企业偿还应付账款或开出商业汇票抵付应付账款时，借记“应付账款”账户，贷记“银行存款”“应付票据”等账户。

应付账款一般在较短期限内支付，但有时由于债权单位撤销或其他原因而使应付账款无法清偿。企业应将确实无法支付的应付账款予以转销，应按其账面余额计入营业外收入，借记“应付账款”账户，贷记“营业外收入”账户。

【例6-3】大明公司为增值税一般纳税人，采用一般计税方法计量增值税。20×8年5月10日，大明公司向蓝天公司购买一批原材料，增值税专用发票注明的价款为500 000元，增值税为65 000元，对方代垫运杂费1 000元。原材料已全部验收入库，但款项尚未未付。6月20日，大明公司以银行存款支付相关款项566 000元。大明公司的会计处理如下：

（1）5月10日购入原材料时：

借：原材料	501 000	
应交税费——应交增值税（进项税额）	65 000	
贷：应付账款——蓝天公司		566 000

（2）6月20日支付货款时：

借：应付账款——蓝天公司	566 000	
贷：银行存款		566 000

（3）假定该笔应付账款确实无法支付，予以转销。

借：应付账款——蓝天公司	566 000	
贷：营业外收入		566 000

【例6-4】大明公司为增值税一般纳税人，采用一般计税方法计量增值税，于20×8年8月5日向成成公司购买一批原材料，增值税专用发票注明的价款为300 000元，增值税为39 000元，共计339 000元。原材料已全部验收入库，但款项尚未支付。成成公司给出的付款条件为“2/10、N/30”。大明公司采用总价法进行会计处理（假定计算折扣时一律不考虑增值税，下同）。大明公司的会计处理如下：

（1）8月5日购入原材料时：

借：原材料	300 000	
应交税费——应交增值税（进项税额）	39 000	
贷：应付账款——成成公司		339 000

（2）如果大明公司在8月12日支付货款时：

借：应付账款——成成公司	339 000	
贷：银行存款		333 000
财务费用		6 000

（3）假如大明公司在8月30日支付货款时：

借：应付账款——成成公司	339 000	
贷：银行存款		339 000

四、预收账款

1.预收账款的概念和内容

预收账款是买卖双方协议商定，由购货方预先支付一部分（或全部）货款给供应方而发生的一项负债，一般包括企业向购货方预收的购货定金、预收的货款等。这项负债要用以后的商品或劳务来偿付。比如，一笔预收的款项表明企业承担了会在未来导致经济利益流出企业的应履行的义务，它即为企业的一项负债。但是，与应付账款不同，预收账款是企业在销售过程中所形成的负债，且它不是以货币偿付，而是以货物清偿。

企业预收货款时，不能确认为企业的收入，只有企业实际出售商品、产品或提供劳务销售实现，才能确认为企业的收入。由于预收账款的期限一般较短，因此，预收账款按照实际预收的金额计价入账。

2.预收账款的会计核算

为了反映和监督预收账款的取得、偿付情况，企业应设置“预收账款”账户，用于核算企业按照合同规定向购货方预收的款项。该账户属于负债类账户。贷方登记企业向购货方预收的款项及购货方补付的款项，借方登记企业向购货方发货后冲销的预收账款的金额和退回购货方多付货款的金额，期末余额一般在贷方，反映企业向购货单位预收的款项，如期末为借方余额，则反映企业尚未转销的款项。该账户应按购货单位设置明细账户进行明细核算。

企业向购货单位预收款项时，借记“银行存款”账户，贷记“预收账款”账户；销售实现时，按实现的收入和应交的增值税销项税额，借记“预收账款”账户，按照实现的营业收入，贷记“主营业务收入”账户，按增值税专用发票注明的增值税税额，贷记“应交税费——应交增值税（销项税额）”等账户；企业收到购货方补付的款项，借记“银行存款”账户，贷记“预收账款”账户；向购货单位退回其多付的款项时，借记“预收账款”账户，贷记“银行存款”账户。

当企业的预收账款情况不多时，企业也可以不设置“预收账款”账户，将预收的款项利用“应收账款”账户进行核算，即发生预收账款时登记在“应收账款”账户的贷方，待结算时登记在“应收账款”账户的借方。

【例6-5】大明公司为增值税一般纳税人，采用一般方法计量增值税，20×8年7月8日，大明公司与鸿运公司签订供货合同，向鸿运公司出售商品一批，货款金额共计80 000元，应交纳增值税10 400元。根据购货合同的规定，鸿运公司在购货合同签订一周内，应当向大明公司预付货款50 000元，剩余货款在交货后付清。20×8年7月14日，大明公司收到鸿运公司交来的预付款50 000元并存入银行。7月30日大明公司将商品发到鸿运公司并开具增值税专用发票，鸿运公司验收合格后付清了剩余货款。大明公司的有关会计处理如下：

（1）7月14日收到鸿运公司交来的预付款时：

借：银行存款　　　　50 000

贷：预收账款——鸿运公司 50 000

（2）7月30日大明公司向鸿运公司交付货物时：

借：预收账款——鸿运公司 90 400

贷：主营业务收入 80 000

应交税费——应交增值税（销项税额） 10 400

（3）收到鸿运公司支付其余款项时：

借：银行存款 40 400

贷：预收账款——鸿运公司 40 400

【例6-6】沿用【例6-5】相关资料，假设大明公司不设置“预收账款”账户，其预收的款项通过“应收账款”账户核算。大明公司的有关会计处理如下：

（1）7月14日收到鸿运公司交来的预付款50 000元时：

借：银行存款 50 000

贷：应收账款——鸿运公司 50 000

（2）7月30日大明公司向鸿运公司交付货物时：

借：应收账款——鸿运公司 90 400

贷：主营业务收入 80 000

应交税费——应交增值税（销项税额） 10 400

（3）收到鸿运公司支付的其余款项时：

借：银行存款 40 400

贷：应收账款——鸿运公司 40 400

同步思考6-2

企业的预收账款意味着资金的流入，而“预收账款”账户的性质却属于负债类，为什么？

理解要点：负债是过去的交易或事项形成，预期会导致经济利益流出企业的现时义务。预收账款是企业因销售商品（产品）或提供劳务按销货合同规定预收购货单位的款项。首先，企业根据合同预先收取对方的款项，属于过去的交易。其次，预收账款是一种交易行为的约定，资金虽然流入企业，但其所有权仍属于购货企业。最后，企业承担将来需要交付商品或者提供劳务的偿还义务，意味着经济利益很可能流出，符合负债的定义。所以“预收账款”账户的性质属于负债类。

五、合同负债

（一）合同负债的概念和确认

合同负债是指企业已收或应收客户对价而应向客户转让商品的义务。它是企业在转让承诺的商品之前已收取的款项。

合同负债是企业在履约义务履行之前，即达到收入确认条件前，先行收取了客户支付的对价，包括已收取和应收取的对价。合同负债要以履约义务相关性为前提，当已收取客户先行支付的对价，在履约义务履行前，确认为企业的一项合同负债；当预收款尚未被企业收取时，如果能够认定企业对这笔款项有无条件收取的权利，企业仍然应该确认合同负债。

（二）合同负债的会计核算

为了总括核算和监督已收或应收客户对价的增减变化及其余额，企业应当设置“合同负债”账户，用于核算企业已收或应收客户对价而应向客户转让商品的义务，该账户属于负债类账户。贷方登记在向客户转让商品前，企业收到客户支付的合同对价或已经取得了无条件收取合同对价权利应收金额；借方登记企业履行履约义务向客户转让商品冲减的合同负债。期末余额在贷方，反映企业在向客户转让商品前，已经收到的合同对价或已经取得的无条件收取合同对价权利的金额。按合同进行明细核算。

企业在向客户转让商品之前，客户已经支付了合同对价或企业已经取得了无条件收取合同对价权利的，企业应当在客户实际支付款项与到期应支付款项孰早时点，按照该已收或应收的金额，借记“银行存款”、“应收账款”、“应收票据”等账户，贷记“合同负债”账户；企业履行履约义务向客户转让相关商品时，借记“合同负债”账户，贷记“主营业务收入”或“其他业务收入”、“应交税费——应交增值税（销项税额）”等账户。

【例 6-7】大明公司与恒兴公司于20×8年7月1日签订一项销售合同，合同约定大明公司于20×8年10月31日向恒兴公司销售商品一批。同时约定，恒兴公司在20×8年7月31日前预先向大明公司支付合同对价565 000元，其中价款500 000元，税款65 000元。在恒兴公司预付货款前，该合同不可撤销。恒兴公司并未按照合同约定的时限支付合同对价。20×8年8月31日大明公司收到恒兴公司支付的对价565 000元。大明公司于20×8年10月31日向恒兴公司转让了相应的商品。大明公司会计处理如下：

（1）在合同签订日，大明公司无须进行会计处理。

（2）根据合同约定，20×8年7月31日大明公司拥有一项无条件收取现金的合同权利，该项权利对应一项向恒兴公司转让商品的合同义务，大明公司同时确认一项应收账款和合同负债，即：

借：应收账款——恒兴公司　　565 000
　贷：合同负债　　565 000

（3）8月31日收到恒兴公司预付合同对价时：

借：银行存款　　565 000
　贷：应收账款——恒兴公司　　565 000

（4）10月31日大明公司履行了转让商品的合同义务。

借：合同负债　　565 000

贷：主营业务收入 500 000

应交税费——应交增值税（销项税额） 65 000

同步思考6-3

企业全部预收款项都可以重分类至合同负债吗？

理解要点：不可以，预收账款和合同负债是两个不同形式的负债。两者都是先收钱再提供商品。预收账款不构成履约义务，并不强调和已成立与客户之间的合同，在合同成立前已收到的对价作为预收账款，与合同规定的履约义务无关，预收账款只能在实际收取对价后才能确认计量，在通常情况下，预收账款不能核算未实际收取的款项；而合同负债是在收入准则基本精神下衍生的，是在构成履约义务的前提下，讨论和计量履约义务与客户付款的关系，是与合同规定的履约义务有关，在向客户转让商品前，企业收到客户支付的合同对价或已经取得了无条件收取合同对价权利的应收金额，因此，合同负债不仅包括实际收到的预收款，而且还包括未实际收到但已经取得了无条件收取合同对价权利的预收款。

六、应付职工薪酬

（一）职工薪酬的概念和内容

职工薪酬是指企业为获得职工提供的服务或解除劳动关系而给予各种形式的报酬或补偿。企业提供给职工配偶、子女、受赡养人、已故员工遗属及其他受益人等的福利，也属于职工薪酬。

这里所称的“职工”，主要包括三类人员：一是与企业订立劳动合同的所有人员，含全职、兼职和临时职工；二是未与企业订立劳动合同，但由企业正式任命的企业管理人员，如董事会成员、监事会成员等；三是在企业的计划和控制下，虽未与企业订立劳动合同或未正式任命，但向企业所提供服务与职工所提供服务类似的人员，也属于职工范畴，包括通过企业与劳务中介公司签订用工合同而向企业提供服务的人员。

职工薪酬主要包括以下内容：

1.短期薪酬

短期薪酬，是指企业在职工提供相关服务的年度报告期间结束后12个月内需要全部予以支付的职工薪酬，因解除与职工的劳动关系而给予的补偿除外。短期薪酬具体包括：

（1）职工工资、奖金、津贴和补贴，是指按照国家统计局的规定构成工资总额的计时工资、计件工资、支付给职工的超额劳动报酬和增收节支的劳动报酬、为了补偿职工特殊或额外的劳动消耗和因其他特殊原因支付给职工的津贴，以及为了保证职工工资水平不受物价影响支付给职工的物价补贴等。其中，企业按照短期奖金计划向职工发放的奖金属于短期薪酬，按照长期奖金计划向职工发放的奖金属于其他长期职工福利。

（2）职工福利费，是指企业向职工提供的生活困难补助、丧葬补助费、抚恤金、职工异地安家费、独生子女费、职工因公外地就医费用、职工疗养费用、防暑降温费等职工福利支出，应当在实际发生时根据实际发生额计入当期损益或相关资产成本。

（3）医疗保险费、工伤保险费和生育保险费等社会保险费，是指企业按照国家规定的基准和比例计算，向社会保险经办机构缴纳的医疗保险费、工伤保险费和生育保险费。

（4）住房公积金，是指企业按照国家规定的基准和比例计算，向住房公积金管理机构缴存的住房公积金。

（5）工会经费和职工教育经费，是指企业为了改善职工文化生活、为职工学习先进技术和提高文化水平和业务素质，用于开展工会活动和职工教育及职业技能培训等相关支出，应当在实际发生时根据实际发生额计入当期损益或相关资产成本。

（6）短期带薪缺勤，是指职工虽然缺勤但企业仍向其支付报酬的安排，包括年休假、病假、婚假、产假、丧假、探亲假等。长期带薪缺勤属于其他长期职工福利。

（7）短期利润分享计划，是指因职工提供服务而与职工达成的给予利润或其他经营成果的协议。长期利润分享计划属于其他长期职工福利。

（8）非货币性福利，是指企业以自己的产品或外购商品发放给职工的福利。如提供给企业高级管理人员使用的住房等。

（9）其他短期薪酬，是指除上述薪酬以外的其他与获得职工提供的服务而给予的短期薪酬。

2.离职后福利

离职后福利，是指企业为获得职工提供的服务而在职工退休或与企业解除劳动关系后，提供的各种形式的报酬和福利，短期薪酬和辞退福利除外。如养老保险费、失业保险费等。企业应当将离职后福利计划分类为设定提存计划和设定受益计划。离职后福利计划，是指企业与职工就离职后福利达成的协议，或者企业为向职工提供离职后福利制定的规章或办法等。其中，设定提存计划是指向独立的基金缴存固定费用后，企业不再承担进一步支付义务的离职后福利计划；设定受益计划是指除设定提存计划以外的离职后福利计划。

3.辞退福利

辞退福利，是指企业在职工劳动合同到期之前解除与职工劳动关系，或者为鼓励职工自愿接受裁减而给予职工的补偿。辞退福利通常采用解除劳动关系时一次性支付补偿的方式，也有通过提高退休后养老金或其他离职后福利的标准，或者在职工不再为企业带来经济利益后将职工工资支付到辞退后未来某一期间的方式。

4.其他长期职工福利

其他长期职工福利，是指除了短期薪酬、离职后福利、辞退福利之外所有的职工薪酬，包括长期带薪缺勤、长期残疾福利、长期利润分享计划等。

（二）应付职工薪酬的账户设置

为了反映和监督应付职工薪酬的提取、结算和使用等情况，企业应设置“应付职工薪酬”账户，用于核算企业根据有关规定应付给职工的各种薪酬。该账户属于负债类账户，贷方登记企业已分配计入有关成本费用项目的职工薪酬的数额，借方登记实际发放职工薪酬的数额以及扣缴款项等，期末贷方余额，反映企业应付未付的职工薪酬。本账户应按照“工资、奖金、津贴和补贴”“职工福利”“社会保险费”“住房公积金”“工会经费和职工教育经费”“非货币性福利”“辞退福利”“利润分享计划”等职工薪酬项目设置明细账进行明细核算。

（三）短期薪酬的核算

企业应当在职工为其提供服务的会计期间，将实际发生的短期薪酬确认为负债，并计入当期损益，其他会计准则要求或允许计入资产成本的除外。短期薪酬包括货币性短期薪酬和非货币性短期薪酬，这里仅仅介绍货币性短期薪酬的核算。

（1）工资、奖金、津贴和补贴

对于职工工资、奖金、津贴和补贴等货币性职工薪酬，企业应当在职工为其提供服务的会计期间，将实际发生的职工工资、奖金、津贴和补贴等，根据职工提供服务的受益对象，计入相关资产成本或当期损益，同时确认应付职工薪酬。具体分以下情况处理。

①生产部门人员的职工薪酬，借记“生产成本”“制造费用”“劳务成本”等账户，贷记“应付职工薪酬——工资、奖金、津贴和补贴”账户。

②行政管理部门人员的职工薪酬，借记“管理费用”账户，贷记“应付职工薪酬——工资、奖金、津贴和补贴”账户。

③销售人员的职工薪酬，借记“销售费用”账户，贷记“应付职工薪酬——工资、奖金、津贴和补贴”账户。

④应由在建工程、研发支出负担的职工薪酬，借记“在建工程”“研发支出”账户，贷记“应付职工薪酬——工资、奖金、津贴和补贴”账户。

【例6-8】大明公司20×8年8月份的工资总额为200 000元，工资费用分配汇总表中列示的产品生产人员工资100 000元，车间管理人员工资40 000元，行政管理人员工资20 000元，公司专设产品销售机构人员工资30 000元，建造厂房人员工资10 000元。大明公司的有关会计处理如下：

借：生产成本	100 000
制造费用	40 000
管理费用	20 000
在建工程	10 000

销售费用　　30 000
贷：应付职工薪酬——工资、奖金、津贴和补贴　　200 000

实务链接6-1

在实务中，企业一般在每月发放工资前，根据“工资费用分配汇总表”中的“实发工资”栏的合计数，通过开户银行支付给职工或从开户银行提取现金，借记“库存现金”账户，贷记“银行存款”账户，然后向职工发放。

企业按照有关规定支付工资、奖金、津贴等，借记“应付职工薪酬——工资、奖金、津贴和补贴”账户，贷记“银行存款”“库存现金”等账户。企业从应付职工薪酬中扣还的各种款项，如个人所得税、职工房租等，借记“应付职工薪酬——工资、奖金、津贴和补贴”账户，贷记“银行存款”“库存现金”“其他应收款”“应交税费——应交个人所得税”等账户。

【例6-9】大明公司根据“工资费用分配汇总表”结算20×8年8月应付职工工资总额200 000元，其中企业代扣职工个人所得税10 000元，实发工资190 000元。从银行提取现金，发放工资。大明公司的有关会计处理如下：

（1）从银行提取现金时：
借：库存现金　　190 000
　贷：银行存款　　190 000
（2）用现金发放工资时：
借：应付职工薪酬——工资、奖金、津贴和补贴　　190 000
　贷：库存现金　　190 000
如果企业通过银行发放工资，则企业应编制如下会计分录：
借：应付职工薪酬——工资、奖金、津贴和补贴　　190 000
　贷：银行存款　　190 000
（3）企业代扣款项：
借：应付职工薪酬——工资、奖金、津贴和补贴　　10 000
　贷：应交税费——应交个人所得税　　10 000

（2）职工福利费

企业应当根据历史经验数据和实际情况，合理预计当期职工福利费。当期实际发生金额大于预计金额的，应当补提应付职工薪酬；当期实际发生金额小于预计金额的，应当冲回多提的应付职工薪酬。企业应当在职工福利费实际发生时，根据实际发生额计入当期损益或相关资产成本，借记“生产成本”“制造费用”“管理费用”“销售费用”等账户，贷记“应付职工薪酬——职工福利”账户。企业实际支付职工福利费时，借记“应付职工薪酬——职工福利”账户，贷记“银行存款”“库存现金”等账户。

(3) 国家规定计提标准的职工薪酬

对于国家规定了计提基础和计提比例的医疗保险费、工伤保险费、生育保险费等社会保险费和住房公积金，以及按规定提取的工会经费和职工教育经费，应当按照国家规定的标准计提。企业应当在职工为其提供服务的会计期间，根据规定的计提基础和计提比例计算确定相应的职工薪酬金额，并确认相关负债，按照受益对象计入当期损益或相关资产成本，借记“生产成本”“制造费用”“管理费用”等账户，贷记“应付职工薪酬”账户。

【例6-10】沿用【例6-8】相关资料，20×8年8月份大明公司根据所在地政府的规定，按照职工工资总额的10%、10.5%计提医疗保险费、住房公积金，大明公司的有关会计处理如下：

大明公司职工薪酬计提比例=10%+10.5%=20.5%

应计入生产成本的职工薪酬金额=100 000×20.5%=20 500（元）

应计入制造费用的职工薪酬金额=40 000×20.5%=8 200（元）

应计入管理费用的职工薪酬金额=20 000×20.5%=4 100（元）

应计入销售费用的职工薪酬金额=30 000×20.5%=6 150（元）

应计入在建工程的职工薪酬金额=10 000×20.5%=2 050（元）

借：生产成本	20 500	
制造费用	8 200	
管理费用	4 100	
销售费用	6 150	
在建工程	2 050	
贷：应付职工薪酬——社会保险费（基本医疗保险）		20 000
——住房公积金		21 000

实务链接6-2

在实务中，企业在支付工会经费和职工教育经费，或按照国家有关规定向当地社会保险经办机构和住房公积金管理机构缴纳社会保险费或住房公积金时，借记“应付职工薪酬——工会经费（或职工教育经费、社会保险费、住房公积金）”账户，贷记“银行存款”“库存现金”等账户。

【例6-11】大明公司以银行存款缴纳参加职工医疗保险的医疗保险费20 000元，向住房公积金管理机构缴纳住房公积金21 000元。大明公司的有关会计处理如下：

借：应付职工薪酬——社会保险费（基本医疗保险）	20 000	
——住房公积金	21 000	
贷：银行存款		41 000

(4) 短期带薪缺勤

职工带薪缺勤，按企业性质及职工享有的权利，分为累积带薪缺勤和非累积带薪缺勤两类。企业应当对累积带薪缺勤和非累积带薪缺勤分别进行核算。如果带薪缺勤属于长期带薪缺勤的，企业应当作为其他长期职工福利处理。

累积带薪缺勤，是指带薪权利可以结转下期的带薪缺勤，本期尚未用完的带薪缺勤权利可以在未来期间使用，如带薪年休假等。企业应当在职工提供了服务从而增加了其未来享有的带薪缺勤权利时，确认与累积带薪缺勤相关的职工薪酬，并以累积未行使权利而增加的预期支付金额计量。确认累积带薪缺勤时，借记“管理费用”等账户，贷记“应付职工薪酬——短期带薪缺勤（累积带薪缺勤）”账户。

非累积带薪缺勤，是指带薪权利不能结转下期的带薪缺勤，本期尚未用完的带薪缺勤权利将予以取消，并且职工离开企业时也无权获得现金支付，我国企业职工休婚假、产假、丧假、探亲假、病假期间的工资通常属于非累积带薪缺勤。由于职工提供服务本身不能增加其享受的福利金额，企业在职工未缺勤时不应当计提相关费用和负债。为此，企业应当在职工实际发生缺勤的会计期间确认与非累积带薪缺勤相关的职工薪酬。企业确认职工享有的与非累积带薪缺勤权利相关的薪酬，视同职工出勤确认的当期损益或相关资产成本。通常情况下，与非累积带薪缺勤相关的职工薪酬已经包括在企业每期向职工发放的工资等薪酬中，因此，不必额外做相应的账务处理。

七、应交税费

应交税费是指企业在一定时期内取得营业收入和实现利润或发生特定经营行为后，按照规定应向国家交纳的各种税费。这些应交的税费在尚未交纳之前暂时停留在企业，形成企业的负债。目前，企业根据税法规定应交纳的税费具体包括：增值税、消费税、企业所得税、资源税、土地增值税、城市维护建设税、房产税、城镇土地使用税、车船税、教育费附加、矿产资源补偿费、印花税、耕地占用税、契税等。

为了核算各种税费的交纳情况，企业应设置“应交税费”账户。该账户属于负债类账户。贷方登记企业计算出应交纳的各种税费，借方登记实际交纳的税费。期末余额一般在贷方，反映企业尚未交纳的税费。期末余额如在借方，反映企业多交或尚未抵扣的税费。该账户应按税费项目设置明细账户。

企业代扣代交的个人所得税等，也通过“应交税费”账户核算，而企业交纳的印花税和契税等不需要预计应交数的税金，不在本账户核算。

（一）应交增值税

增值税是对在我国境内发生增值税应税交易以及进口货物，在流转过程中产生的增值额作为计税依据而征收的一种流转税。按照《中华人民共和国增值税法》的规定，增值税的纳税人是在中华人民共和国境内发生应税交易且销售额达到增值税起征点（增值税起征点为季销售额三十万元）的单位和个人，以及进口货物的收货人，为增值税的纳税人。

其中，应税交易，是指销售货物、服务、无形资产、不动产和金融商品。

计算增值税的方法分为一般计税方法和简易计税方法。

1.增值税税率：纳税人销售货物，销售加工修理修配、有形动产租赁服务，进口货物，税率为13%。纳税人销售交通运输、邮政、基础电信、建筑、不动产租赁服务，销售不动产，转让土地使用权，销售或者进口货物（主要包括进口农产品、食用植物油、食用盐；自来水、暖气、冷气、热水、煤气、石油液化气、天然气；图书、报纸、杂志、音像制品、电子出版物；饲料、化肥、农药、农机、农膜等），税率为9%。纳税人销售服务、无形资产、金融商品，税率为6%。纳税人出口货物，税率为零。境内单位和个人跨境销售国务院规定范围内的服务、无形资产，税率为零。增值税征收率为3%。

2.视同应税交易，应当缴纳增值税：单位和个体工商户将自产或者委托加工的货物用于集体福利或者个人消费；单位和个体工商户无偿赠送货物，但用于公益事业的除外；单位和个人无偿赠送无形资产、不动产或者金融商品，但用于公益事业的除外。

3.视为非应税交易，不征收增值税：员工为受雇单位或者雇主提供取得工资薪金的服务；行政单位收缴的行政事业性收费、政府性基金；因征收征用而取得补偿；存款利息收入。

（二）一般计税方法应交增值税的核算

（1）增值税应纳税额的计算

采用一般计税方法，增值税属于一种价外税，即纳税人发生应税交易，收取的增值税额不计入销售收入，纳税人购进的与应税交易相关的货物、服务、无形资产、不动产和金融商品支付或者负担的增值税额也不计入货物、服务、无形资产、不动产和金融商品的成本，在价外单独核算。

一般计税方法的应纳税额，是指当期销项税额抵扣当期进项税额后的余额。应纳税额计算公式：

应纳税额=当期销项税额−当期进项税额

销项税额，是指纳税人发生应税交易，按照销售额乘以税率计算的增值税额。销项税额计算公式为：销项税额=销售额×税率。

销售额，是指纳税人发生应税交易取得的与之相关的对价，包括全部货币或者非货币形式的经济利益，不包括按照一般计税方法计算的销项税额和按照简易计税方法计算的应纳税额。

进项税额，是指纳税人购进的与应税交易相关的货物、服务、无形资产、不动产和金融商品支付或者负担的增值税额。进项税额应当凭合法有效凭证抵扣。

下列进项税额不得从销项税额中抵扣：用于简易计税方法计税项目、免征增值税项目、集体福利或者个人消费的购进货物、服务、无形资产、不动产和金融商品对应的进项税额；非正常损失项目对应的进项税额；购进并直接用于消费的餐饮服务、居民日常服务和娱乐服务对应的进项税额；购进贷款服务对应的进项税。

当期进项税额大于当期销项税额的，差额部分可以结转下期继续抵扣；或者予以退还。

（2）应交增值税的会计核算

为了反映和监督应交增值税的发生、抵扣、交纳、退税及转出等情况，企业应设置“应交税费——应交增值税”账户。该账户是“应交税费”的明细账户。借方登记纳税人购进的与应税交易相关的货物、服务、无形资产、不动产和金融商品支付或者负担的增值税额、实际已交纳的增值税和按现行增值税制度规定准予减免的增值税以及月末转出当月应交或多交的增值税等，贷方登记纳税人发生应税交易，按照销售额乘以税率计算的增值税额、出口退税和纳税人发生非正常损失以及其他原因而不应从销项税额中抵扣、按规定转出的进项税额等。该账户应按其内容分设专栏进行明细核算。设置的专栏有“进项税额”“销项税额”“进项税额转出”“出口退税”“已交税金”“减免税款”“转出未交增值税”“转出多交增值税”等。

纳税人购进的与应税交易相关的货物、服务、无形资产、不动产和金融商品，按应计入相关成本费用或资产的金额，借记“原材料”“库存商品”“在途物资”“固定资产”“无形资产”“生产成本”“管理费用”等账户，根据纳税人购进的与应税交易相关的货物、服务、无形资产、不动产和金融商品支付或者负担的增值税额，借记“应交税费——应交增值税（进项税额）”账户，按照实际支付或应付的金额，贷记“银行存款”“应付票据”“应付账款”等账户。购进货物等发生的退货，应根据税务机关开具的红字增值税专用发票编制相反的会计分录。

纳税人发生应税交易，按应收或已收的金额，借记“应收账款”“应收票据”“银行存款”等账户，按纳税人发生应税交易，按照销售额乘以税率计算的增值税额，贷记“应交税费——应交增值税（销项税额）”账户，按照取得收益金额，贷记“主营业务收入”“其他业务收入”“固定资产清理”等账户。销售货物等发生销售退回的，应根据税务机关开具的红字增值税专用发票编制相反的会计分录。

为了分别反映纳税人欠交增值税和待抵扣增值税的情况，确保企业及时足额上交增值税，避免出现企业用以前月份欠缴增值税抵扣以后月份未抵扣的增值税的情况，月度终了，企业应当将当月应交或多交的增值税自“应交增值税”明细账户转入“未交增值税”明细账户。对于当月应交未交的增值税，借记“应交税费——应交增值税（转出未交增值税）”账户，贷记“应交税费——未交增值税”账户；对于当月多交的增值税，借记“应交税费——未交增值税”账户，贷记“应交税费——应交增值税（转出多交增值税）”账户。

企业交纳当月应交纳的增值税，借记“应交税费——应交增值税（已交税金）”账户，贷记“银行存款”账户。企业交纳以前期间未交的增值税，借记“应交税费——未交增值税”账户，贷记“银行存款”账户。

企业预交增值税，借记“应交税费——预交增值税”账户，贷记“银行存款”账户。月末，企业应将“预交增值税”明细账户余额转入“未交增值税”明细账户，借记“应交税费——未交增值税”账户，贷记“应交税费——预交增值税”账户。

【例6-12】大明公司为一般纳税人，采用一般方法计量增值税，本期发生购入原材料一批，增值税专用发票上注明价款为100 000元，增值税税额为13 000元，共计113 000元，款项已支付，原材料已入库；另外销售产品一批，销售价格500 000元，增值税税额为65 000元，款项尚未收到。大明公司的有关会计处理如下：

(1) 购入原材料时：

借：原材料 100 000

应交税费——应交增值税（进项税额） 13 000

贷：银行存款 113 000

(2) 销售产品时：

借：应收账款 565 000

贷：主营业务收入 500 000

应交税费——应交增值税（销项税额） 65 000

【例6-13】大明公司收购免税农产品，实际支付的买价为200 000元，收购的农产品入库。该农产品准予抵扣的进项税额按买价的9%计算。大明公司的有关会计处理如下：

借：原材料 182 000

应交税费——应交增值税（进项税额） 18 000

贷：银行存款 200 000

【例6-14】大明公司购入不需要安装设备一台，价款30 000元，增值税专用发票注明的增值税税额3 900元，款项以银行存款支付。大明公司的有关会计处理如下：

借：固定资产 30 000

应交税费——应交增值税（进项税额） 3 900

贷：银行存款 33 900

（三）简易计税方法应交增值税的核算

简易计税方法的应纳税额，是指按照当期销售额和征收率计算的增值税额。应纳税额计算公式：

应纳税额=当期销售额×征收率

纳税人购进的与应税交易相关的货物、服务、无形资产、不动产和金融商品支付或者负担的增值税额均不计入进项税额，不得由销项税额抵扣，应计入相关成本费用或资产。

采用简易计税方法纳税人的账务处理，只需在“应交税费”账户下设置“应交增值税”明细账户，不需在“应交增值税”明细账户下设置增值税专栏，相对较为简便。“应交税费——应交增值税”明细账户，贷方登记应交纳的增值税，借方登记已交纳的增值税；期末贷方余额，反映纳税人尚未交纳的增值税。

纳税人购进的与应税交易相关的货物、服务、无形资产、不动产和金融商品，按照应付或实际支付的全部款项（包括支付或者负担的增值税额），借记“在途物资”“原材料”“库存商品”“固定资产”等账户，贷记“应付账款”“应付票据”

“银行存款”等账户；

纳税人发生应税交易，应按全部价款（包括应交纳的增值税），借记“银行存款”“应收账款”等账户，按不含税的销售额，贷记“主营业务收入”等账户，按照当期销售额和征收率计算的增值税额，贷记“应交税费——应交增值税”账户。

【例6-15】荣华公司为小规模纳税人，采用简易计税方法计税，适用的增值税征收率为3%，原材料按实际成本核算。本月购进原材料一批，取得增值税专用发票上注明价款为200 000元，增值税税额26 000元，材料验收入库，款项以银行存款支付。本月销售产品一批，销售价格为61 800元（含税），假定符合收入确认条件，款项已收到存入银行。用银行存款交纳增值税1 800元。荣华公司的有关会计处理如下：

（1）购入原材料时：

借：原材料	226 000	
贷：银行存款		226 000

（2）销售产品时：

不含税销售额=61 800÷（1＋3%）＝60 000（元）

应交纳增值税＝60 000×3%＝1 800（元）

借：银行存款	61 800	
贷：主营业务收入		60 000
应交税费——应交增值税		1 800

（3）交纳增值税时：

借：应交税费——应交增值税	1 800	
贷：银行存款		1 800

实务链接6-3

增值税纳税人按照国务院规定可以选择简易计税方法的，计税方法一经选择，三十六个月内不得变更。纳税人进口货物，按照组成计税价格和规定的税率计算应纳税额。组成计税价格和应纳税额计算公式：

组成计税价格=关税计税价格+关税+消费税

应纳税额=组成计税价格×税率

关税计税价格中不包括服务贸易相关的对价。

（二）应交消费税

消费税是对在我国境内销售、委托加工和进口应税消费品的单位和个人，按其流转额计算交纳一种流转税。纳税人在生产、批发或者零售环节销售应税消费品以及纳税人自用未对外销售应税消费品都应缴纳消费税。国家征收消费税的目的主要是调节产品结构，引导消费方向，保证国家财政收入。目前我国确定征收消费税的只有烟、酒、化妆品等少数消费品。消费税实行从价计税、从量计税、从价和从量复合计税（简称复合计税）三种方法计算应纳税额，计算公式如下：

从价定率下的应纳消费税额=销售额×比例税率

从量定额下的应纳消费税额＝课税数量×定额税额

复合计税计征的消费税额=（销售额×比例税率）+（课税数量×定额税额）

其中，销售额是指纳税人销售应税消费品取得的与之相关的对价，包括全部货币或者非货币形式的经济利益。以人民币计算销售额，以人民币以外货币结算的应折合成人民币计算。

企业应在“应交税费”账户下设置“应交税费——应交消费税”明细账户，反映和监督消费税的发生、交纳情况。账户贷方登记应交纳的消费税，借方登记实际交纳的消费税和待扣的消费税。期末贷方余额，反映尚未交纳的消费税；期末借方余额，反映多交的消费税。

1.企业销售应税消费品时，将应交的消费税借记“税金及附加”账户，贷记“应交税费——应交消费税”账户；当企业自用未对外销售应税消费品时，应将发生的消费税借记“在建工程”等账户，贷记“应交税费——应交消费税”账户。企业实际交纳消费税时，借记“应交税费——应交消费税”账户，贷记“银行存款”账户。

2.企业委托加工的应税消费品，委托方用于连续生产应税消费品，所纳税款准予按规定抵扣，借记“应交税费——应交消费税”账户，贷记“应付账款”“银行存款”等账户，待用委托加工的应税消费品生产出应纳消费税的产品销售时，再交纳消费税。外购应税消费品用于连续生产应税消费品，符合相关情形的，如烟丝生产卷烟的、鞭炮焰火生产鞭炮、焰火等，所纳消费税税款准予按规定抵扣。

3.纳税人进口应税消费品，其交纳的消费税计入进口消费品的成本，借记“固定资产”“原材料”等账户，贷记“银行存款”账户。纳税人出口应税消费品，免征消费税。

【例6-16】大明公司销售应税消费品一批，价款为100 000元（不含增值税额）。该批产品增值税税率为13%，消费税税率为10%，产品已经发出，款项已收到存入银行。大明公司采用一般计税方法计税，有关会计处理如下：

（1）收到款项并确认主营业务收入时：

借：银行存款	113 000	
贷：主营业务收入		100 000
应交税费——应交增值税（销项税额）		13 000

（2）计算出应交消费税时：

借：税金及附加	10 000	
贷：应交税费——应交消费税		10 000

【例6-17】大明公司在建工程领用自产产品一批，该批产品属于应税消费品，成本为50 000元，同类消费品售价为60 000元，消费税税率为10%。会计处理如下：

借：在建工程　　56 000

　贷：库存商品　　50 000

　　应交税费——应交消费税　　6 000

（三）应交资源税

资源税是对在我国境内开采矿产品或者生产盐的单位和个人征收的一种税。其应纳资源税采用从价定率和从量定额两种方法计算确定，计算公式如下：

从价定率下的应纳资源税额＝销售额×税率

从量定额下的应纳资源税额＝销售数量×单位税额

企业应设置“应交税费——应交资源税”明细账户，来核算资源税的发生、交纳情况。企业对外销售应税产品应缴纳资源税时，借记“税金及附加”账户，贷记“应交税费——应交资源税”账户；企业自产自用应税产品应交纳资源税时，应借记“生产成本”“制造费用”等账户，贷记“应交税费——应交资源税”账户；实际交纳资源税时，借记“应交税费——应交资源税”账户，贷记“银行存款”账户。

【例6-18】大明公司对外销售资源税应税矿产品5 000吨，将自产资源税应税矿产品400吨用于企业的产品生产，税法规定每吨矿产品应交资源税5元。大明公司的有关会计处理如下：

（1）计算对外销售应税矿产品应交资源税时：

企业对外销售应税矿产品应交纳资源税=5 000×5=25 000（元）

借：税金及附加　　25 000

　贷：应交税费——应交资源税　　25 000

（2）计算自用应税矿产品应交资源税时：

企业自产自用应税矿产品应交纳资源税=400×5=2 000（元）

借：生产成本　　2 000

　贷：应交税费——应交资源税　　2 000

（3）实际交纳资源税时：

借：应交税费——应交资源税　　27 000

　贷：银行存款　　27 000

（四）应交城市维护建设税

城市维护建设税是以增值税、消费税为计税依据而征收的一种税。它属于特定目的税，是国家为加强城市的维护建设，扩大和稳定城市维护建设资金的来源而采取的一项税收措施。其纳税人为交纳增值税、消费税的单位和个人，以纳税人实际缴纳的增值税、消费税税额为计税依据，并与两项税金同时缴纳。税率因纳税人所在地不同从1%～7%不等。计算公式为：

应纳税额=（应交增值税+应交消费税）×适用税率

企业应设置“应交税费——应交城市维护建设税”明细账户，核算城市维护建设税的计算、交纳情况。企业按规定计算出应交城市维护建设税时，借记“税金及附加”等账户，贷记“应交税费——应交城市维护建设税”账户。实际交纳时，借记“应交税费——应交城市维护建设税”账户，贷记“银行存款”账户。

【例6-19】大明公司本月实际应交增值税500 000元、消费税200 000元，适用的城市维护建设税税率为7%。大明公司的有关会计处理如下：

（1）计算出应交城市维护建设税时：

企业应交纳城市维护建设税=（500 000+200 000）×7%=49 000（元）

借：税金及附加　　49 000

　贷：应交税费——应交城市维护建设税　　49 000

（2）实际交纳城市维护建设税时：

借：应交税费——应交城市维护建设税　　49 000

　贷：银行存款　　49 000

（五）应交教育费附加

教育费附加是国家为了发展教育事业，提高人民的文化素质而征收的一项附加费用。缴纳增值税、消费税的单位和个人应当以本期应交纳的增值税、消费税税额为计税依据，计算本期应缴纳教育费附加的金额，并与流转税一起缴纳。计算公式为：

应交教育费附加=（应交增值税+应交消费税）×征收率（征收率为3%）

企业按规定计算出应交纳的教育费附加时，借记“税金及附加”账户，贷记“应交税费——应交教育费附加”账户；实际交纳时，借记“应交税费——应交教育费附加”账户，贷记“银行存款”账户。

【例6-20】大明公司本月实际应交增值税500 000元、消费税200 000元，教育费附加征收率为3%。大明公司的有关会计处理如下：

（1）计算出应交教育费附加时：

企业应交纳教育费附加=（500 000+200 000）×3%=21 000（元）

借：税金及附加　　21 000

　贷：应交税费——应交教育费附加　　21 000

（2）实际交纳教育费附加时：

借：应交税费——应交教育费附加　　21 000

　贷：银行存款　　21 000

（六）应交土地增值税

土地增值税是对转让国有土地使用权、地上建筑物及其附着物（简称转让房地产）并取得增值性收入的单位和个人所征收的一种税。

土地增值税按照转让房地产所取得的增值额和规定的税率计算征收。转让房地产的增值额是指转让收入减去税法规定扣除项目金额后的余额。其中，转让收入包括货币收入、实物收入和其他收入；扣除项目主要包括取得土地使用权所支付的金额、开发土地的成本及费用、新建房及配套设施的成本及费用、与转让房地产有关的税金，或者旧房及建筑物的评估价格、财政部确定的其他扣除项目等。土地增值税采用四级超率累进税率，其中最低税率为30%，最高税率为60%。

在会计处理时，企业交纳的土地增值税通过“应交税费——应交土地增值税”明细账户核算。根据企业对房地产核算方法不同，企业应交土地增值税的账务处理也有区别：房地产开发经营企业销售房地产应交纳的土地增值税，借记“税金及附加”账户，贷记“应交税费——应交土地增值税”账户。企业转让土地使用权连同地上建筑物及其附着物一并在“固定资产”账户核算的，按转让时应交的土地增值税，借记“固定资产清理”“在建工程”账户，贷记“应交税费——应交土地增值税”账户；土地使用权在“无形资产”账户核算的，按实际收到的金额，借记“银行存款”“累计摊销”等账户，按应交的土地增值税，贷记“应交税费——应交土地增值税”账户，同时冲销土地使用权的账面价值，贷记“无形资产”账户，按其差额，借记“营业外支出”账户或贷记“营业外收入”账户。实际交纳土地增值税时，借记“应交税费——应交土地增值税”账户，贷记“银行存款”账户。

【例6-21】大明公司对外转让一栋厂房，根据税法规定计算的应交土地增值税为34 800元。大明公司的有关会计处理如下：

（1）计算出应交土地增值税时：

借：固定资产清理	34 800	
贷：应交税费——应交土地增值税		34 800

（2）用银行存款交纳土地增值税时：

借：应交税费——应交土地增值税	34 800	
贷：银行存款		34 800

（七）应交房产税、城镇土地使用税、车船税

房产税是国家对在城市、县城、建制镇和工矿区征收的由产权所有人缴纳的一种税。房产税依照房产原值一次减除10%～30%后的余额计算交纳。没有房产原值作为依据的，由房产所在地税务机关参考同类房产核定；房产出租的，以房产租金收入为房产税计税。

城镇土地使用税是国家为了调节土地级差收入，加强土地管理，是以城市、县城、建制镇和工矿区范围内使用土地的单位和个人为纳税人，按实际占用土地面积和规定税额计算征收的一种税。车船税是以车辆、船舶（简称车船）为课征对象，向车船的所有人或者管理人征收的一种税。企业计算出应交的房产税、城镇土地使用税、车船税时，借记“税金及附加”账户，贷记“应交税费——应交房产税（应交城镇土地使用税、应交车船税）”账户。

（八）应交企业所得税

企业所得税是指国家对境内企业生产、经营所得和其他所得依法征收的一种税。它是国家参与企业利润分配的重要手段。企业在核算所得税时，要设置“应交税费——应交所得税”账户。企业按照一定方法计算应计入损益的所得税时，借记“所得税费用”等账户，贷记“应交税费——应交所得税”账户。有关所得税的会计处理，详见以后章节相关内容。

（九）应交个人所得税

个人所得税是国家为了调节个人收入而对个人所得超过一定基数的部分征收的一种税。企业职工按规定应交纳的个人所得税通常由单位代扣代缴。企业按规定计算应代扣代缴的职工个人所得税时，应借记“应付职工薪酬”账户，贷记“应交税费——应交个人所得税”账户。企业交纳个人所得税时，借记“应交税费——应交个人所得税”账户，贷记“银行存款”账户。

八、应付股利

应付股利是指企业经股东大会或类似机构审议批准分配的现金股利或利润。股利是股东对企业净利润的分享。现金股利是指企业以现金形式向股东派发的股利。企业股东大会或类似机构审议批准的利润分配方案，宣告分派的现金股利或利润，在实际支付前，形成企业的一项流动负债。企业董事会或类似机构通过的利润分配方案中拟分配的现金股利或利润，不应确认负债，但应在附注中披露。

股利除了现金股利外，还有股票股利。股票股利是企业用增发的股票向股东派发的股利。当作股利发放的股票，又称红股，俗称送股。董事会或股东大会决议确定发放股票股利，并不构成企业的负债，因为它只是从未分配利润中转增股本，是企业权益内部的一种变化，不会引起任何含有经济利益的资源外流。因此，企业分配的股票股利，在正式办理增资手续以前，只需在备查簿中作相应登记，不需要进行账务处理。

企业应设置“应付股利”账户来核算企业确定或宣告支付但尚未实际支付的现金股利或利润。该账户的贷方登记应向股东支付的现金股利或利润，借方登记实际支付的现金股利或利润。期末贷方余额，反映企业应付未付的现金股利或利润。本账户按照投资者设置明细账户进行明细核算。

企业经股东大会或类似机构审议批准的利润分配方案，按应支付的现金股利或利润时，借记“利润分配——应付现金股利或利润”账户，贷记“应付股利”账户；向投资者实际支付现金股利或利润时，借记“应付股利”账户，贷记“银行存款”账户。

【例6-22】大明公司经股东大会表决通过，公司20×8年度的利润分配方案为每10股派发0.5元现金股利，共计派发现金股利100万元。股利以银行存款支付。大明公司的有关会计处理如下：

（1）宣告发放现金股利时：

借：利润分配——应付现金股利或利润　　1 000 000

　贷：应付股利　　1 000 000

（2）实际支付现金股利时：

借：应付股利　　1 000 000

　贷：银行存款　　1 000 000

九、应付利息

应付利息是指企业按照合同约定应支付的利息，包括吸收存款、分期付息到期还本的长短期借款、企业债券等应支付的利息。

企业应当设置“应付利息”账户，核算应付利息的增减变化情况。该账户属于负债类。贷方登记应付的借款利息，借方实际支付的利息，期末贷方余额，反映企业应付未付的利息。该账户按照债权人设置明细账进行明细核算。

资产负债表日，应按摊余成本和实际利率计算确定的利息费用，借记“利息支出”“在建工程”“财务费用”“研发支出”等账户，按合同利率计算确定的应付未付利息，贷记“应付利息”账户，按借贷双方之间的差额，借记（或贷记）“长期借款——利息调整”等账户。合同利率与实际利率相差较小，也可采用合同利率计算确定利息费用。实际支付利息，借记“应付利息”账户，贷记“银行存款”等账户。

十、其他应付款

其他应付款，是指企业除应付票据、应付账款、预收账款、应付职工薪酬、应付利息、应付股利、应交税费等经营活动以外的其他各项应付、暂收款项，如应付租入包装物租金、存入保证金等。

企业应设置“其他应付款”账户，核算其他应付款的增减变动及其结存情况，该账户属于负债类账户。贷方登记发生的各种应付、暂收的款项，借方登记偿还或转销的各种应付、暂收款项。期末贷方余额，反映企业应付未付的其他应付款项。该账户按其他应付款的项目和对方单位（或个人）设置明细账，进行明细核算。

企业发生各项其他应付、暂收款项时，借记“管理费用”“银行存款”等账户，贷记“其他应付款”账户；支付或退回其他的各项应付、暂收款项时，借记“其他应付款”账户，贷记“银行存款”等账户。

【例6-23】大明公司从20×8年4月1日起，以经营租赁的方式租入管理用办公设备一批，每月租金6 000元，按季支付。6月30日，大明公司以银行存款支付应付租金。大明公司的有关会计处理如下：

（1）4月30日计提应付经营租入固定资产租金：

借：管理费用　　6 000

　贷：其他应付款　　6 000

5月底、6月底企业计提应付经营租入固定资产租金的会计处理同上。

（2）6月30日用银行存款支付租金：

借：其他应付款　　18 000

　贷：银行存款　　18 000

第二节 非流动负债

非流动负债，是指流动负债以外的负债，包括长期借款、应付债券和长期应付款等。

一、长期借款

（一）长期借款概述

长期借款是指企业向银行或其他金融机构借入的期限在1年以上（不含1年）的各种借款。就长期借款的用途来讲，企业的长期借款一般用于固定资产的购建、改扩建工程、大修理工程、对外投资以及为了保持长期经营能力等方面的需要，它是企业长期负债的重要成部分。与短期借款相比，长期借款除数额大、偿还期限较长外，其借款费用需要根据权责发生制的要求，按期预提计入所购建资产的成本或直接计入当期财务费用。由于长期借款的期限较长，至少是在1年以上，因此，在资产负债表非流动负债项目中列示。

由于长期借款的使用关系到企业的生产经营规模和效益，因此，必须加强管理与核算。企业除了要遵守有关的贷款规定、编制借款计划并要有不同形式的担保外，还应监督借款的使用、按期支付长期借款的利息以及按规定的期限归还借款本金等。因此，长期借款会计处理的基本要求是反映和监督企业长期借款的借入、借款利息的结算和借款本息的归还情况，促使企业遵守信贷纪律、提高信用等级，同时也要确保长期借款发挥效益。

（二）长期借款的会计核算

企业应设置“长期借款”账户来反映和监督长期借款的借入、归还情况。该账户属于负债类账户。贷方登记借入的长期借款本息的增加额，借方登记归还本息。期末贷方余额，反映企业尚未偿还的长期借款。该账户可按贷款单位和贷款种类设置明细账户，分别“本金”“利息调整”等进行明细核算。

长期借款账务处理的内容主要包括取得长期借款、确认利息以及归还长期借款。

1.长期借款的取得与使用

企业借入长期借款时，应按实际收到的金额，借记“银行存款”账户，贷记“长期借款——本金”账户，如存在差额，还应借记“长期借款——利息调整”账户。

【例6-24】大明公司为建造一幢厂房，于20×6年1月1日向银行借入期限为3年的长期专门借款200万元，款项存入银行，借款年利率为8%，每年年底付息一次，期满后一次还清本金。大明公司的有关会计处理如下：

20×6年1月1日，取得借款时：

借：银行存款　　2 000 000

贷：长期借款 2 000 000

2.长期借款利息的确认

长期借款利息费用应当在资产负债表日按照实际利率法计算确定，实际利率与合同利率差异较小的，也可以采用合同利率计算确定利息费用。长期借款按合同利率计算确定的应付未付利息，如果属于分期付息的，记入“应付利息”账户，如果属于到期一次还本付息的，记入“长期借款——应计利息”账户。

长期借款计算确定的利息费用，应当按以下原则计入有关成本、费用：属于筹建期间的，计入管理费用；属于生产经营期间的，如果长期借款用于购建固定资产等符合资本化条件的资产，在固定资产尚未达到预定可使用状态前，所发生的利息支出数应当资本化，计入在建工程等相关资产成本；固定资产达到预定可使用状态后发生的利息支出，以及按规定不予资本化的利息支出，计入财务费用。

资产负债表日，企业应按长期借款的摊余成本和实际利率计算确定的长期借款的利息费用，借记“在建工程”“制造费用”“财务费用”等账户，按借款本金和合同利率计算确定的应付未付利息，贷记“应付利息”或“长期借款——应计利息”账户，按其差额，贷记“长期借款——利息调整”账户。

【例 6-25】沿用【例 6-26】相关资料，该厂房 20×7 年年底完工，达到预定可使用状态。大明公司的有关会计处理如下：

（1）20×6 年 12 月 31 日，计算 20×6 年应计入工程成本的长期借款利息时：

借款利息=2 000 000×8%=160 000（元）

借：在建工程 160 000

　贷：应付利息 160 000

实际支付借款利息时：

借：应付利息 160 000

　贷：银行存款 160 000

（2）20×7 年 12 月 31 日，计算 20×7 年应计入工程成本的长期借款利息时：

借款利息=2 000 000×8%=160 000（元）

借：在建工程 160 000

　贷：应付利息 160 000

实际支付借款利息时：

借：应付利息 450 000

　贷：银行存款 450 000

（3）20×8 年 12 月 31 日，计算 20×8 年应计入财务费用的利息时：

借款利息=2 000 000×8%=160 000（元）

借：财务费用 160 000

　贷：应付利息 160 000

实际支付借款利息时：

借：应付利息　　　　160 000

　贷：银行存款　　　　160 000

3.长期借款归还

企业归还长期借款时，按归还的长期借款本金，借记“长期借款——本金”账户，按转销的利息调整金额，贷记“长期借款——利息调整”账户，按实际归还的款项，贷记“银行存款”账户，按借贷双方之间的差额，借记“在建工程”“制造费用”“财务费用”等账户。

【例6-26】沿用【例6-24】相关资料，20×8年12月31日长期借款到期，大明公司偿还该笔银行借款本金。大明公司的有关会计处理如下：

20×8年12月31日借款到期，偿还本金时：

借：长期借款　　　　2 000 000

　贷：银行存款　　　　2 000 000

二、应付债券

（一）应付债券概述

应付债券是指企业为筹集长期资金而发行的债券。债券是指企业为筹集长期使用资金而向社会大众发行的，约定在一定日期还本付息的一种书面凭证。企业通过发行债券取得资金是以将来履行归还购买债券者的本金和利息的义务作为保证的。发行债券是企业筹集长期资金的重要方式之一，通过发行债券，企业将巨额借款分为若干份，以公开募集的方式向社会举债，能吸收大量长期资金。债券持有者通过持有债券有权向债券发行人定期索取本息，这就构成了发行债券企业的一项负债。企业发行期限超过1年的债券，属于企业的一项非流动负债。企业发行的应付债券可能有多种形式，如一般公司债券、可转换公司债券等。这里主要介绍一般公司债券。

企业债券发行价的高低一般取决于债券票面金额、债券票面利率、发行当时的市场利率以及债券期限的长短等因素。债券的发行方式有三种，即面值发行、溢价发行和折价发行。假设其他条件不变，如果债券票面利率与同期银行存款相同，债券可按票面价格发行，称为面值发行；如果债券票面利率低于同期银行存款利率，可按低于债券面值的价格发行，称为折价发行。折价是企业以后各期少付利息而预先给予投资者补偿；如果票面利率高于同期银行存款利率，可按超过债券面值的价格发行，称为溢价发行。溢价是企业以后各期多付债券利息而事先得到的补偿。债券溢价或折价不是债券发行企业的收益或损失，而是发行债券企业在债券存续期内对利息费用的一种调整。

（二）应付债券的会计处理

为了全面核算和监督企业应付债券的发行、计提利息、还本付息等情况，企业应设置“应付债券”账户。该账户属于负债类账户，贷方登记应付债券的本金和利息，借方登记归还的债券的本金和利息，期末贷方余额表示企业尚未偿还的长期债券。该账户应分设“面值”“利息调整”“应计利息”明细账户，进行明细核算。

企业还应设置“企业债券备查簿”，详细登记每一企业债券的票面金额、债券票面利率、还本付息期限与方式、发行总额、发行日期和编号、委托代售单位、转换股份等资料。企业债券到期结清时，应当在备查簿内逐笔注销。

1.债券发行

无论是按面值发行，还是溢价发行或折价发行，均按债券面值记入“应付债券”账户的“面值”明细账户，实际收到的款项与面值的差额，记入“利息调整”明细账户。企业发行债券时，按实际收到的款项，借记“银行存款”账户，按债券票面价值，贷记“应付债券——面值”账户。存在差额的，按实际收到的款项与票面价值之间的差额，贷记（或借记）“应付债券——利息调整”账户。

2.利息调整的摊销

利息调整应在债券存续期间内采用实际利率法进行摊销。实际利率法是按照应付债券的实际利率计算其摊余成本及各期利息费用的方法；实际利率是指将应付债券在债券存续期间的未来现金流量，折现为该债券当前账面价值所使用的利率。

资产负债表日，对于分期付息、一次还本的债券，企业应按应付债券的摊余成本和实际利率计算确定的债券利息费用，借记“在建工程”“制造费用”“财务费用”等账户，按票面利率计算确定的应付未付利息，贷记“应付利息”账户，按其差额，借记（或贷记）“应付债券——利息调整”账户。

对于一次还本付息的债券，应于资产负债表日按摊余成本和实际利率计算确定的债券利息费用，借记“在建工程”“制造费用”“财务费用”等账户，按票面利率计算确定的应付未付利息，贷记“应付债券——应计利息”账户，按其差额，借记（或贷记）“应付债券——利息调整”账户。

如果实际利率与票面利率差异较小，那么也可以采用票面利率计算确定利息费用。

3.长期债券到期偿还

企业发行的债券通常分为到期一次还本付息或一次还本、分期付息两种。采用一次还本付息方式的，企业应于债券到期支付债券本息时，借记“应付债券——面值”“应付债券——应计利息”等账户，贷记“银行存款”账户。采用一次还本、分期付息方式的，在每期支付利息时，借记“应付利息”账户，贷记“银行存款”账户；债券到期偿还本金时，借记“应付债券——面值”账户，贷记“银行存款”账户，按借贷双方之间的差额，借记（或贷记）“应付债券——利息调整”账户。

【例6-27】20×4年1月1日，大明公司经批准发行5年期一次还本、分期付息的公司债券10 000 000元，债券利息在每年12月31日支付，票面利率为年利率6%。假定债券发行时的市场利率为5%。大明公司的有关会计处理如下：

大明公司该批债券实际发行价格 = 债券到期面值复利现值 + 债券利息年金现值

= 10 000 000×（P/F，i，5）+ 10 000 000×6%×（P/A，i，5）

= 10 000 000×0.7835 +600 000×4.3295=10 432 700（元）

大明公司根据上述资料，采用实际利率法和摊余成本计算确定的利息费用，见表 6-1。

表 6-1 **利息费用一览表** 单位：万元

付息日期	支付利息① =面值×6%	利息费用② =上期④×5%	摊销的利息调整 ③=①-②	应付债券摊余成本 ④ = 上期④ - ③
20×4 年 1 月 1 日				10 432 700
20×4 年 12 月 31 日	600 000	521 635	78 365	10 354 335
20×5 年 12 月 31 日	600 000	517 716.75	82 283.25	10 272 051.75
20×6 年 12 月 31 日	600 000	513 602.59	86 397.41	10 185 654.34
20×7 年 12 月 31 日	600 000	509 282.72	90 717.28	10 094 937.06
20×8 年 12 月 31 日	600 000	505 062.94*	94 937.06	10 000 000

注：*代表尾数调整。

根据表 6-1 的资料，大明公司的有关会计处理如下：

（1）20×4 年 1 月 1 日发行债券时：

借：银行存款 10 432 700

　贷：应付债券——面值 10 000 000

　　　　　　——利息调整 423 700

（2）20×4 年 12 月 31 日计算利息费用时：

借：财务费用 521 635

　　应付债券——利息调整 78 365

　贷：应付利息 600 000

实际支付利息时：

借：应付利息 600 000

　贷：银行存款 600 000

（3）20×5 年 12 月 31 日计算利息费用时：

借：财务费用 517 716.75

　　应付债券——利息调整 82 283.25

　贷：应付利息 600 000

实际支付利息时：

借：应付利息 600 000

贷：银行存款 600 000

（4）20×6年12月31日计算利息费用时：

借：财务费用 513 602.59

应付债券——利息调整 86 397.41

贷：应付利息 600 000

实际支付利息时：

借：应付利息 600 000

贷：银行存款 600 000

（5）20×7年12月31日计算利息费用时：

借：财务费用 509 282.72

应付债券——利息调整 90 717.28

贷：应付利息 600 000

实际支付利息时：

借：应付利息 600 000

贷：银行存款 600 000

（6）20×8年12月31日归还债券本金及最后一期利息费用时：

借：财务费用 505 062.94

应付债券——面值 10 000 000

——利息调整 94 937.06

贷：银行存款 10 600 000

三、长期应付款

长期应付款是企业除长期借款和应付债券以外的其他各种长期应付款项，包括应付融资租入固定资产的租赁费、以分期付款方式购入固定资产等发生的应付款项等。

企业应设置“长期应付款”账户，用以核算企业融资租入固定资产和以分期付款方式购入固定资产时应付的款项及偿还情况。

（一）以分期付款方式购入固定资产发生的应付款

企业分期付款购买固定资产时，固定资产的成本以购买价款的现值为基础确定，以实际支付的价款作为长期应付款的入账价值，两者之间的差额作为未确认融资费用，应当在信用期间内采用实际利率法进行摊销。即按所购固定资产购买价款的现值，借记“固定资产”账户或“在建工程”账户，按应支付的金额，贷记“长期应付款”账户，按其差额，借记“未确认融资费用”账户。支付购买价款时，借记“长期应付款”账户，贷记“银行存款”账户。

（二）应付融资租赁款

应付融资租赁款是企业融资租入固定资产而发生的应付款，是在租赁开始日承租人应向出租人支付的最低租赁付款额。

融资租入固定资产时，在租赁期开始日，按应计入固定资产成本的金额（租赁开始日租赁资产公允价值与最低租赁付款额现值两者中较低者，加上初始直接费用），借记“在建工程”或“固定资产”账户，按最低租赁付款额，贷记“长期应付款”账户，按发生的初始直接费用，贷记“银行存款”等账户，按其差额，借记“未确认融资费用”账户。按期支付融资租赁费时，借记“长期应付款——应付融资租赁款”账户，贷记“银行存款”账户。

■ 本章内容结构图（如图6-1所示）

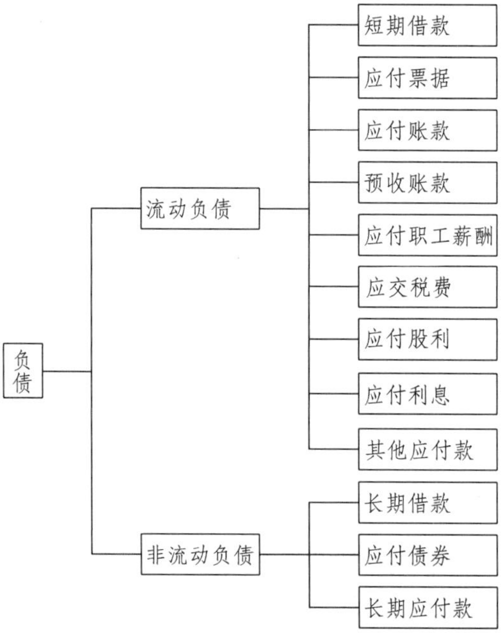

图6-1 本章内容结构图

■ 复习思考题

1.什么是负债？负债的基本特征有哪些？

2.流动负债和非流动负债一般是如何区分的？各包括哪些内容？

3.应付职工薪酬包括哪些内容？应付职工薪酬应当如何进行计量？

4.附有现金折扣的应付账款应当如何核算？

5.一般计税方法和简易计税方法在应交增值税的核算上有何不同？

6.企业发行长期债券融资后，在资产负债表日，如何确定利息费用及进行利息调整？

7.对长期借款利息费用的处理需要注意些什么？

8.简述长期借款的利息费用与短期借款的利息费用在处理上有何区别。

本章小结

负债，是指企业过去的交易或者事项形成的、预期会导致经济利益流出企业的现时义务。负债按偿付期限不同可分为流动负债与非流动负债。

流动负债，是指将在1年或超过一个营业周期内偿还的债务。流动负债主要包括短期借款、应付票据、应付账款、预收账款、应付职工薪酬、应交税费、应付利息、应付股利、其他应付款和1年内到期的长期借款等。非流动负债，是指流动负债以外的负债，包括长期借款、应付债券和长期应付款等。

短期借款，是指企业向银行或其他金融机构借入的，期限在1年以下（含1年）的各种借款。短期借款一般是为了维持正常的生产经营所需资金或者是为了抵偿某项债务而临时借入的款项。

应付票据，指企业因购买材料、商品和接受劳务供应等而开出、承兑的商业汇票。应付票据一般按照开出、承兑的商业汇票的面值入账。

应付账款，是指企业因购买材料、商品和接受劳务供应等经营活动应支付给供应单位的款项。应付账款是买卖双方在购货活动中因取得货物与支付货款在时间上不一致而产生的负债。应付账款一般按照应付金额入账。

预收账款，是买卖双方协议商定，由购货方预先支付一部分（或全部）货款给供应方而发生的一项负债。

合同负债是指企业已收或应收客户对价而应向客户转让商品的义务。它是企业在转让承诺的商品之前已收取的款项。

职工薪酬，是指企业为获得职工提供的服务或解除劳动关系而给予各种形式的报酬或补偿。企业提供给职工配偶、子女、受赡养人、已故员工遗属及其他受益人等的福利，也属于职工薪酬。主要包括短期薪酬、离职后福利、辞退福利和其他长期职工薪酬。

应交税费，是指企业在一定时期内取得营业收入和实现净利润或发生特定经营行为后，按照规定应向国家交纳的各种税费。主要包括：增值税、消费税、企业所得税、资源税、土地增值税、城市维护建设税、房产税、城镇土地使用税、车船税、教育费附加、印花税、耕地占用税等。

长期借款，是指企业向银行或其他金融机构借入的期限在1年以上（不含1年）的各种借款。就长期借款的用途来讲，企业的长期借款一般用于固定资产的购建、改扩建工程、大修理工程、对外投资以及为了保持长期经营能力等方面的需要，它是企业长期负债的重要组成部分。

应付债券，是指企业为筹集长期资金而发行的债券。债券，是指企业为筹集长期使用资金而向社会大众发行的，约定在一定日期还本付息的一种书面凭证。企业债券发行价的高低一般取决于债券票面金额、债券票面利率、发行当时的市场利率以及债券期限的长短等因素。债券的发行方式有三种，即面值发行、溢价发行和折价发行。

长期应付款，是指企业除长期借款和应付债券以外的其他各种长期应付款项，包括应付融资租入固定资产的租赁费、以分期付款方式购入固定资产发生的应付款项等。

■ 关键概念

流动负债　短期借款　应付票据　应付账款　职工薪酬　预收账款　应交税费　长期借款　应付债券　长期应付款

■ 案例分析题

背景与情境：

A公司和B公司属于产品制造业企业，而且两家公司都是最近新成立的，因此可以认为它们记录的资产成本接近于现行市价。两家公司20×8年10月31日的部分资产负债表（资料）见表6-2：

表6-2　**资产负债表（资料）**　单位：元

项目	A公司	B公司
库存现金	118 000	117 000
应收账款	26 000	25 000
建筑物	682 000	690 000
办公设备	14 000	14 000
资产合计	840 000	846 000
短期借款	80 000	80 000
应付账款	290 000	76 000
预收账款	86 000	30 0000
负债合计	456 000	456 000
股本	334 000	340 000
盈余公积	30 000	30 000
未分配利润	20 000	20 000
所有者权益合计	384 000	390 000
负债和所有者权益总计	840 000	846 000

从A、B两家公司的资产负债表来看，资产总额分别为840 000元、846 000元，负债总额都是456 000元，所有者权益总额分别为384 000元、399 000元，总体上看，两家公司差不多，最大的差异在于流动负债中的应付账款和预收账款。

问题：

（1）何为应付账款和预收账款？简述形成的原因。

（2）你作为一个投资者，你更愿意投资哪家企业？

二维码6-2：会计“职业判断”

第七章

所有者权益

学习目标

◇了解所有者权益的构成
◇了解所有者权益与负债的区别和联系
◇了解其他综合收益和其他权益工具的含义和内容
◆理解实收资本、资本公积、留存收益的基本内涵
◆理解所有者权益的内涵、来源和内容
★掌握实收资本的会计核算
★掌握资本公积、留存收益的会计核算

二维码7-1：会计恒等式详解

企业的资金来源有两条渠道：负债和所有者权益。本章主要讲述所有者权益的概念、特征、来源以及包括的内容，通过对本章的学习，读者将熟练掌握所有者权益的组成内容及其会计核算。

第一节　所有者权益概述

一、所有者权益的定义

所有者权益是指企业资产扣除负债后，由所有者享有的剩余权益。公司的所有者权益又称为股东权益。所有者权益是所有者对企业资产的剩余索取权，反映的是企业资产中扣除债权人权益之后应由所有者享有的部分。所有者权益既可反映所有者投入资本的保值增值情况，又体现了保护债权人权益的理念。

二、所有者权益的来源构成

所有者权益的来源包括所有者投入的资产、直接计入所有者权益的利得和损失（其他综合收益）、留存收益等。通常由实收资本（股本）、资本公积（含股本溢价或资本溢价、其他资本公积）、盈余公积和未分配利润构成。其中，盈余公积和未分配利润统称为留存收益。商业银行等金融企业在税后利润中提取的一般风险准备，也构成所有者权益。

所有者投入的资本是指所有者投入企业的所有资本，它既包括构成企业注册资本或者股本部分的金额，也包括投入资本超过注册资本或者股本部分的金额，即资本溢价或者股本溢价，这部分投入资本在我国企业会计准则体系中被计入了资本公

积，并在资产负债表中的“资本公积”项目下反映。

直接计入所有者权益的利得和损失，是指不应计入当期损益、会导致所有者权益发生增减变动的、与所有者投入资本或者向所有者分配利润无关的利得或者损失。**利得**是指由企业非日常活动所形成的、会导致所有者权益增加的、与所有者投入资本无关的经济利益的流入。利得包括直接计入所有者权益的利得和直接计入当期利润的利得。**损失**是指因企业非日常活动所发生的、会导致所有者权益减少的、与向所有者分配利润无关的经济利益的流出。损失包括直接计入所有者权益的损失和直接计入当期利润的损失。直接计入所有者权益的利得和损失主要包括可供出售金融资产的公允价值变动净额、现金流量套期中套期工具公允价值变动额（有效套期部分）等。

留存收益是企业历年实现的净利润留存于企业的部分，主要包括累计计提的盈余公积和未分配利润。

三、所有者权益的特征

所有者权益是指所有者对企业资产的剩余索取权。所有者权益具有以下特征：

1.所有者权益是企业所有者享有的一种剩余权益。一般情况下，企业的所有者是投资者，也就是最初和其后投入资本的人（包括自然人和法人），公司的所有者就是股东。从会计上看，企业的资产是由负债和所有者权益两部分提供的，“剩余权益”主要是指企业资产扣除债权人权益（即负债）后由所有者享有的部分。

2.所有者权益在数量上是企业资产扣除负债后由所有者享有的余额，可以通过对会计恒等式进行变形来表示，即“资产-负债=所有者权益”，因此，所有者权益的确认主要依赖于其他会计要素，尤其是资产和负债的确认；所有者权益金额的确定也主要取决于资产和负债的计量。例如，企业接受投资者投入的资产，在该资产符合企业资产确认条件时，也就符合了所有者权益的确认条件；当该资产的价值能够可靠计量时，所有者权益的金额也就可以确定了。

四、所有者权益的确认条件

所有者权益体现的是所有者在企业中的剩余权益，因此，所有者权益的确认主要依赖于其他会计要素，尤其是资产和负债的确认；所有者权益金额的确定也主要取决于资产和负债的计量。例如，企业接受投资者投入的资产，在该资产符合企业资产确认条件时，就符合了所有者权益的确认条件；当该资产的价值能够可靠计量时，所有者权益的金额也就可以确定了。

五、所有者权益与负债的区别和联系

企业的所有者和债权人均是企业资金的提供者，因而所有者权益与负债（债权人权益）均有对企业资产的要求权，所有者权益和负债同属“权益”。“权益”是指对企业资产的求偿权。它包括投资人的求偿权和债权人的求偿权两种。但是，两者之间存在着明显的区别。主要的区别有：

1.性质不同。表现为负债是债权人对企业资产的求偿权，是债权人的权益，债权人与企业只有债权债务关系，到期可以收回本息；而所有者权益则是企业所有者对企业净资产的求偿权，是指企业资产扣除负债（即债权人权益）后由所有者享有的剩余权益，包括所有者对企业投入的资本以及对投入资本的运作所产生的盈余的要求权，它没有明确的偿还期限。

2.偿还责任不同。表现为企业的负债要求企业按规定的时间和利率支付利息，到期偿还本金，而所有者权益则与企业共存亡，在企业经营期内无须偿还，国有企业按照国家规定分配收益，股份制企业按照董事会的决定支付股利，其他企业按照企业最高层管理机构的决定分配利润。

3.享受的权利不同。债权人通常只有享受收回本金和按事先约定的利率收回利息的权利，既没有参与企业经营管理的权利，也没有参与企业收益分配的权利；而企业的所有者通常既具有参与企业经营管理的权利，也具有参与企业收益分配的权利。企业的所有者不仅享有法定的自己管理企业的权利，而且还享有委托他人管理企业的权利。

4.计量特性不同。负债通常可以单独直接计量，而所有者权益除了投资者投资以外，一般不能直接计量，而是通过资产和负债的计量来间接计量。

5.风险和收益的大小不同。负债由于具有明确的偿还期限和约定的收益率，而且一旦到期就可以收回本金与相应的利息，因而风险较小，因为债权人承担的风险小，所以相应地债权人所获得的收益也较小；而所有者的投入资本，一旦投入被投资企业，一般情况下，不论企业未来经营状况如何，都不能抽回投资，因而承担的风险较大，相应的收益也较高。

第二节　实收资本

一、实收资本的概念

按照我国有关法律规定，投资者设立企业首先必须投入资本。**实收资本**是投资者投入资本形成法定资本的价值。所有者向企业投入的资本，在一般情况下无须偿还，可以长期周转使用，实收资本的构成比例，即投资者的出资比例或股东的股份比例，通常是确定所有者在企业所有者权益中所占的份额和参与企业财务经营决策的基础，也是企业进行利润分配或股利分配的依据，同时还是企业清算时确定所有者对净资产的要求权的依据。

二、实收资本的确认和计量

实收资本的确认和计量要求企业应当设置“实收资本”账户，核算企业接受投资者投入的实收资本，股份有限公司应将该账户改为“股本”。投资者可以用现金投资，也可以用现金以外的其他有形资产投资，符合国家规定比例的，还可以用无形资产投资。企业收到投资时，一般应作如下会计处理：收到投资人投入的现金，应在实际收到或者存入企业开户银行时，按实际收到的金额，借记“银行存款”账户，以实物资产投资的，应在办理实物产权转移手续时，借记有关资产账户，以无形资产投资的，应在按照合同、协议或公司章程规定移交有关凭证时，借记“无形资产”账户，按投入资本在注册资本或股本中所占份额，贷记“实收资本”或“股本”账户，按其差额，贷记“资本公积——资本溢价”或“资本公积——股本溢价”等账户。

在我国，公司制企业包括有限责任公司和股份有限公司，两者无论从公司法的角度还是从会计核算的角度来看均有很大差异。

（一）有限责任公司实收资本确认和计量的基本要求

初建有限责任公司时，各投资者按照合同、协议或公司章程投入企业的资本应全部记入“实收资本”账户，注册资本为在公司登记机关登记的全体股东认缴的出资额。即按实际收到的金额，借记“银行存款”账户，以实物资产投资的，应在办理实物产权转移手续时，借记有关资产账户，以无形资产投资的，按照合同、协议或公司章程规定移交有关凭证时，借记“无形资产”账户，按投入资本在注册资本或股本中所占份额，贷记“实收资本”账户；在企业增资时，如有新投资者介入，新介入的投资者缴纳的出资额大于其按约定比例计算的其在注册资本中所占的份额部分，不记入“实收资本”账户，而作为资本公积，贷记“资本公积——资本溢价”账户。

【例 7-1】甲、乙、丙共同出资设立大明公司，公司注册资本为 20 000 000 元，甲、乙、丙投资比例分别为 50%、30% 和 20%。20×8 年 1 月 5 日，大明公司如期收到各投资者一次性缴足的款项。根据上述资料，大明公司应做以下账务处理：

借：银行存款	20 000 000	
贷：实收资本——甲		10 000 000
——乙		6 000 000
——丙		4 000 000

（二）股份有限公司股本确认和计量的基本要求

股份有限公司是指全部资本由等额股份构成并通过发行股票筹集资本、股东以其认购的股份为限对公司承担责任、公司以其全部财产对公司债务承担责任的企业法人。股份有限公司的设立有两种方式，即发起式和募集式。发起式设立的特点是公司的股份全部由发起人认购，不向发起人之外的任何人募集股份；募集式设立的特点是公司股份除发起人认购外，还可以采用向其他法人或自然人发行股票的方式进行募集。公司设立方式不同，筹集资本的风险也不同。以发起式设立公司，其所需资本由发起人一次认足，一般不会发生设立公司失败的情况，因此，其筹资风险小。以社会募集股份的方式，其筹资对象广泛，在资本市场不景气或股票的发行价格不恰当的情况下，有发行失败（即股票未被全部认购）的可能，因此，其筹资风险大，按照有关规定，发行失败损失由发起人负担，包括承担筹建费用、公司筹建过程中的债务和对认股人已缴纳的股款支付银行同期存款利息等责任。股份有限公司与其他企业相比较，最显著的特点就是将企业的全部资本划为等额股份，并通过发行股票的方式来筹集资本。股东以其所认购的股份对公司承担有限责任。股票的面值与股份总数的乘积为股本，股本应等于企业的注册资本，所以股本是很重要的指标。为了直观反映这一指标，在会计处理上，股份有限公司应设置“股本”账户。“股本”账户核算股东投入股份有限公司的股本，企业应将核定的股本总额、股份总数、每股面值在股本账户中做备查记录。为提供企业股份的构成情况，企业可在“股本”账户下按股东单位或姓名设置明细账。企业的股本应在核定的股本总额范围内，通过发行股票取得。但值得注意的是，企业发行股票取得的收入与股本总额往往不一致，公司发行股票取得的收入大于股本总额的，称为溢价发行；小于股本总额的，称为折价发行；等于股本总额的，称为面值发行。我国不允许企业折价发行股票。在采用溢价发行股票的情况下，企业应将相当于股票面值的部分记入“股本”账户，其余部分在扣除发行手续费、佣金等发行费用后记入“资本公积——股本溢价”账户。

【例 7-2】大明公司发行普通股 10 000 000 股，每股面值为 1 元，发行价格为 5 元。股款 50 000 000 元已全部收到。根据上述资料，大明公司应作以下账务处理：

计入股本的金额=10 000 000×1=10 000 000（元）

计入资本公积的金额=（5-1）×10 000 000=40 000 000（元）

借：银行存款　　50 000 000

　　贷：股本　　10 000 000

　　　　资本公积——股本溢价　　40 000 000

三、实收资本增减变动的会计处理

《中华人民共和国公司登记管理条例》规定，公司增加注册资本的，有限责任公司股东认缴新增资本的出资和股份有限公司的股东认购新股，应当分别依照《公司法》设立有限责任公司缴纳出资和设立股份有限公司缴纳股款的有关规定执行。公司法定公积金转增为注册资本的，验资证明应当载明留存的该项公积金不少于转增前公司注册资本的25%。公司减少注册资本的，应当自公告之日起45日后申请变更登记，并应当提交公司在报纸上登载公司减少注册资本公告的有关证明和公司债务清偿或者债务担保情况的说明。公司减资后的注册资本不得低于法定的最低限额。公司变更实收资本的，应当提交依法设立的验资机构出具的验资证明，并应当按照公司章程载明的出资时间、出资方式缴纳出资。公司应当自足额缴纳出资或者股款之日起30日内申请变更登记。

（一）实收资本增加的会计处理

1.企业增加资本的一般途径

企业增加资本的途径一般有三条：一是将资本公积转为实收资本或者股本。会计上应借记“资本公积——资本溢价”或“资本公积——股本溢价”账户，贷记“实收资本”或“股本”账户。二是将盈余公积转为实收资本。会计上应借记“盈余公积”账户，贷记“实收资本”或“股本”账户。这里要注意的是资本公积和盈余公积均属所有者权益，转为实收资本或者股本时，企业如为独资企业的，核算比较简单，直接结转即可；如为股份有限公司或有限责任公司的，应按原投资者所持股份同比例增加各股东的股权。三是所有者（包括原企业所有者和新投资者）投入。企业接受投资者投入的资本，借记“银行存款”“固定资产”“无形资产”“长期股权投资”等账户，贷记“实收资本”或“股本”等账户。

【例7-3】大明公司由甲、乙二人共同出资设立，原注册资本为50 000 000元，甲、乙分别出资35 000 000元和15 000 000元，为了扩大经营规模，经批准，大明公司按照原出资比例将资本公积10 000 000元转增资本金。

根据上述资料，大明公司应做以下账务处理：

借：资本公积	10 000 000	
贷：实收资本——甲		7 000 000
——乙		3 000 000

2.股份有限公司发放股票股利

股份有限公司采用发放股票股利实现增资的，在发放股票股利时，按照股东原来持有的股数分配，如股东所持股份按比例分配的股利不足1股时，应采用恰当的方法处理。股东大会批准的利润分配方案中分配的股票股利，应在办理增资手续后，借记“利润分配”账户，贷记“股本”账户。

3.可转换公司债券持有人行使转换权利

可转换公司债券持有人行使转换权利，将其持有的债券转换为股票，按可转换公司债券的余额，借记“应付债券——可转换公司债券（面值、利息调整）”账户，按其权益成分对应的金额，借记“其他权益工具”账户，按股票面值和转换的股数计算的股票面值总额，贷记“股本”账户，按其差额，贷记“资本公积——股本溢价”账户。

4.企业将重组债务转为资本

债务人为股份有限公司时，债务人应将债权人因放弃债权而享有股份的面值总额确认为股本；股份的公允价值总额与股本之间的差额确认为资本公积。重组债务的账面价值与股份的公允价值总额之间的差额确认为债务重组利得，计入当期损益。债务人为其他企业时，债务人应将债权人因放弃债权而享有股权份额确认为实收资本；股权的公允价值与实收资本之间的差额确认为资本公积。重组债务的账面价值与股权的公允价值之间的差额确认为债务重组利得，计入当期损益。

5.以权益结算的股份支付的行权

以权益结算的股份支付换取职工或其他方提供服务的，应在行权日，按根据实际行权情况确定的金额，借记“资本公积——其他资本公积”账户，按应计入实收资本或股本的金额，贷记“实收资本”或“股本”账户。

（二）实收资本减少的会计处理

企业实收资本减少的原因大体有两种，一是资本过剩；二是企业发生重大亏损而需要减少实收资本。企业因资本过剩而减资，一般要发还股款。有限责任公司和一般企业发还投资的会计处理比较简单，按法定程序报经批准减少注册资本的，借记“实收资本”账户，贷记“库存现金”“银行存款”等账户。

股份有限公司由于采用的是发行股票的方式筹集股本，发还股款时，则要回购发行的股票，发行股票的价格与股票面值可能不同，回购股票的价格也可能与发行价格不同，会计处理较为复杂。股份有限公司因减少注册资本而回购本公司股份的，应按实际支付的金额，借记“库存股”账户，贷记“银行存款”等账户。注销库存股时，应按股票面值和注销股数计算的股票面值总额，借记“股本”账户，按注销库存股的账面余额，贷记“库存股”账户，按其差额，冲减股票发行时原计入资本公积的溢价部分，借记“资本公积——股本溢价” 账户，回购价格超过上述冲减“股本”及“资本公积——股本溢价”账户的部分，应依次借记“盈余公积”“利润分配——未分配利润”等账户；如回购价格低于回购股份所对应的股本面值，借记“股本”账户，按注销库存股的账面余额，贷记“库存股”账户，按其差额，贷记“资本公积——股本溢价”账户。

【例7-4】大明公司截至20×8年12月31日共发行股票10 000 000股，股票面值为1元，资本公积（股本溢价）3 000 000元，盈余公积2 000 000元。经股东大会批准，大明公司以现金回购本公司股票1 000 000股并注销。假定大明公司按照每股1元的价格回购股票，不考虑其他因素，其账务处理如下：

库存股的成本=1 000 000×1=1 000 000（元）

借：库存股	1 000 000	
贷：银行存款		1 000 000

注销库存股时：

借：股本	1 000 000	
贷：库存股		1 000 000

假定大明公司以每股4元的价格回购股票，其他条件不变，其账务处理如下：

库存股的成本=1 000 000×4=4 000 000（元）

借：库存股	4 000 000	
贷：银行存款		4 000 000

注销库存股时：

借：股本	1 000 000	
资本公积——股本溢价	3 000 000	
贷：库存股		4 000 000

假定大明公司以每股0.9元的价格回购股票，其他条件不变，其账务处理如下：

库存股的成本=1 000 000×0.9=900 000（元）

借：库存股	900 000	
贷：银行存款		900 000

注销库存股时：

借：股本	1 000 000	
贷：库存股		900 000
资本公积——股本溢价		100 000

第三节 其他权益工具

企业发行的除普通股（作为实收资本或股本）以外，按照金融负债和权益工具区分原则分类为权益工具的其他权益工具，按照以下原则进行会计处理：

一、其他权益工具会计处理的基本原则

企业发行的金融工具应当按照金融工具准则进行初始确认和计量；其后，于每个资产负债表日计提利息或分派股利，按照相关具体企业会计准则进行处理。即企业应当以其所发行的金融工具所属分类为基础，确定该金融工具利息支出或股利分配等的会计处理。对于归类为权益工具的金融工具，无论其名称中是否包含“债”，其利息支出或股利分配都应当作为发行企业的利润分配，其回购、注销等作为权益的变动处理；对于归类为金融负债的金融工具，无论其名称中是否包含“股”，其利息支出或股利分配原则上按照借款费用进行处理，其回购或赎回产生的利得或损失等计入当期损益。

企业（发行方）发行金融工具，其发生的手续费、佣金等交易费用，如分类为债务工具且以摊余成本计量的，应当计入所发行工具的初始计量金额；如分类为权益工具的，应当从权益（其他权益工具）中扣除。

二、账户设置

金融工具发行方应当设置下列账户，对发行的金融工具进行会计核算：

1.发行方对于归类为金融负债的金融工具在“应付债券”账户核算。“应付债券”账户应当按照发行的金融工具种类进行明细核算，并在各类工具中按“面值”“利息调整”“应计利息”设置明细账，进行明细核算（发行方发行的符合流动负债特征并归类为流动负债的金融工具，以相关流动性质的负债类账户进行核算，本规

定在账务处理部分均以“应付债券”账户为例)。

对于需要拆分且形成衍生金融负债或衍生金融资产的，应将拆分的衍生金融负债或衍生金融资产按照其公允价值在“衍生工具”账户中核算。对于发行的且嵌入了非紧密相关的衍生金融资产或衍生金融负债的金融工具，如果发行方选择将其整体指定为以公允价值计量且其变动计入当期损益的金融资产或负债，则应在“交易性金融负债”账户中核算。

2.在所有者权益类账户中增设“其他权益工具”账户，核算企业发行的除普通股以外的归类为权益工具的各种金融工具。本账户应按发行金融工具的种类等进行明细核算。

三、主要账务处理

(一) 发行方的账务处理

1.发行方发行的金融工具归类为债务工具并以摊余成本计量的，应按实际收到的金额，借记“银行存款”等账户，按债务工具的面值，贷记“应付债券——优先股、永续债等（面值）”账户，按其差额，贷记（或借记）“应付债券——优先股、永续债等（利息调整）”账户。

在该工具存续期间，计提利息并对账面的利息进行调整等会计处理，按照金融工具确认和计量准则中有关金融负债按摊余成本后续计量的规定执行。

2.发行方发行的金融工具归类为权益工具的，应按实际收到的金额，借记“银行存款”等账户，贷记“其他权益工具——优先股、永续债”等账户。

分类为权益工具的金融工具，在存续期间分派股利的，作为利润分配处理。发行方应根据经批准的股利分配方案，按应分配给金融工具持有者的股利金额，借记“利润分配——应付优先股股利、应付永续债利息等”账户，贷记“应付股利——优先股股利、永续债利息等”账户。

3.发行方发行的金融工具为复合金融工具的，应按实际收到的金额，借记“银行存款”等账户，按金融工具的面值，贷记“应付债券——优先股、永续债（面值）等”账户，按负债成分的公允价值与金融工具面值之间的差额，借记（或贷记）“应付债券——优先股、永续债等（利息调整）”账户，按实际收到的金额扣除负债成分的公允价值后的金额，贷记“其他权益工具——优先股、永续债等”账户。

发行复合金融工具发生的交易费用，应当在负债成分和权益成分之间按照各自占总发行价款的比例进行分摊。与多项交易相关的共同交易费用，应当在合理的基础上，采用与其他类似交易一致的方法，在各项交易之间进行分摊。

4.发行的金融工具本身是衍生金融负债或衍生金融资产，或者内嵌了衍生金融负债或衍生金融资产的，按照金融工具确认和计量准则中有关衍生工具的规定进行处理。

5.由于发行的金融工具原合同条款约定的条件或事项随着时间的推移或经济环

境的改变而发生变化，导致原归类为权益工具的金融工具重分类为金融负债的，应当于重分类日，按该工具的账面价值，借记“其他权益工具——优先股、永续债等”账户，按该工具的面值，贷记“应付债券——优先股、永续债等（面值）”账户，按该工具的公允价值与面值之间的差额，借记（或贷记）“应付债券——优先股、永续债等（利息调整）”账户，按该工具的公允价值与账面价值的差额，贷记（或借记）“资本公积——资本溢价（或股本溢价）”账户，如资本公积不够冲减的，依次冲减盈余公积和未分配利润。发行方以重分类日计算的实际利率作为应付债券后续计量利息调整等的基础。

因发行的金融工具原合同条款约定的条件或事项随着时间的推移或经济环境的改变而发生变化，导致原归类为金融负债的金融工具重分类为权益工具的，应于重分类日，按金融负债的面值，借记“应付债券——优先股、永续债等（面值）”账户，按利息调整余额，借记（或贷记）“应付债券——优先股、永续债等（利息调整）”账户，按金融负债的账面价值，贷记“其他权益工具——优先股、永续债等”账户。

6.发行方按合同条款约定赎回所发行的除普通股以外的分类为权益工具的金融工具，按赎回价格，借记“库存股——其他权益工具”账户，贷记“银行存款”等账户；注销所购回的金融工具，按该工具对应的其他权益工具的账面价值，借记“其他权益工具”账户，按该工具的赎回价格，贷记“库存股——其他权益工具”账户，按其差额，借记（或贷记）“资本公积——资本溢价（或股本溢价）”账户，如资本公积不够冲减的，依次冲减盈余公积和未分配利润。

发行方按合同条款约定赎回所发行的分类为金融负债的金融工具，按该工具赎回日的账面价值，借记“应付债券”等账户，按赎回价格，贷记“银行存款”或“存放中央银行款项”等账户，按其差额，借记（或贷记）“财务费用”账户。

7.发行方按合同条款约定将发行的除普通股以外的金融工具转换为普通股的，按该工具对应的金融负债或其他权益工具的账面价值，借记“应付债券”“其他权益工具”等账户，按普通股的面值，贷记“实收资本（或股本）”账户，按其差额，贷记“资本公积——资本溢价（或股本溢价）”账户（如转股时金融工具的账面价值不足转换为1股普通股而以现金或其他金融资产支付的，还需按支付的现金或其他金融资产的金额，贷记“银行存款”等账户）。

（二）投资方的账务处理

金融工具投资方（持有人）考虑持有的金融工具或其他部分是权益工具还是债务工具投资时，应当遵循金融工具确认和计量准则的相关要求，通常应与发行方对金融工具的权益或负债属性的分类保持一致。例如，对于发行方归类为权益工具的非衍生金融工具，投资方通常应当将其归类为权益工具投资。

如果投资方因持有发行方发行的金融工具而对发行方拥有控制、共同控制或重大影响的，按照《企业会计准则第2号——长期股权投资》和《企业会计准则第20

号——企业合并》进行确认和计量；投资方需编制合并财务报表的，按照《企业会计准则第33号——合并财务报表》的规定编制合并财务报表。

第四节 资本公积和其他综合收益

一、资本公积的确认和计量

资本公积是企业收到投资者的超出其在企业注册资本（或股本）中所占份额的投资，以及其他资本公积。资本公积包括资本溢价（或股本溢价）和其他资本公积。

资本溢价（或股本溢价）是企业收到投资者的超出其在企业注册资本（或股本）中所占份额的投资。形成资本溢价（或股本溢价）的原因有溢价发行股票、投资者超额缴入资本等。企业应当设置“资本公积”账户进行相关会计处理。其贷方登记企业资本公积的增加数，借方登记资本公积的减少数，期末余额在贷方，反映企业资本公积实有数。该账户按“资本溢价（或股本溢价）”和“其他资本公积”明细账户进行会计核算。

（一）资本溢价或股本溢价的会计处理

1.资本溢价

投资者经营的企业（不含股份有限公司），投资者依其出资份额对企业经营决策享有表决权，依其所认缴的出资额对企业承担有限责任。明确记录投资者认缴的出资额，真实地反映各投资者对企业享有的权利与承担的义务，是会计处理应注意的问题。为此，会计上应设置“实收资本”账户，核算企业投资者按照公司章程所定的出资比例实际缴付的出资额。在企业创立时，出资者认缴的出资额全部记入“实收资本”账户。

在企业重组并有新的投资者加入时，为了维护原投资者的权益，新加入的投资者的出资额，并不一定全部作为实收资本处理。这是因为，在企业正常经营过程中投入的资金虽然与企业创立时投入的资金在数量上一致，但其获利能力却不一致。企业创立时，要经过筹建、试生产经营、为产品寻找市场、开辟市场等过程，从投入资金到取得投资回报，中间需要许多时间，并且这种投资具有风险性，在这个过程中资本利润率很低。企业进行正常生产经营后，在正常情况下，资本利润率要高于企业初创阶段，这高于初创阶段的资本利润率是初创时必要的垫支资本带来的，企业创办者为此付出了代价。因此，相同数量的投资，由于出资时间不同，其对企业的影响程度不同，由此而带给投资者的权利也不同，往往早期出资带给投资者的权利要大于后期出资带给投资者的权利。所以，新加入的投资者要付出大于原投资者的出资额，才能取得与原投资者相同的投资比例。另外，不仅原投资者原有投资从质量上发生了变化，就是从数量上也可能发生变化，这是因为企业经营过程中实现利润的一部分留在企业，形成留存收益，而留存收益也属于投资者权益，但其未转入实收资本。新加入的投资者如与投资者共享这部分留存收益，也要求其付出大于原有投资者的出资额，才能取得与原有投资者相同的投资比例。投资者投入的资本中按其投资比例计算的出资额部分，应记入“实收资本”账户，大于部分应记入“资本公积”账户。

例如D有限责任公司由甲、乙、丙三位股东各自出资100万元设立。设立时的实收资本为300万元。经过3年的经营，该企业留存收益为150万元。这时又有了丁投资者有意参加该企业，并表示愿意出资180万元，而仅占该企业股份的25%。在会计处理时，将丁股东投入资金中的100万元记入“实收资本”账户，其余80万元计入“资本公积——资本溢价”账户。

2.股本溢价

股份有限公司是以发行股票的方式筹集股本的，股票是企业签发的证明股东按其所持股份享有权利和承担义务的书面证明。由于股东按其所持企业股份享有权利和承担义务，为了反映和便于计算各股东所持股份占企业全部股本的比例，企业的股本总额应按股票的面值与股份总数的乘积计算。国家规定，实收股本总额应与注册资本相等。因此，为提供企业股本总额及其构成和注册资本等信息，在采用与股票面值相同的价格发行股票的情况下，企业发行股票取得的收入，应全部记入“股本”账户；在采用溢价发行股票的情况下，企业发行股票取得的收入，相当于股票面值的部分记入“股本”账户，超出股票面值的溢价收入记入“资本公积”账户。委托证券商代理发行股票而支付的手续费、佣金等，应从溢价发行收入中扣除，企业应按扣除手续费、佣金后的数额记入“资本公积”账户。

【例7-5】大明公司委托B证券公司代理发行普通股2 000 000股，每股面值1元，按每股1.2元的价格发行。公司与受托单位约定，按发行收入的3%收取手续费，从发行收入中扣除，收到的股款已存入银行。根据上述资料，大明公司应做以下账务处理：

公司收到受托发行单位交来的现金=2 000 000×1.2×（1−3%）=2 328 000（元）

应记入“资本公积”账户的金额 = 溢价发行收入 − 发行手续费 =2 000 000×（1.2−1）−2 000 000×1.2×3%

=328 000（元）

借：银行存款 2 328 000

　贷：股本 2 000 000

　　资本公积——股本溢价 328 000

（二）其他资本公积的会计处理

其他资本公积，是指除资本溢价（股本溢价）项目以外所形成的资本公积。

1.以权益结算的股份支付

以权益结算的股份支付换取职工或其他方提供服务的，应按照确定的金额，记入“管理费用”等账户，同时增加资本公积（其他资本公积）。在行权日，应按实际行权的权益工具数量计算确定的金额，借记“资本公积——其他资本公积”账户，按计入实收资本或股本的金额，贷记“实收资本”或“股本”账户，并将其差额记入“资本公积——资本溢价”或“资本公积——股本溢价”账户。

2.采用权益法核算的长期股权投资

长期股权投资采用权益法核算的，被投资单位除净损益、其他综合收益和利润分配以外的所有者权益的其他变动，投资企业按持股比例计算应享有的份额，应当增加或减少长期股权投资的账面价值，同时增加或减少资本公积（其他资本公积）。当处置采用权益法核算的长期投资时，应当将原记入资本公积（其他资本公积）的相关金额转入投资收益（除不能转入损益的项目外）。

（三）资本公积转增资本的会计处理

按照《公司法》的规定，法定公积金（资本公积和盈余公积）转为资本时，所留存的该项公积金不得少于转增前公司注册资本的25%。经股东大会或类似机构决议，用资本公积转增资本时，应冲减资本公积，同时按照转增前的实收资本（或股本）的结构或比例，将转增的金额记入“实收资本”（或“股本”）账户下各所有者的明细分类账。

二、其他综合收益的确认、计量及会计处理

其他综合收益是指企业根据其他会计准则规定未在当期损益中确认的各项利得和损失。其包括以后会计期间不能重分类进损益的其他综合收益和以后会计期间满足规定条件时将重分类进损益的其他综合收益两类。

1.以后会计期间不能重分类进损益的其他综合收益，主要包括重新计量设定受益计划净负债或净资产导致的变动，以及按照权益法核算因被投资单位重新计量设定受益计划净负债或净资产变动导致的权益变动，投资企业按持股比例计算确认的该部分其他综合收益项目以及在初始确认时，企业可以将非交易性权益工具指定为以公允价值计量且其变动计入其他综合收益的金融资产，该指定后不得撤销，即当该类非交易性权益工具终止确认时原计入其他综合收益的公允价值变动损益不得重分类进损益。

2.以后会计期间满足规定条件时将重分类进损益的其他综合收益，主要包括以下内容。

（1）符合金融工具准则规定，同时符合两个条件的金融资产应当分类为以公允价值计量且其变动计入其他综合收益：①企业管理该金融资产的业务模式既以收取合同现金流量为目标又以出售该金融资产为目标；②该金融资产的合同条款规定，在特定日期产生的现金流量，仅为对本金和以未偿付本金金额为基础的利息的支付。当该类金融资产终止确认时，之前计入其他综合收益的累积利得或损失应当从其他综合收益中转出，计入当期损益。

（2）按照金融工具准则规定，对金融资产重分类按规定可以将原计入其他综合收益的利得或损失转入当期损益的部分。

（3）采用权益法核算的长期股权投资。

采用权益法核算的长期股权投资，按照被投资单位实现其他综合收益以及持股比例计算应享有或分担的金额，调整长期股权投资的账面价值，同时增加或减少其

他综合收益，其会计处理为：借记（或贷记）“长期股权投资——其他综合收益”账户，贷记（或借记）“其他综合收益”账户，待该项股权投资处置时，将原计入其他综合收益的金额转入当期损益。

（4）存货或自用房地产转换为投资性房地产。

企业作为存货的房地产转换为采用公允价值模式计量的投资性房地产时，应当按该项房地产在转换日的公允价值，借记“投资性房地产——成本”账户，原已计提跌价准备的，借记“存货跌价准备”账户，按其账面余额，贷记“开发产品”等账户；同时，转换日的公允价值小于账面价值的，按其差额，借记“公允价值变动损益”等账户；转换日的公允价值大于账面价值的，按其差额，贷记“其他综合收益”账户。

企业将自用的建筑物等转换为采用公允价值模式计量的投资性房地产时，应当按该项房地产在转换日的公允价值，借记“投资性房地产——成本”账户，原已计提减值准备的，借记“固定资产减值准备”账户，按已计提的累计折旧等，借记“累计折旧”等账户，按其账面余额，贷记“固定资产”等账户；同时，转换日的公允价值小于账面价值的，按其差额，借记“公允价值变动损益”账户，转换日的公允价值大于账面价值的，按其差额，贷记“其他综合收益”账户。待该项投资性房地产处置时，因转换计入其他综合收益的部分应转入当期损益。

（5）现金流量套期工具产生的利得或损失中属于有效套期的部分。

现金流量套期工具利得或损失中属于有效套期的部分，直接确认为其他综合收益。

（6）外币财务报表折算差额。

按照外币折算的要求，企业在处置境外经营的当期，将已列入合并财务报表所有者权益的外币折算差额中与该境外经营相关部分，自其他综合收益项目转入处置当期损益，如果是部分处置境外经营，应当按处置的比例计算处置部分的外币报表折算差额，转入处置当期损益。

第五节　留存收益

留存收益，是指企业通过生产经营活动，从历年实现的利润中提取或留存于企业的内部积累，是指归所有者共有的，由收益转化而形成的所有者权益，主要包括盈余公积和未分配利润。

一、盈余公积

（一）盈余公积概述

盈余公积是指企业按照规定从净利润中提取的各种积累资金。盈余公积的提取实际上是企业当期实现的净利润向投资者分配利润的一种限制。提取盈余公积本身就属于利润分配的一部分，提取盈余公积相对应的资金，一经提取形成盈余公积后，在一般情况下不得用于向投资者分配利润或股利。

公司制企业的盈余公积分为法定公积金和任意公积金，两者的区别就在于其各自计提的依据不同。前者以国家的法律或行政规章为依据提取；后者则由企业自行决定提取。

根据《公司法》等有关法规的规定，企业当年实现的净利润，一般应当按照如下顺序进行分配：

1.提取法定公积金

公司制企业的法定公积金按照税后利润的10%的比例提取（非公司制企业也可按照超过10%的比例提取），在计算提取法定盈余公积的基数时，不应包括企业年初未分配利润。公司法定公积金累计额为公司注册资本的50%以上时，可以不再提取法定公积金。公司的法定公积金不足以弥补以前年度亏损的，在提取法定公积金之前，应当先用当年利润弥补亏损。

2.提取任意公积金

公司从税后利润中提取法定公积金后，经股东会或者股东大会决议，还可以从税后利润中提取任意公积金。非公司制企业经类似权力机构批准，也可提取任意盈余公积。

3.向投资者分配利润或股利

公司弥补亏损和提取公积金后所余税后利润，有限责任公司股东按照实缴的出资比例分取红利，但是全体股东约定不按照出资比例分取红利的除外；股份有限公司按照股东持有的股份比例分配，但股份有限公司规程规定不按持股比例分配的除外。股东会、股东大会或者董事会违反规定，在公司弥补亏损和提取法定公积金之前向股东分配利润的，股东必须将违反规定分配的利润退还给公司。公司持有的本公司股份不得分配利润。

（二）盈余公积的用途

企业提取的盈余公积主要可以用于以下几个方面：

1.弥补亏损

企业发生亏损时，应由企业自行弥补。弥补亏损的渠道主要有以下三条：一是用以后年度税前利润弥补。按照现行制度规定，企业发生亏损时，可以用以后5年内实现的税前利润弥补，即税前利润弥补亏损的期间为5年。二是用以后年度税后利润弥补。企业发生的亏损经过5年期间未弥补足额的，未弥补亏损应用所得税后的利润弥补。三是以盈余公积弥补亏损。企业以提取的盈余公积弥补亏损时，应当由公司董事会提议，并经股东大会批准。

2.转增资本

企业将盈余公积转增资本时，必须经股东大会决议批准。在实际将盈余公积转增资本时，要按股东原有持股比例结转。企业提取的盈余公积，无论是用于弥补亏损，还是用于转增资本，只不过是在所有者权益内部结构上的调整，如企业以盈余公积弥补亏损时，实际是减少盈余公积留存的数额，以此抵补未弥补亏损的数额，并不是引起企业所有者权益总额的变动；企业以盈余公积转增资本时，也只是减少盈余公积结存的数额，但同时增加企业实收资本或股本的数额，也并不引起所有者权益总额的变动。

3.扩大企业生产经营

盈余公积的用途，并不是指其实际占用形态，提取盈余公积也不是单独将这部分资金从企业资金周转过程中抽出。企业盈余公积的结存数，实际只表现为企业所有者权益的组成部分，表明企业生产经营资金的一个来源而已。其形成的资金可能表现为一定的货币资金，也可能表现为一定的实物资产，如存货和固定资产等，随同企业的其他来源所形成的资金进行循环周转，用于企业的生产经营。

（三）盈余公积的确认和计量

为了反映盈余公积的形成及使用情况，企业应设置"盈余公积"账户。该账户贷方登记盈余公积的增加，借方登记盈余公积的减少，期末贷方余额，反映企业按规定提取的盈余公积余额。该账户应当分别"法定盈余公积""任意盈余公积"进行明细核算。外商投资企业还应分别"储备基金""企业发展基金"进行明细核算。

企业按规定提取的盈余公积，借记"利润分配——提取法定盈余公积""利润分配——提取任意盈余公积"账户，贷记"盈余公积——法定盈余公积""盈余公积——任意盈余公积"账户。

外商投资企业按规定提取的储备基金、企业发展基金、职工奖励及福利基金，借记"利润分配——提取储备基金""利润分配——提取企业发展基金""利润分配——提取职工奖励及福利基金"账户，贷记"盈余公积——储备基金""盈余公积——企业发展基金""应付职工薪酬"账户。

企业用盈余公积弥补亏损或转增资本，借记"盈余公积"账户，贷记"利润分配——盈余公积补亏""实收资本"或"股本"账户。经股东大会决议，用盈余公积派送新股，按派送新股计算的金额，借记"盈余公积"账户，按股票面值和派送新股总数计算的股票面值总额，贷记"股本"账户。

同步思考7-1

企业提取的盈余公积的基数是否应包含年初未分配利润？为什么？

理解要点：盈余公积是企业按照规定从净利润中提取的各种积累资金，包括法定公积金和任意公积金。《公司法》规定，计提法定公积金和任意公积金的基数为本年度实现的净利润，不包括年初未分配利润。因为年初未分配利润是以前年度累计未分配利润。如果企业以前年度是亏损的，就必须先弥补以前年度亏损后再提取盈余公积。

二、未分配利润

（一）未分配利润概述

未分配利润是企业留待以后年度进行分配的结存利润，也是企业所有者权益的组成部分。相对于所有者权益的其他部分来讲，企业对于未分配利润的使用分配有较大的自主权。从数量上来讲，未分配利润也就是期末未分配利润，是期初未分配利润加上本期实现的净利润，减去提取的各种盈余公积和分出的利润后的余额。

（二）未分配利润的会计处理

在会计处理上，未分配利润是通过“利润分配”账户进行核算的，“利润分配”账户核算企业利润的分配（或亏损的弥补）和历年分配（或弥补）后的积存余额。该账户的借方登记按规定实际分配的利润数，或年终时从“本年利润”账户的贷方转来的当年亏损总额；贷方登记年终时从“本年利润”账户借方转来的当年实现的净利润总额；年终贷方余额表示历年积存的未分配利润，如为借方余额，则表示历年积存的未弥补亏损。“利润分配”账户应当分别“提取法定盈余公积”“提取任意盈余公积”“应付现金股利或利润”“转作股本的股利”“盈余公积补亏”“未分配利润”等进行明细核算。

1.分配股利或利润的会计处理

经股东大会或类似机构决议，分配给股东或投资者的现金股利或利润，借记“利润分配——应付现金股利或利润”账户，贷记“应付股利”账户。经股东大会或类似机构决议，分配给股东的股票股利，应在办理增资手续后，借记“利润分配——转作股本的股利”账户，贷记“股本”账户。

2.期末结转的会计处理

企业期末结转利润时，应将各损益类科目的余额转入“本年利润”账户，结平各损益类账户。结转后“本年利润”的贷方余额为当期实现的净利润，借方余额为当期发生的净亏损。年度终了，应将本年收入和支出相抵后结出的本年实现的净利润或净亏损，转入“利润分配——未分配利润”账户。同时，将“利润分配”账户所属的其他明细科目的余额，转入“未分配利润”明细账户。结转后，“未分配利润”明细账户的贷方余额，就是未分配利润的金额；如出现借方余额，则表示未弥补亏损的金额。“利润分配”账户所属的其他明细账户应无余额。

3.弥补亏损的会计处理

企业在生产经营过程中既有可能发生盈利，也有可能出现亏损。企业在当年发生亏损的情况下，与实现利润的情况相同，应当将本年发生的亏损自“本年利润”账户转入“利润分配——未分配利润”账户，借记“利润分配——未分配利润”账户，贷记“本年利润”账户，结转后“利润分配”账户的借方余额，即为未弥补亏损的数额。然后通过“利润分配”账户核算有关亏损的弥补情况。

由于未弥补亏损形成的时间长短不同等原因，以前年度未弥补亏损有的可以当年实现的税前利润弥补，有的则需用税后利润弥补。以当年实现的利润弥补以前年度结转的未弥补亏损，不需要进行专门的账务处理。企业应将当年实现的利润自“本年利润”账户转入“利润分配——未分配利润”账户的贷方，其贷方发生额与“利润分配——未分配利润”账户的借方余额自然抵补。无论是以税前利润还是以税后利润弥补亏损，其会计处理方法均相同。但是，两者在计算缴纳所得税时的处理是不同的。在以税前利润弥补亏损的情况下，其弥补的数额可以抵减当期企业应纳税所得额，而以税后利润弥补的数额，则不能作为纳税所得扣除处理。

【例7-6】大明公司的股本为20 000 000元，每股面值1元，20×7年年初的未分配利润为贷方5 000 000元，20×7年实现的净利润为3 000 000元。

假定公司按照20×7年实现净利润的10%提取法定盈余公积，5%提取任意盈余公积，同时向股东按每股0.1元派发现金股利，按每10股送3股的比例派发股票股利。20×8年3月15日，公司以银行存款支付了全部现金股利，新增股本也已经办理完股权登记和相关增值手续。大明公司的账务处理如下。

（1）20×7年度终了时，企业结转本年实现的净利润：

借：本年利润　　3 000 000

　贷：利润分配——未分配利润　　3 000 000

（2）提取法定盈余公积和任意盈余公积：

借：利润分配——提取法定盈余公积　　300 000

　　　　　　——提取任意盈余公积　　150 000

　贷：盈余公积——法定盈余公积　　300 000

　　　　　　　——任意盈余公积　　150 000

（3）结转“利润分配”的明细账户：

借：利润分配——未分配利润　　450 000

　贷：利润分配——提取法定盈余公积　　300 000

　　　　　　　——提取任意盈余公积　　150 000

大明公司20×7年年底“利润分配——未分配利润”账户的余额为：

“利润分配——未分配利润”账户余额=5 000 000+3 000 000−450 000=7 550 000（元）

即贷方余额为7 550 000元，反映企业的累计未分配利润为7 550 000元。

（4）批准发放现金股利：

发放现金股利金额=20 000 000×0.1=2 000 000（元）

借：利润分配——应付现金股利　　2 000 000

　贷：应付股利　　2 000 000

20×8年3月15日实际发放现金股利：

借：应付股利　　2 000 000

　贷：银行存款　　2 000 000

（5）20×8年3月15日，发放股票股利：

发放股票股利金额=20 000 000×1×30%= 6 000 000（元）

借：利润分配——转作股本的股利　　6 000 000

　贷：股本　　　　6 000 000

■ 本章内容结构图（如图7-1所示）

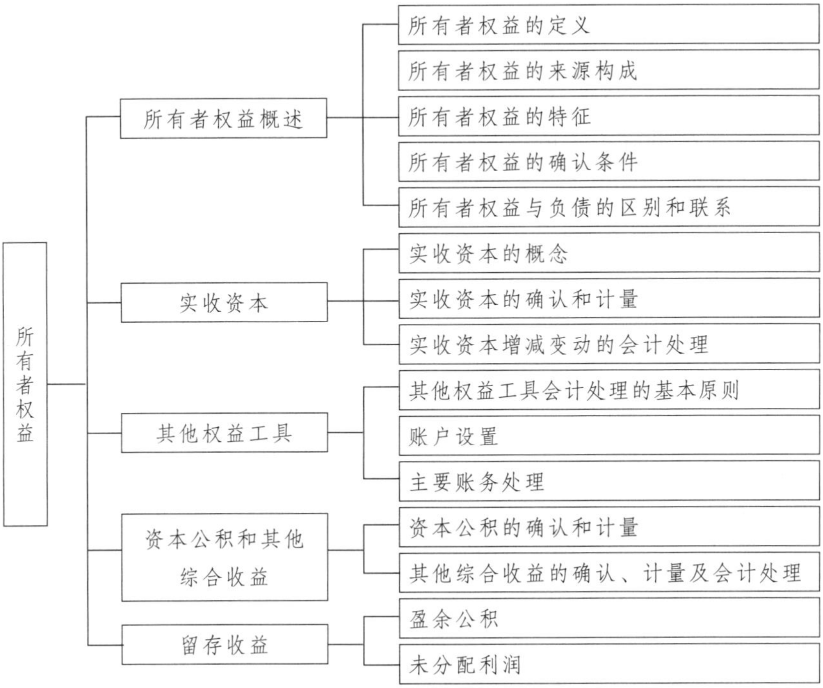

图7-1　本章内容结构图

■ 复习思考题

1.什么是所有者权益？所有者权益的来源有哪些？

2.所有者权益和负债有何区别和联系？

3.资本公积的内容有哪些？它与实收资本和盈余公积有何联系和区别？

4.留存收益的内容有哪些？各有什么用途？

■本章小结

所有者权益是指企业资产扣除负债后由所有者享有的剩余权益。公司的所有者权益又称为股东权益。

所有者权益的来源包括所有者投入的资本、直接计入所有者权益的利得和损失、留存收益等。通常由实收资本（或股本）、其他权益工具、资本公积（含资本溢价或股本溢价、其他资本公积)、其他综合收益、盈余公积和未分配利润构成。

实收资本是投资者投入资本形成法定资本的价值。

其他权益工具是企业发行的除普通股（作为实收资本或股本）以外，按照金融负债和权益工具区分原则归类为权益工具的各种权益工具。

资本公积是企业收到投资者的超出其在企业注册资本（或股本）中所占份额的投资，以及其他资本公积等。

其他综合收益是指企业根据其他会计准则规定未在当期损益中确认的各项利得和损失。

留存收益，是指企业通过生产经营活动，从历年实现的利润中提取或留存于企业的内部积累。

未分配利润是企业留待以后年度进行分配的结存利润，也是企业所有者权益的组成部分。

■ 关键概念

所有者权益　实收资本　其他权益工具　资本公积　留存收益　盈余公积　未分配利润

■ 案例分析题

A、B、C、D四家公司决定各出资50万元组建一家新公司甲，但投资协议规定只有A和B公司为投资方，其中A公司占25%的股权，B公司占75%的股权，C公司和D公司各将投资款50万元汇入B公司银行账户，由B公司代为出资。

问题：

（1）以上投资是否违反规定？是否存在税收风险？

（2）B公司如何进行会计处理？B公司的长期股权投资应该是50万元，还是150万元？

（3）甲公司的利润分配如何通过B公司转给C公司和D公司？

二维码7-2：关于所有者权益

第八章
收入、费用、利润及分配

学习目标

◇了解利润分配的内涵及分配顺序。

◆理解收入的内涵，掌握收入确认和计量的五个步骤。

◆理解费用的内涵，了解费用与成本的关系。

◆理解利润的内涵，掌握利润的核算。

◆理解所得税费用的有关概念，理解资产、负债的计税基础和暂时性差异，掌握所得税费用的核算。

二维码8-1：关于企业所得税避税

★掌握收入、费用、利润及分配的基本内容与计算方法。

★掌握费用确认和计量的方法、期间费用的会计处理方法。

★掌握利润分配的会计核算。

第一节 收入

一、收入的定义及分类

（一）收入的定义

收入，是指企业在日常活动中形成的、会导致所有者权益增加的、与所有者投入资本无关的经济利益的总流入，包括主营业务收入和其他业务收入，不包括为第三方或者客户代收的款项。收入具有以下四个特征：

（1）收入是从企业的日常经营活动中产生的，而不是从偶发的交易或事项中产生的。

收入定义中的“日常活动”，指的是企业为完成经营目标而从事的经常性活动，以及与之相关的其他活动。例如，商品流通企业从事商品销售活动，金融企业从事贷款业务、证券投资，工业企业制造和销售产品等，都属于日常活动。企业所进行的一些活动并不是经常发生的，比如工业企业出售作为原材料的存货，在这种情况下，虽然活动不是经常发生的，但因与日常经营活动直接相关，因此取得的款项也属于收入核算的范围。有些交易或事项虽然也能为企业带来经济利益，但不是从企业的日常活动中产生的，不属于企业收入的核算范围，而作为营业外收入进行处理。例如，捐赠利得，是企业接受的捐赠和债务豁免，这不是企业的经营目标，不属于企业的日常活动，因此接受捐赠获得的收益不作为企业收入。

（2）收入可能表现为企业资产的增加，也可能表现为企业负债的减少，或者二者兼而有之。

收入为企业带来经济利益的形式多种多样，既可能表现为企业资产的增加，如增加银行存款、形成应收款项，也可能表现为企业负债的减少，如以商品或劳务抵偿债务，还可能是二者的组合，如以商品抵偿债务，同时收取部分现金。

（3）收入将引起企业所有者权益的增加。

企业取得收入一定能导致所有者权益的增加，但是，收入扣除相关成本费用后的净额则可能增加所有者权益，也可能减少所有者权益。由于收入是经济利益的总流入，所以收入一定能引起企业所有者权益的增加。

（4）收入只包括本企业经济利益的流入，不包括为第三方或者客户代收的款项。

企业为第三方或者客户代收的款项，如增值税、代收利息等，一方面增加企业的资产，另一方面增加企业的负债，因此，不增加企业的所有者权益，因而不能作为本企业的收入处理。

（二）收入的分类

按照企业从事日常活动对企业的重要性，可将收入分为主营业务收入、其他业务收入等。其中，主营业务收入是指企业为完成其经营目标从事的经常性活动实现的收入。例如，工业企业制造并销售产品、商品流通企业销售商品、保险公司签发保单、咨询公司提供咨询服务、软件开发企业为客户开发软件、安装公司提供安装服务、商业银行提供贷款、租赁公司出租资产等实现的收入，根据其性质的不同，分别通过“主营业务收入”“利息收入”“保费收入”等账户进行核算。其他业务收入是指与企业为完成其经营目标所从事的经常性活动相关的活动实现的收入。例如，工业企业对外销售不需要使用的原材料、对外转让无形资产使用权等。这些活动形成的经济利益的总流入也构成收入，属于企业的其他业务收入，通过“其他业务收入”账户进行核算。

二、收入的确认与计量

根据财政部2017年发布的收入准则，收入的确认和计量大致分为五步：第一步，识别与客户订立的合同；第二步，识别合同中的单项履约义务；第三步，确定交易价格；第四步，将交易价格分摊至各单项履约义务；第五步，履行各单项履约义务时确认收入。其中，第一步、第二步和第五步主要与收入的确认有关，第三步和第四步主要与收入的计量有关。

（一）收入的确认

1.识别与客户订立的合同

（1）收入确认的原则。

企业应当在履行合同中的履约义务时，即在客户取得相关商品控制权时确认收入。取得相关商品控制权，是指能够主导该商品的使用并从中获得几乎全部的经济利益，也包括有能力阻止其他方主导该商品的使用并从中获得经济利益。取得商品控制权包括以下三个要素：

①能力，即客户必须拥有现时权利，能够主导该商品的使用并从中获得几乎全部经济利益。

②主导该商品的使用。客户有能力主导该商品的使用，是指客户有权使用该商品，或者能够允许或阻止其他方使用该商品。

③能够获得几乎全部的经济利益。商品的经济利益，是指该商品的潜在现金流量，既包括现金流入的增加，也包括现金流出的减少。客户可以通过很多方式直接或间接地获得商品的经济利益，例如使用、消耗、出售或持有该商品、使用该商品提升其他资产的价值，以及将该商品用于清偿债务、支付费用或抵押等。

（2）收入确认的前提条件。

企业与客户之间的合同同时满足下列条件的，企业应当在客户取得相关商品控制权时确认收入：①合同各方已批准该合同并承诺将履行各自义务；②该合同明确了合同各方与所转让的商品（或提供的服务，以下简称转让的商品）相关的权利和义务；③该合同有明确的与所转让的商品相关的支付条款；④该合同具有商业实质，即履行该合同将改变企业未来现金流量的风险、时间分布或金额；⑤企业因向客户转让商品而有权取得的对价很可能收回。在进行上述判断时，需要注意以下三点：

A.合同约定的权利和义务是否具有法律约束力，需要根据企业所处的法律环境和实务操作进行判断，包括合同订立的方式和流程、具有法律约束力的权利和义务的时间等。对于合同各方均有权单方面终止完全未执行的合同，且无须对合同其他方做出补偿的，企业应当视为该合同不存在。

B.合同具有商业实质，是指履行该合同将改变企业未来现金流量的风险、时间分布或金额。

C.企业在评估其因向客户转让商品而有权取得的对价是否很可能收回时，仅应考虑客户到期时支付对价的能力和意图（即客户的信用风险）。企业在进行判断时，应当考虑是否存在价格折让。存在价格折让的，应当在估计交易价格时进行考虑。企业预期很可能无法收回全部合同对价时，应当判断其原因是客户的信用风险还是企业向客户提供了价格折让所致。

对于不能同时满足上述收入确认的五个条件的合同，企业只有在不再负有向客户转让商品的剩余义务（例如，合同已完成或取消），且已向客户收取的对价（包括全部或部分对价）无须退回时，才能将已收取的对价确认为收入；否则，应当将已收取的对价作为负债进行会计处理。其中，企业向客户收取无须退回的对价的，应当在已经将该部分对价所对应的商品的控制权转移给客户，并且已不再向客户转让额外的商品且不再负有此类义务时，将该部分对价确认为收入；或者，在相关合同已经终止时，将该部分对价确认为收入。

【例8-1】大明公司与恒兴公司签订合同，向其销售一栋建筑物，合同价为100万元。该建筑物的成本为60万元，恒兴公司在合同开始日即取得了该建筑物的控制权。根据合同约定，恒兴公司在合同开始日支付了5%的保证金5万元，并就剩余95%的价款与大明公司签订了不附追索权的长期融资协议，如果恒兴公司违约，那么大明公司可重新拥有该建筑物，即使收回的建筑物不能涵盖所欠款项的总额，大明公司也不能向恒兴公司索取进一步赔偿。恒兴公司计划在该建筑物内开设一家餐馆。在该建筑物所在的地区，餐饮行业面临激烈的竞争，但恒兴公司缺乏餐饮行业的经营经验。

本例中，恒兴公司计划以该餐馆产生的收益偿还大明公司的欠款，除此之外并无其他的经济来源，恒兴公司也未对该笔欠款设定任何担保。如果恒兴公司违约，大明公司虽然可重新拥有该建筑物，但即使收回的建筑物不能涵盖所欠款项的总额，大明公司也不能向恒兴公司索取进一步的赔偿。因此，大明公司对恒兴公司还款的能力和意图存在疑虑，认为该合同不满足合同价款很可能收回的条件。大明公司应当将收到的5万元确认为一项负债。

2.识别合同中的单项履约义务

合同开始日，企业应当对合同进行评估，识别该合同所包含的各单项履约义务，并确定各单项履约义务是在某一时段内履行，还是在某一时点履行，然后，在履行了各单项履约义务后，分别确认收入。履约义务，是指合同中企业向客户转让可明确区分商品的承诺。企业应当将下列向客户转让商品的承诺作为单项履约义务：

（1）企业向客户转让可明确区分商品（或者商品或服务的组合）的承诺。企业向客户承诺的商品同时满足下列条件的，应当作为可明确区分商品：一是客户能够从该商品本身或者从该商品与其他易于获得的资源一起使用中受益，即该商品能够明确区分；二是企业向客户转让该商品的承诺与合同中其他承诺可单独区分，即转让该商品的承诺在合同中是可明确区分的。当企业需提供重大的服务以将该商品与合同中承诺的其他商品进行整合，形成合同约定的某个或某些组合产出转让给客户，或该商品将对合同中承诺的其他商品予以重大修改或定制，或该商品与合同中承诺的其他商品具有高度关联性时，企业向客户转让商品的承诺与合同中的其他承诺不可明确区分。例如，企业为客户建造写字楼的合同中，企业向客户提供的砖头、水泥、人工等都能够使客户获益，但是，在该合同下，企业对客户承诺的是为其建造一栋写字楼，而并非提供这些砖头、水泥和人工等，企业需提供重大的服务将这些商品或服务进行整合，以形成合同约定的一项组合产出（即写字楼）转让给客户。因此，在该合同中，砖头、水泥和人工等商品或服务彼此之间不能单独区分。

需要说明的是，企业向客户销售商品时，往往约定企业需要将商品运送至客户指定的地点。通常情况下，商品控制权转移给客户之前发生的运输活动不构成单项履约义务；相反，商品控制权转移给客户之后发生的运输活动可能表明企业向客户提供了一项运输服务，企业应当考虑该项服务是否构成单项履约义务。

（2）企业向客户转让一系列实质相同且转让模式相同的、可明确区分商品的承诺。企业应当将实质相同且转让模式相同的一系列商品作为单项履约义务，即使这些商品可明确区分。其中，转让模式相同，是指每一项可明确区分商品均满足在某一时段内履行履约义务的条件，且采用相同方法确定其履约进度。例如，每天为客户提供保洁服务的长期劳务合同等。企业在判断所转让的一系列商品是否实质相同时，应当考虑合同中承诺的性质，如果企业承诺的是提供确定数量的商品，那么需要考虑这些商品本身是否实质相同；如果企业承诺的是在某一期间内随时向客户提供某项服务，则需要考虑企业在该期间内的各个时间段（如每天或每小时）的承诺是否相同，而并非具体的服务行为本身。例如，企业向客户提供2年的酒店管理服务，具体包括保洁、维修、安保等，但没有具体的服务次数或时间的要求，尽管企业每天提供的具体服务不一定相同，但是企业每天对于客户的承诺都是相同的，因此，该服务符合“实质相同”的条件。

企业为履行合同而应开展的初始活动，通常不构成履约义务，除非该活动向客户转让了承诺的商品。例如，某俱乐部为注册会员建立档案，该活动并未向会员转让承诺的商品，因此不构成单项履约义务。

3.履行每一单项履约义务时确认收入

企业应当在履行合同中的履约义务时，即在客户取得相关商品控制权时确认收入。企业应当根据实际情况，首先判断履约义务是否满足在某一时段内履行的条件，如不满足，则该履约义务属于在某一时点履行的履约义务。对于在某一时段内履行的履约义务，企业应当选取恰当的方法来确定履约进度；对于在某一时点履行的履约义务，企业应当综合分析控制权转移的迹象，判断其转移时点。

（1）在某一时段内履行的履约义务的收入确认条件。满足下列条件之一的，属于在某一时段内履行的履约义务，相关收入应当在该履约义务履行的期间内确认。

①客户在企业履约的同时即取得并消耗企业履约所带来的经济利益。企业在进行判断时，可以假定在企业履约的过程中更换为其他企业继续履行剩余履约义务，如果该继续履行合同的企业实质上无须重新执行企业累计至今已经完成的工作，则表明客户在企业履约的同时即取得并消耗了企业履约所带来的经济利益。例如，企业承诺将客户的一批货物从A市运送到B市，假定该批货物在途经C市时，由另外一家运输公司接替企业继续提供该运输服务，由于A市到C市之间的运输服务是无须重新执行的，因此表明客户在企业履约的同时即取得并消耗了企业履约所带来的经济利益，因此，企业提供的运输服务属于在某一时段内履行的履约义务。

②客户能够控制企业履约过程中在建的商品。企业在履约过程中创建的商品包括在产品、在建工程、尚未完成的研发项目、正在进行的服务等，如果客户在企业生产商品的过程中就能够控制这些商品，应当认为企业提供该商品的履约义务属于在一段时期内履行的履约义务。例如，企业与客户签订合同，在客户拥有的土地上按照客户的设计要求为其建造厂房。在建造过程中客户有权修改厂房设计，并与企业重新协商设计变更后的合同款。客户每月末按当月工程进度向企业支付工程款。如果客户终止合同，已完成建造部分的厂房归客户所有。这说明客户在该厂房建造

的过程中能够控制该在建的厂房，因此，企业提供的该建造服务属于在某一时段内履行的履约义务。

③企业履约过程中所产出的商品具有不可替代用途，且该企业在整个合同期间内有权就累计至今已完成的履约部分收取款项。在判断商品是否具有不可替代用途时，企业既应当考虑合同限制，也应当考虑实际可行性限制，但无须考虑合同被终止的可能性。企业在整个合同期间内有权就累计至今已完成的履约部分收取款项，是指在由于客户或其他方原因终止合同的情况下，企业有权就累计至今已完成的履约部分收取能够补偿其已发生成本和合理利润的款项，并且该权利具有法律约束力。需要强调的是，合同终止必须由于客户或其他方（即由于企业未按照合同承诺履约之外的其他原因）而非企业自身的原因所致，在整个合同期间内的任一时点，企业均应当拥有此项权利。例如，大明公司是一家造船企业，与恒兴公司签订了一份船舶建造合同，按照恒兴公司的具体要求设计和建造船舶。大明公司如果想把该船舶出售给其他客户，需要发生重大的改造成本。双方约定，如果恒兴公司单方面解约，恒兴公司需向大明公司支付相当于合同总价30%的违约金，且建造中的船舶归大明公司所有。由于船舶是按照恒兴公司的具体要求进行设计和建造的，大明公司需要发生重大的改造成本将该船舶改造之后才能将其出售给其他客户，因此，该船舶具有不可替代用途。然而，如果恒兴公司单方面解约，仅需向大明公司支付相当于合同总价30%的违约金，表明大明公司无法在整个合同期间内都有权就累计至今已完成的履约部分收取能够补偿其已发生成本和合理利润的款项。因此，大明公司为恒兴公司设计和建造船舶不属于在某一时段内履行的履约义务。

（2）在某一时段内履行的履约义务的收入确认方法。对于在某一时段内履行的履约义务，企业应当在该段时间内按照履约进度确认收入，履约进度不能合理确定的除外。企业应当考虑商品的性质，采用产出法或投入法确定恰当的履约进度，并且在确定履约进度时，应当扣除那些控制权尚未转移给客户的商品和服务。

①产出法。产出法主要是根据已转移给客户的商品对于客户的价值确定履约进度，主要包括按照实际测量的完工进度、评估已实现的结果、已达到的里程碑、时间进度、已完工或交付的产品等确定履约进度的方法。企业在评估是否采用产出法确定履约进度时，应当考虑所选择的产出指标是否能够如实地反映向客户转移商品的进度。

【例8-2】大明公司与客户签订合同，为该客户拥有的一条铁路更换100根铁轨，合同价格为10万元（不含税价）。截至20×7年12月31日，大明公司共更换铁轨60根，剩余部分预计在20×8年3月31日之前完成。该合同仅包含一项履约义务，且该履约义务满足在某一时段内履行的条件。假定不考虑其他情况。

本例中，大明公司提供的更换铁轨的服务属于在某一时段内履行的履约义务，大明公司按照已完成的工作量确定履约进度。因此，截至20×7年12月31日，该合同的履约进度为60%（60÷100×100%），大明公司应确认的收入为6万元（10万元×60%）。

产出法是直接计量已完成的产出，一般能够客观地反映履约进度。当产出法所需要的信息可能无法直接通过观察获得，或者为获得这些信息需要花费很高的成本时，可采用投入法。

②投入法。投入法主要是根据企业履行履约义务的投入确定履约进度，主要包括以投入的材料数量、花费的人工工时或机器工时、发生的成本和时间进度等投入指标确定履约进度。当企业从事的工作或发生的投入是在整个履约期间内平均发生时，按照直线法确认收入是合适的。由于企业的投入与向客户转移商品的控制权之间未必存在直接的对应关系，因此，企业在采用投入法时，应当扣除那些虽然已经发生但是未导致向客户转移商品的投入。实务中，企业通常按照累计实际发生的成本占预计总成本的比例（即成本法）确定履约进度，累计实际发生的成本包括企业向客户转移商品过程中所发生的直接成本和间接成本，如直接人工、直接材料、分包成本以及其他与合同相关的成本。

（3）在某一时点履行的履约义务。对于在某一时点履行的履约义务，企业应当在客户取得相关商品控制权时点确认收入。在判断客户是否已取得商品控制权时，企业应当鉴别是否出现下列迹象：

①企业就该商品享有现时收款权利，即客户就该商品负有现时付款义务。如果企业就该商品享有现时的收款权利，则可能表明客户已经有能力主导该商品的使用并从中获得几乎全部的经济利益。

②企业已将该商品的法定所有权转移给客户，即客户已拥有该商品的法定所有权。客户如果取得了商品的法定所有权，则可能表明其已经有能力主导该商品的使用并从中获得几乎全部的经济利益，或者能够阻止其他企业获得这些经济利益。如果企业仅仅是为了确保到期收回货款而保留商品的法定所有权，那么企业所保留的这项权利通常不会对客户取得对该商品的控制权构成障碍。

③企业已将该商品实物转移给客户，即客户已实际占有该商品。客户如果已经实际占有商品，则可能表明其有能力主导该商品的使用并从中获得几乎全部的经济利益，或者使其他企业无法获得这些利益。需要说明的是，客户占有了某项商品的实物并不意味着其就一定取得了该商品的控制权，反之亦然。例如，在采用支付手续费方式的委托代销安排下，虽然企业作为委托方已将商品发送给受托方，但是受托方并未取得该商品的控制权，因此，企业不应在向受托方发货时确认销售商品的收入，而仍然应当根据控制权是否转移来判断何时确认收入，通常应当在受托方售出商品时确认销售商品收入；受托方应当在商品销售后，按合同或协议约定的方法计算确定的手续费确认收入。

④企业已将该商品所有权上的主要风险和报酬转移给客户，即客户已取得该商品所有权上的主要风险和报酬。企业在判断时，不应当考虑保留了除转让商品之外产生其他履约义务的风险的情形。例如，企业将产品销售给客户，并承诺提供后续

维护服务，销售产品和维护服务均构成单项履约义务，企业保留的因维护服务而产生的风险并不影响企业有关主要风险和报酬转移的判断。

⑤客户已接受该商品。企业在判断是否已经将商品的控制权转移给客户时，应当考虑客户是否已接受该商品，特别是客户的验收是否仅仅是一个形式。如果企业能够客观地确定其已经按照合同约定的标准和条件将商品的控制权转移给客户，那么客户验收可能只是一个形式，并不会影响企业判断客户取得该商品控制权的时点。

⑥其他表明客户已取得商品控制权的迹象。

需要强调的是，在上述迹象中，并没有哪一个或哪几个迹象是决定性的，企业应当根据合同条款和交易实质进行分析，综合判断其是否以及何时将商品的控制权转移给客户，从而确定收入确认的时点。

（二）收入的计量

1.确定交易价格

交易价格，是指企业因向客户转让商品而预期有权收取的对价金额。合同标价并不一定代表交易价格，企业应当根据合同条款，并结合以往的习惯做法等确定交易价格。企业在确定交易价格时，应当假定将按照现有合同的约定向客户转让商品，且该合同不会被取消、续约或变更。

（1）存在可变对价时的处理

企业与客户的合同中约定的对价金额可能会因折扣、价格折让、返利退款、奖励积分、激励措施、业绩奖金、索赔等因素而变化。此外，根据一项或多项或有事项的发生而收取不同对价金额的合同，也属于可变对价的情形。企业在判断合同中是否存在可变对价时，不仅应当考虑合同条款的约定，还应当考虑下列情况：一是根据企业已公开宣布的政策、特定声明或者以往的习惯做法等，客户能够合理预期企业将会接受低于合同约定的对价金额，即企业会以折扣、返利等形式提供价格折让；二是其他相关事实和情况表明企业在与客户签订合同时即意图向客户提供价格折让。合同中存在可变对价的，企业应当对计入交易价格的可变对价进行估计。

合同中存在可变对价时，企业应当按照期望值或最可能发生金额确定可变对价的最佳估计数。期望值是按照各种可能发生的对价金额及相关概率计算确定的金额。当企业拥有大量具有类似特征的合同，并估计可能产生多个结果时，通常按照期望值估计可变对价金额。最可能发生金额是一系列可能发生的对价金额中最可能发生的单一金额，即合同最可能产生的单一结果。当合同仅有两个可能结果时，通常按照最可能发生金额估计可变对价金额。

每一资产负债表日，企业应当重新估计应计入交易价格的可变对价金额，包括重新评估将估计的可变对价计入交易价格是否受到限制，以如实反映报告期末存在的情况以及报告期内发生的情况变化。

【例8-3】20×7年10月1日，大明公司签订合同，为一只股票型基金提供资产管理服务，合同期为3年。大明公司所能获得的报酬包括两部分：一是每季度按照季度末该基金净值的1%收取管理费，该管理费不会因基金净值的后续变化而调整或被要求退回；二是该基金在3年内的累计回报如果超过10%，则大明公司可以获得超额回报部分的20%作为业绩奖励。在20×7年12月31日，该基金的净值为5亿元。假定不考虑相关税费影响。

本例中，大明公司在该项合同中收取的管理费和业绩奖励均为可变对价，其金额极易受到股票价格波动的影响，这是在大明公司影响范围之外的，虽然大明公司过往有类似合同的经验，但是该经验在确定未来市场表现方面并不具有预测价值。因此，在合同开始日大明公司无法对其能够收取的管理费和业绩奖励进行估计，不满足“累计已确认的收入金额极有可能不会发生重大转回”的条件。

20×7年12月31日，大明公司重新估计该合同的交易价格时，影响该季度管理费收入金额的不确定性已经消除，大明公司确认管理费收入500万元（5亿元×1%）。大明公司未确认业绩奖励收入，这是因为，该业绩奖励仍然会受到基金未来累计回报的影响，有关将可变对价计入交易价格的限制条件仍然没有得到满足。大明公司应当在后续的每一资产负债表日，估计业绩奖励是否满足上述条件，以确定其收入金额。

（2）存在重大融资成分的处理

当合同各方以在合同中（或者以隐含的方式）约定的付款时间为客户或企业就该交易提供了重大融资利益时，合同中即包含了重大融资成分，例如企业以赊销的方式销售商品等。合同中存在重大融资成分的，企业应当按照假定客户在取得商品控制权时即以现金支付的应付金额（即现销价格）确定交易价格。企业确定的交易价格与合同承诺的对价金额之间的差额，应当在合同期间内采用实际利率法摊销。

（3）非现金对价支付的处理

非现金对价包括实物资产、无形资产、股权、客户提供的广告服务等。客户支付非现金对价的，通常情况下，企业应当按照非现金对价在合同开始日的公允价值确定交易价格。非现金对价公允价值不能合理估计的，企业应当参照其承诺向客户转让商品的单独售价间接确定交易价格。

（4）应付客户对价

企业存在应付客户对价的，应当将该应付对价冲减交易价格，但应付客户对价是为了自客户取得其他可明确区分商品的除外。企业应付客户对价是为了向客户取得其他可明确区分商品的，应当采用与企业其他采购相一致的方式确认所购买的商品。企业应付客户对价超过向客户取得可明确区分商品公允价值的，超过金额应当冲减交易价格。向客户取得的可明确区分商品公允价值不能合理估计的，企业应当将应付客户对价全额冲减交易价格。在将应付客户对价冲减交易价格处理时，企业应当在确认相关收入与支付（或承诺支付）客户对价二者孰晚的时点冲减当期收入。

2.将交易价格分摊至各单项履约义务

与当合同中包含两项或多项履约义务时，为了使企业分摊至每一单项履约义务的交易价格能够反映其因向客户转让已承诺的相关商品（或提供已承诺的相关服务）而预期有权收取的对价金额，企业应当在合同开始日，按照各单项履约义务所承诺商品的单独售价的相对比例，将交易价格分摊至各单项履约义务。

单独售价，是指企业向客户单独销售商品的价格。单独售价无法直接观察的，企业应当综合考虑其能够合理取得的全部相关信息，采用市场调整法、成本加成法、余值法等方法合理估计单独售价。市场调整法，是指企业根据某商品或类似商品的市场售价考虑本企业的成本和毛利等进行适当调整后，确定其单独售价的方法。成本加成法，是指企业根据某商品的预计成本加上其合理毛利后的价格，确定其单独售价的方法。余值法，是指企业根据合同交易价格减去合同中其他商品可观察的单独售价后的余值，确定某商品单独售价的方法。企业应当最大限度地采用可观察的输入值，并对类似的情况用一致的估计方法。

（1）合同折扣的分摊。合同折扣，是指合同中各单项履约义务所承诺商品的单独售价之和高于合同交易价格的金额。对于合同折扣，企业应当在各单项履约义务之间按比例分摊。有确凿证据表明合同折扣仅与合同中一项或多项（而非全部）履约义务相关的，企业应当将该合同折扣分摊至相关一项或多项履约义务。

【例8-4】大明公司与客户签订合同，向其销售A、B、C三种产品，合同总价款为120万元，这三种产品构成3个单项履约义务。企业经常单独出售A产品，其可直接观察的单独售价为50万元；B产品和C产品的单独售价不可直接观察，企业采用市场调整法估计B产品的单独售价为25万元，采用成本加成法估计C产品的单独售价为75万元。大明公司经常以50万元的价格单独销售A产品，并且经常将B产品和C产品组合在一起以70万元的价格销售。假定上述价格均不包含增值税。

本例中，三种商品的单独售价合计为150万元，而该合同的价格为120万元，因此合同的折扣为30万元。由于大明公司经常将B产品和C产品组合在一起以70万元的价格销售，该价格与其单独售价的差额为30万元，与该合同的折扣一致，而A产品的价格与其单独售价一致，证明该合同的折扣仅应归属于B产品和C产品。因此，在该合同下，分摊至A产品的交易价格为50万元，分摊至B产品和C产品的交易价格合计为70万元，大明公司应当进一步按照B产品和C产品的单独售价的相对比例将该价格在二者之间进行分摊。因此，各产品分摊的交易价格分别为：A产品为50万元，B产品为17.5万元（25÷100×70），C产品为52.5万元（75÷100×70）。

（2）可变对价的分摊。合同中包含可变对价的，该可变对价可能与整个合同相关，也可能仅与合同中的某一特定组成部分有关，后者包括两种情形：一是可变对价可能与合同中的一项或多项（而非全部）履约义务有关；二是可变对价可能与企业向客户转让的构成单项履约义务的一系列可明确区分商品中的一项或多项（而非全部）商品有关。对于已履行的履约义务，其分摊的可变对价后续变动额应当调整变动当期的收入。

【例8-5】大明公司与恒兴公司签订合同，将其拥有的两项专利技术X和Y授权给恒兴公司使用。假定两项授权均构成单项履约义务，且都属于在某一时点履行的履约义务。合同约定，授权使用X价格为80万元，授权使用Y的价格为恒兴公司使用该专利技术所生产的产品销售额的3%。X和Y的单独售价分别为80万元和100万元。大明公司估计其单独使用Y而有权收取的特许权使用费为100万元。假定上述价格均不包含增值税。

本例中，该合同中包括固定对价和可变对价，其中，授权使用X的价格为固定对价，且与其单独售价一致，授权使用Y的价格为恒兴公司使用该专利技术所生产的产品销售额的3%，属于可变对价，该可变对价全部与授权使用Y能够收取的对价有关，且大明公司估计基于实际销售情况收取的特许权使用费的金额接近Y的单独售价。因此，大明公司将可变对价部分的特许权使用费全部由Y承担符合交易价格的分摊目标。

（三）关于合同成本

1.合同履约成本

（1）资本化的成本

企业为履行合同可能会发生各种成本，企业在确认收入的同时应当对这些成本进行分析，属于存货、固定资产、无形资产等规范范围的，应当按照相关章节进行会计处理，不属于其他章节规范范围且同时满足下列条件的，应当作为合同履约成本确认为一项资产：

一是，该成本与一份当前或预期取得的合同直接相关，包括直接人工（如支付给直接为客户提供所承诺服务的人员的工资、奖金等）、直接材料（如为履行合同耗用的原材料、辅助材料、构配件、零件、半成品的成本和周转材料的摊销及租赁费用等）、制造费用或类似费用（如与组织和管理生产、施工、服务等活动发生的费用，包括管理人员的职工薪酬、劳动保护费、固定资产折旧费及修理费、物料消耗、取暖费、水电费、办公费、差旅费、财产保险费、工程保修费、排污费、临时设施摊销费等）、明确由客户承担的成本以及仅因该合同而发生的其他成本（如支付给分包商的成本、机械使用费、设计和技术援助费用、施工现场二次搬运费、生产工具和用具使用费、检验试验费、工程定位复测费、工程点交费用、场地清理费等）。

二是，该成本增加了企业未来用于履行（或持续履行）履约义务的资源。

三是，该成本预期能够收回。

企业应当在下列支出发生时，将其计入当期损益。

一是，管理费用，除非这些费用明确由客户承担。

二是，非正常消耗的直接材料、直接人工和制造费用（或类似费用），这些支出为履行合同发生，但未反映在合同价格中。

三是，与履约义务中已履行（包括已全部履行或部分履行）部分相关的支出，即该支出与企业过去的履约活动相关。

四是，无法在尚未履行的与已履行（或已部分履行）的履约义务之间区分的相关支出。

【例8-6】大明公司与恒兴公司签订合同，为其信息中心提供管理服务，合同期限为5年。在向恒兴公司提供服务之前，大明公司设计并搭建了一个信息技术平台供其内部用，该信息技术平台由相关的硬件和软件组成。大明公司需要提供设计方案，将该信息技术平台与恒兴公司现有的信息系统对接，并进行相关测试。该平台并不会转让给恒兴公司，但是将用于向恒兴公司提供服务。大明公司为该平台的设计、购买硬件和软件以及信息中心的测试发生了成本。除此之外，大明公司专门指派两名员工，负责向恒兴公司提供服务。

本例中，大明公司为履行合同发生的上述成本中，购买硬件和软件的成本应当分别按照固定资产和无形资产进行会计处理；设计服务成本和信息中心的测试成本不属于其他章节的规范范围，但是这些成本与履行该合同直接相关，并且增加了大明公司未来用于履行履约义务（即提供管理服务）的资源，如果大明公司预期该成本可通过未来提供服务收取的对价收回，则大明公司应当将这些成本确认为一项资产。大明公司向两名负责该项目的员工支付的工资费用，虽然与向恒兴公司提供服务有关，但是由于其并未增加企业未来用于履约义务的资源，因此，应当于发生时计入当期损益。

（2）合同取得成本

企业为取得合同发生的增量成本预期能够收回的，应当作为合同取得成本确认为一项资产。增量成本，是指企业不取得合同就不会发生的成本，例如销售佣金等。为简化实务操作，该资产摊销期限不超过1年的，可以在发生时计入当期损益。企业采用该简化处理方法的，应当对所有类似合同一致采用。企业为取得合同发生的、除预期能够收回的增量成本之外的其他支出，例如，无论是否取得合同均会发生的差旅费、投标费、为准备投标资料发生的相关费用等，应当在发生时计入当期损益，除非这些支出明确由客户承担。

2.与合同履约成本和合同取得成本有关的摊销和减值

（1）摊销。按照收入准则应资本化的合同成本以及增量成本（简称“与合同成本相关的资产”），企业应当采用与该资产相关的商品收入确认相同的基础（即在履约义务履行的时点或按照履约义务的履约进度）进行摊销，计入当期损益。

（2）减值。与合同成本有关的资产，其账面价值高于下列两项的差额的，超过部分应当计提减值准备，并确认为资产减值损失：①企业因转让与该资产相关的商品能够取得的剩余对价；②为转让该相关商品估计将要发生的成本。估计将要发生成本主要包括直接人工、直接材料、制造费用（或类似费用）、明确由客户承担的成本及仅因该合同而发生的其他成本（例如，支付给分包商的成本）等。以前期间减值的因素之后发生变化，使得前款①项减②项的差额高于该资产账面价值的，应当转回原已计提的资产减值准备，并计入当期损益，但转回后的资产账面价值不应超过假定不计提减值准备情况下该资产在转回日的账面价值。

在确定合同履约成本和合同取得成本的减值损失时，企业应当首先确定其他资产减值损失；然后，按照本节的要求确定合同履约成本和合同取得成本的减值损失。企业按照金融资产减值测试相关资产组的减值情况时，应当将按照上述规定确定上述资产减值后的新账面价值计入相关资产组的账面价值。

三、主营业务收入的会计核算

企业取得主营业务收入是企业日常活动中最为重要的经营目标之一，是企业生产经营成果能否得到社会认可的重要标志。企业在生产经营活动中，一方面出让商品的所有权给消费者，或向消费者提供各种劳务；另一方面按照约定的价格取得商品销售收入或劳务收入，并通过实现的收入补偿企业的成本和费用，进而实现利润。

（一）设置的账户

1.设置“主营业务收入”账户

本账户核算企业确认的销售商品、提供服务等主营业务的收入，可按主营业务的种类进行明细核算。主要账务处理包括（1）企业在履行了合同中的单项履约义务时，应按照已收或应收的合同价款，加上应收取的增值税额，借记“银行存款”“应收账款”“应收票据”“合同资产”等账户，按应确认的收入金额，贷记本账户，按应收取的增值税额，贷记“应交税费——应交增值税（销项税额）”“应交税费——待转销项税额”等账户。（2）合同中存在企业为客户提供重大融资利益的，企业应按照应收合同价款，借记“长期应收款”等账户，按照假定客户在取得商品控制权时即以现金支付而需支付的金额（即现销价格）确定的交易价格，贷记本账户，按其差额，贷记“未实现融资收益”账户；合同中存在客户为企业提供重大融资利益的，企业应按照已收合同价款，借记“银行存款”等账户，按照假定客户在取得商品控制权时即以现金支付的应付金额（即现销价格）确定的交易价格，贷记“合同负债”等账户，按其差额，借记“未确认融资费用”账户。涉及增值税的，还应进行相应的处理。（3）企业收到的对价为非现金资产时，应按该非现金资产在合同开始日的公允价值，借记“库存商品”“固定资产”“无形资产”等有关账户，贷记本账户。涉及增值税的，还应进行相应的处理。

期末，应将本账户的余额转入“本年利润”账户，结转后本账户应无余额。

2.设置“主营业务成本”账户

本账户核算企业确认销售商品、提供服务等主营业务收入时应结转的成本，可按主营业务的种类进行明细核算。

期末，企业应根据本期销售各种商品、提供各种服务等实际成本，计算应结转的主营业务成本，借记本账户，贷记“库存商品”“合同履约成本”等账户。

期末，应将本账户的余额转入“本年利润”账户，结转后本账户无余额。

3.设置“合同资产”账户

合同资产，是指企业已向客户转让商品而有权收取对价的权利，且该权利取决于时间流逝之外的其他因素。应收款项是企业无条件收取合同对价的权利，该权利应当作为应收款项单独列示。二者的区别在于，应收款项代表的是无条件收取合同对价的权利，即企业仅仅随着时间的流逝即可收款，而合同资产并不是一项无条件收款权，该权利除了时间流逝之外，还取决于其他条件（例如，履行合同中的其他应尽义务）才能收取相应的合同对价。因此，与合同资产和应收款项相关的风险是不同的，应收款项仅承担信用风险，而合同资产除信用风险之外，还可能承担其他风险，如履约风险等。合同资产的减值的计量、列报和披露应当按照相关金融工具准则的要求进行会计处理。

本账户应按合同进行明细核算。企业在客户实际支付合同对价或在该对价到期应付之前，已经向客户转让了商品的，应当按因已转让商品而有权收取的对价金额，借记本账户或“应收账款”账户，贷记“主营业务收入”“其他业务收入”等账户；企业取得无条件收款权时，借记“应收账款”等账户，贷记本账户。

4.设置“合同负债”账户

本账户核算企业已收或应收客户对价而应向客户转让商品的义务，按合同进行明细核算。企业在向客户转让商品之前，客户已经支付了合同对价或企业已经取得了无条件收取合同对价权利的，企业应当在客户实际支付款项与到期应支付款项孰早时点，按照该已收或应收的金额，借记“银行存款”“应收账款”“应收票据”等账户，贷记本账户；企业向客户转让相关商品时，借记本账户，贷记“主营业务收入”“其他业务收入”等账户。涉及增值税的，还应进行相应的处理。企业因转让商品收到的预收款适用本准则进行会计处理时，不再使用“预收账款”账户及“递延收益”账户。本账户期末贷方余额，反映企业在向客户转让商品之前，已经收到的合同对价或已经取得的无条件收取合同对价权利的金额。

另外，还需设置“合同履约成本”“合同履约成本减值准备”“合同取得成本”“合同取得成本减值准备”“应收退货成本”“合同资产减值准备”等账户。

（二）主要经济业务的账务处理

【例8-7】大明公司按照合同规定，向恒兴企业发出一批A产品，公司开出的增值税专用发票上注明产品售价500 000元，增值税额65 000元，所有款项均委托银行代收，已经办妥相关托收手续。该批产品的库存成本为300 000元。大明公司的账务处理如下。

（1）确认收入实现时。

借：应收账款——恒兴企业	565 000	
贷：主营业务收入		500 000
应交税费——应交增值税（销项税额）		65 000

（2）实际收到款项时：

借：银行存款	565 000	
贷：应收账款——恒兴企业		565 000

（3）结转该批产品的库存成本时：

借：主营业务成本	300 000	

贷：库存商品 300 000

【例8-8】大明公司向恒兴企业销售C产品一批，公司开具的增值税专用发票上注明产品售价400 000元，增值税额52 000元，公司收到货款后存入银行。该批产品的库存成本为200 000元。大明公司的账务处理如下。

（1）确认收入实现时：

借：银行存款 452 000

贷：主营业务收入 400 000

应交税费——应交增值税（销项税额） 52 000

（2）结转该批产品的库存成本时：

借：主营业务成本 200 000

贷：库存商品 200 000

【例8-9】20×7年3月1日，大明公司与恒兴企业签订合同，向其销售A、B两种商品，A商品的单独售价为6 000元，B商品的单独售价为24 000元，合同价款为25 000元。合同约定，A商品于合同开始日交付，B商品在1个月之后交付，只有当两种商品全部交付之后，大明公司才有权收取25 000元的合同对价。假定A商品和B商品分别构成单项履约义务，其控制权在交付时转移给客户。上述价格均不包含增值税，且假定不考虑相关税费影响。

本例中，分摊至A商品的合同价款为5 000元（6 000÷（6 000+24 000）×25 000），分摊至B商品的合同价款为20 000元（（24 000÷（6 000+24 000）×25 000）。大明公司的账务处理如下。

（1）交付A商品时：

借：合同资产 5 000

贷：主营业务收入 5 000

（2）交付B商品时：

借：应收账款 25 000

贷：合同资产 5 000

主营业务收入 20 000

【例8-10】20×6年1月1日，大明商场店庆酬宾，开展一项奖励积分计划。该奖励积分计划规定：20×6年1月1日，客户每在商场内消费10元即可兑换1个积分，每个积分可在未来购买产品时按1元的价值兑现，有效期为3年。当日，共销售了100 000元的产品，应授予客户可在未来购买时兑现的积分为10 000分。公司预计积分兑换率为98%。基于兑换的可能性估计每个积分的单独售价为1元。至20×6年年末，有4 800个积分被兑换，公司预计积分兑换率变为95%。至20×7年年末，累计有8 700分被兑换，公司预计积分兑换率变为97%。20×8年12月31日，剩余未兑换奖励积分全部失效。

（1）20×6年1月1日：

分摊至积分的交易价格=（9 800÷109 800）×100 000=8 925（元）

分摊至商品的交易价格=（100 000÷109 800）×100 000=91 075（元）

大明商场应当在商品控制权转移时确认收入91 075元，同时确认合同负债8 925元。

借：银行存款　　100 000

　贷：主营业务收入　　91 075

　　　合同负债　　8 925

（2）20×6年12月31日，大明商场以客户兑换的积分数占预期兑换的积分总数的比例为基础确认收入。积分应当确认的收入=4 800÷9 500×8 925=4 509（元）；剩余未兑换的积分=8 925-4 509=4 416（元），仍然作为合同负债。

借：合同负债　　4 509

　贷：主营业务收入　　4 509

（3）20×7年12月31日，大明商场积分应当确认的收入=8 700÷9 700×8 925-4 509=3 496（元）。

借：合同负债　　3 496

　贷：主营业务收入　　3 496

（4）20×8年12月31日，因未兑换奖励积分到期失效，则当年兑换部分以及尚未兑换部分，均应确认为收入，则A公司积分应当确认的收入=8 925-4 509-3 496=920（元）。

借：合同负债　　920

　贷：主营业务收入　　920

四、其他业务收入的会计核算

其他业务收入是指企业除主营业务活动以外的其他经营活动实现的收入，包括出租固定资产使用权、出租无形资产使用权、出租包装物使用权、销售生产用的原材料等经济业务活动取得的收入。

（一）设置的账户

企业核算其他业务收入，通常需要设置“其他业务收入”“其他业务成本”等账户，同时涉及一些结算类账户。

1.设置“其他业务收入”账户

本账户核算企业确认的除主营业务活动以外的其他经营活动实现的收入，包括出租固定资产、出租无形资产、出租包装物和商品、销售材料、用材料进行非货币性交换（非货币性资产交换具有商业实质且公允价值能够可靠计量）或债务重组等实现的收入，按其他业务的种类进行明细核算。企业确认其他业务收入的主要账务处理参见“主营业务收入”账户。

期末，应将本账户的余额转入“本年利润”账户，结转后本账户应无余额。

2.设置“其他业务成本”账户

3.本账户核算企业确认的除主营业务活动以外的其他经营活动所发生的支

出，包括销售材料的成本、出租固定资产的折旧额、出租无形资产的摊销额、出租包装物的成本或摊销额等。采用成本模式计量投资性房地产的，其投资性房地产计提的折旧额或摊销额，也通过本账户核算，按其他业务成本的种类进行明细核算。企业发生的其他业务成本，借记本账户，贷记“原材料”“周转材料”等账户。

期末，应将本账户的余额转入“本年利润”账户，结转后本账户无余额。

(二）主要经济业务的账务处理

1.材料销售

【例8-11】大明公司出售一批闲置的A材料100 000元，增值税税款13 000元，A材料成本为80 000元，收到货款存入银行。大明公司账务处理如下：

(1）确认销售实现时：

借：银行存款　　113 000

　贷：其他业务收入　　100 000

　　　应交税费——应交增值税（销项税额）　　13 000

(2）结转材料的库存成本时：

借：其他业务成本　　80 000

　贷：原材料——A材料　　80 000

2.出租无形资产

【例8-12】大明公司同意向恒兴企业出租一项专利使用权，双方签订的合同规定，恒兴企业每年向大明公司支付专利权使用费1 000 000元，大明公司负责进行专利技术使用方法的培训，每年发生相关的培训费150 000元。大明公司账务处理如下：

(1）取得使用费收入时：

借：银行存款　　1 000 000

　贷：其他业务收入　　1 000 000

(2）发生专利权使用技术指导费时：

借：其他业务成本　　150 000

　贷：银行存款　　150 000

3.固定资产出租

【例8-13】大明公司采用经营租赁方式租出固定资产，本月收到租金8 000元存入银行。该固定资产本月计提折旧200元。大明公司账务处理如下：

(1）收到租金时：

借：银行存款　　8 000

　贷：其他业务收入　　8 000

(2）计提租出固定资产折旧时：

借：其他业务成本　　200

　贷：累计折旧　　200

4.包装物出租

【例 8-14】海尔公司发出新包装木箱500个，出租给美的公司，实际总成本10 000元，租金每月2 000元，增值税260元。海尔公司的账务处理如下：

（1）领用时：

借：其他业务成本	10 000	
贷：周转材料——包装物		10 000

（2）收到租金：

借：银行存款	2 260	
贷：其他业务收入		2 000
应交税费——应交增值税		260

第二节　费用

一、费用的定义及分类

（一）费用的定义

费用是指企业在日常活动中发生的、会导致所有者权益减少的、与向所有者分配利润无关的经济利益的总流出。广义的费用泛指企业各种日常活动发生的所有耗费，狭义的费用仅指与本期营业收入相配比的那部分耗费。

从费用的定义可以看出，费用具有以下三个特征：

1.费用是企业在日常活动中发生的经济利益的流出，而不是偶然交易或事项中发生的经济利益的流出，如企业采购原材料等所发生的经济利益的流出属于费用。但是，有些交易或事项虽然也能使企业发生经济利益流出，但由于不属于企业的日常经营活动，所以，其经济利益的流出不属于费用而属于损失，如企业出售固定资产净损失。

2.费用表现为资产的减少，或者负债的增加，或者二者兼而有之。费用发生形式多种多样，既可能表现为资产的减少，如支付管理人员工资、支付咨询费等，也可能表现为负债的增加，如负担长期借款利息，还可能是二者的组合，如为发生的费用支付部分现金，同时承担部分债务。

3.费用会导致企业所有者权益的减少。根据“资产-负债=所有者权益”的平衡等式，企业发生的费用最终会减少企业的所有者权益。企业生产经营过程中的有些支出并不减少企业的所有者权益，也就不应归入费用。例如，企业以银行存款偿还一项负债，只是一项资产和一项负债等额减少，对所有者权益没有影响，因此，不构成企业的费用。

（二）费用的分类

1.按费用的经济内容分类

企业在一定期间内所发生的费用，按其经济内容的不同，可分为劳动对象耗费、劳动手段耗费和活劳动耗费三类，分类的项目称为要素费用，具体包括以下各项：

（1）外购材料。企业为生产经营而耗用的一切从外单位购入的原材料、辅助材料、包装物、修理用备件、低值易耗品等。

（2）外购燃料。企业为生产经营耗用而从外单位购入的各种固体、液体和气体燃料。

（3）外购动力。企业为生产经营耗用而从外单位购入的各种动力。

（4）工资及福利费。企业计入生产成本和期间费用的职工工资，以及依据职工工资总额的一定比例提取计入成本费用的福利费。

（5）折旧费。企业按照规定计算提取的固定资产折旧费。

（6）利息费用。企业借款利息减去存款利息后的差额，应当计入费用的部分。

（7）其他费用。上述各项费用之外的费用项目，如直接作为期间费用支付的税金、保险费、办公费、租赁费、差旅费等。

2.按费用的经济用途分类

企业的费用按其经济用途，可分为生产费用和期间费用两类。

（1）生产费用

生产费用是指企业在一定期间内为生产产品、提供劳务等而发生的各项费用，是最终能够计入产品或劳务成本的费用。

生产成本是指企业为生产一定种类和数量的产品所发生的各项生产费用，也称为产品成本。生产费用与生产成本在概念上是有区别的，生产费用是企业在一定期间内为生产产品而发生的费用，而生产成本是为生产一定种类和数量的产品而发生的生产费用。虽然都是为生产产品发生的，但生产费用是与会计期间相联系的费用，而生产成本是与生产对象相联系的生产费用。虽然生产费用最终都要计入产品成本，但可能在本期发生的生产费用不一定都是为了生产本期的产品发生，也就不一定都要计入企业本期所生产的产品成本。反之，计入产品生产成本的是生产费用，但计入本期产品成本的生产费用，不一定都是在本期发生的生产费用。

生产费用按计入成本的方法分为直接费用和间接费用。直接费用是为生产产品而直接消耗的材料、人工费用等，这类费用在发生时可以直接计入产品成本；间接费用则是与生产产品相关，但不能直接计入产品成本，而应分配计入的各项费用。计入成本的费用具体包括：

①直接材料，是指企业在生产过程中用于构成产品实体及有助于形成产品的各种原料、主要材料、外购半成品、燃料等。

②直接人工，是指直接从事产品生产工人的工资以及按生产工人工资总额计算提取的职工福利费等。

③制造费用，是指各生产单位（包括车间、分厂）为组织和管理生产所发生的管理人员的工资、福利费、固定资产折旧费、办公费、差旅费、水电费等。

上述计入产品成本的直接材料、直接人工和制造费用称为产品的成本项目。

（2）期间费用

期间费用是企业当期发生的费用中的重要组成部分，是指本期发生的、不能直接或间接归入某种产品成本的、直接计入损益的各项费用，包括管理费用、销售费用和财务费用。

生产费用与期间费用都属于费用，但两者是有区别的。生产费用是指企业在一定期间内为生产产品、提供劳务等而发生的各项费用。这类费用最终是为了取得收入而发生的，但因其仅发生在产品的生产过程中，所以仅能计入产品成本，还不能直接与收入相配比。期间费用是与企业产品生产无直接关系，而与企业会计期间直接相关的费用。这类费用就直接与本期的收入相配比，应作为本期收入的扣减对象。

二、费用的确认与计量

（一）费用确认标准

为了正确地对费用进行会计确认，应当合理地确定其确认标准。费用的确认标准应遵循划分收益性支出与资本性支出原则、权责发生制原则、收入与费用配比原则。

1.划分收益性支出与资本性支出原则

按照划分收益性支出与资本性支出原则，如果某项支出的效益及于几个会计年度（或几个经营周期），该项支出应予以资本化，不能作为当期的费用；如果某项支出的效益仅及于本会计年度（或本营业周期），就应作为收益性支出。如企业购买固定资产的支出，由于固定资产使用期限超过1年，因此该项支出的效益大于1年，相应的支出应资本化为固定资产的成本；又如企业为销售商品而发生的运输费用支出，由于该项支出只对本期收入有用，其效益只限于本会计期间，因此该项支出为收益性支出。

划分收益性支出与资本性支出原则为费用的确认给定了一个时间上的总体界限，正确区分收益性支出和资本性支出，保证了正确地计量资产的价值和正确地计算各期的产品成本、期间费用及损益。

2.权责发生制原则

划分收益性支出与资本性支出原则，只是为费用的确认做出时间上的大致区分，而权责发生制原则则规定了具体在什么时点上确认费用。所谓权责发生制是指按照权利和责任发生与否来确认收入和费用。权责发生制用在费用的确认上，是指凡是企业在当期具有负担某项费用的义务，不论款项是否收付，都应作为当期的费用；凡是企业在当期不具有负担某项费用的义务，即使款项已在当期支付，也不应当确认为当期的费用。

3.收入与费用配比原则

权责发生制只是说明企业在具有负担某项费用的义务时应确认费用，但权责发生制没有明确企业在什么情况下具有负担某项费用的义务。收入与费用配比原则对这个问题进行了回答，按照配比原则，当与某项费用相联系的收入已经实现时，企业就具有承担某项费用的义务，并因而需要确认该笔费用。因此，配比原则可以简单表述为，费用应该同与其相联系的收入相配比，当与费用相联系的收入已经实现时，应该确认相应的费用。

（二）费用的计量

在现实经济活动中，费用的计量大致可分为两种情况：一种情况是费用的发生额有确切的数量，可以准确地加以计量；另一种情况是费用的发生额不够确切，在某种程度上不能进行确切的计量。会计上，对于这两种情况都应当按照实际成本的标准科学地进行计量。

在大多数情况下，费用发生伴随着企业资产（如库存现金、银行存款等）的实际支付，这时企业费用发生的金额不仅可以有一个确切的数量，并且还可以取得证明这项费用发生的有关原始凭证。对于这部分费用，企业应当以当时实际发生的金额为依据对其进行计量。

在企业生产经营过程中，还有一部分费用在发生时金额明确，而且也取得了有关原始凭证，但是这类费用的受益期间不仅涉及本会计期间，同时也涉及其他的会计期间，这时对这项费用的计量就应当按照权责发生制和收入与费用配比性的要求，采用一定的标准将所发生的费用在受益期间内进行合理的分摊。在这种情况下，费用的发生数额虽然是客观真实的，也可以进行验证，但是费用的分摊标准却带有一定的人为因素，因此，科学而合理地确定分摊标准是极为重要的。还有一种情况，就是费用的发生数额不够准确，并且无法得到验证。如企业每个会计期间应当提取折旧费，从理论上讲，固定资产的折旧费应当是固定资产在使用过程中所发生的价值转移，由于使用年限、未来残值以及将来所要发生的固定资产清理费用等不确定因素的存在，使得这些固定资产被转移的价值很难在技术上加以精确的测定，因此，会计上一般通过合理预计的方法，利用计算公式来对这部分费用来进行确定计量，在这种情况下，折旧方法的选择以及使用年限、未来残值等要素的预计就不可避免地带有一定的人为主观因素。在实际操作中应当尽可能地采用科学而合理的方法来对费用进行计量。

三、期间费用的会计处理

（一）管理费用的会计处理

管理费用是指企业企业为组织和管理企业生产所发生的管理费用。包括企业在筹建期间内发生的开办费、董事会和行政管理部门在企业的经营管理中发生的或者应由企业统一负担的公司经费（包括行政管理部门职工薪酬、物料消耗、低值易耗品摊销、办公费和差旅费等）、工会经费、董事会费（包括董事会成员津贴、会议费和差旅费等）、聘请中介机构费、咨询费（含顾问费）、诉讼费、业务招待费、技术转让费、矿产资源补偿费、研究费用、排污费，还包括企业行政管理部门的固定资产折旧费、日常修理费用和大修理费用（包括生产单位固定资产的修理费）等。

为了核算和监督管理费用的发生和结转情况，企业应设置“管理费用”账户，该账户借方登记发生的各项管理费用，贷方登记期末转入“本年利润”账户的管理费用，结转后本账户无余额。该账户应按费用项目设置明细分类账户。

企业在发生各项管理费用时，应借记“管理费用”账户，贷记“库存现金”“银行存款”“长期待摊费用”“无形资产”“应交税费”“应付职工薪酬”“坏账准备”等账户；期末结转时，借记“本年利润”账户，贷记“管理费用”账户，结转后本账户无余额。

【例8-15】大明公司20×8年12月15日用银行存款支付业务招待费8 000元。企业的账务处理如下：

借：管理费用——业务招待费　　8 000

　贷：银行存款　　8 000

（二）财务费用的会计处理

财务费用是指企业为筹集生产经营所需资金等而发生的筹资费用，包括利息支付（减利息收入）、汇兑损益以及相关的手续费、企业发生的现金折扣或收到的现金折扣等。

为了核算和监督财务费用的发生和结转情况，企业应设置“财务费用”账户，该账户借方登记企业发生的各项财务费用，贷方登记企业发生的应冲减财务费用的利息收入、汇兑收益等；期末应将本账户的余额转入“本年利润”账户，结转后本账户无余额。该账户应按费用项目设置明细分类账户。

企业发生各项财务费用时，应借记本账户，贷记“银行存款”“未确认融资费用”等账户。发生的冲减财务费用的利息收入、汇兑收益，借记“银行存款”“应付账款”等账户，贷记本账户。期末结转时，借记“本年利润”账户，贷记本账户，结转后“财务费用”账户无余额。

【例8-16】大明公司20×8年12月31日，以银行存款支付本月生产周转的借款利息5 000元。企业账务处理如下：

支付利息时：

借：财务费用——利息支出　　5 000

　贷：银行存款　　5 000

【例8-17】大明公司20×8年12月31日接到银行通知，本月存款利息为1 500元。企业账务处理如下：

借：银行存款　　1 500

　贷：财务费用　　1 500

（三）销售费用的会计处理

销售费用是指企业在销售商品（产品）和材料、提供劳务的过程中发生的各种费用，包括企业在销售过程中发生的保险费、包装费、展览费和广告费、商品维修费、装卸费等以及为销售本企业商品而专设的销售机构（含销售网点、售后服务网点等）的职工薪酬、业务费、折旧费、固定资产修理费等费用。

为了核算和监督销售费用的发生和结转情况，企业应设置“销售费用”账户，该账户借方登记企业发生的各项销售费用，贷方登记期末转入“本年利润”账户的销售费用，结转后本账户无余额。该账户应按费用项目设置明细分类账户。

企业发生各项销售费用时，应借记本账户，贷记“库存现金”“银行存款”“应付职工薪酬”等账户。期末结转时，借记“本年利润”账户，贷记本账户，结转后“销售费用”账户无余额。

【例 8-18】大明公司 20×8 年 12 月 15 日以银行存款支付产品广告费 10 500 元。企业账务处理如下：

借：销售费用　　10 500

　贷：银行存款　　10 500

第三节　利润

一、利润概述

（一）利润的含义

利润是企业在一定会计期间的经营成果，包括收入减去费用后的净额、直接计入当期利润的利得和损失等。直接计入当期利润的利得和损失是指应当计入当期损益、会导致所有者权益发生增减变动的、与所有者投入或者向所有者分配利润无关的利得或损失。企业从事生产经营活动的主要目的，就是要不断提高企业的盈利水平，获得最大限度的利润。只有这样，才能为企业积累更多的资金，促进企业发展，同时也有利于提高职工工资薪酬水平，提高生产效率，增强企业的市场竞争力。

在实务中，利润的作用主要体现在以下几个方面：

1. 利润及其计量可反映企业的主要经营成果。利润是企业经营活动净财务成果的表现。会计上的利润是企业收入和费用的确认和配比的结果，而收入和费用又是企业主要经营活动的表现。通过利润的计量，就能较全面地反映出企业的经营过程及其成果。

2. 利润是纳税申报的基础。无论是个人还是企业都必须交纳所得税，纳税申报的应税利润，主要来自他们所报告的本期利润。因此，政府必须依据企业和个人的利润报告课征税收，以取得必要的财政收入，维持政府机构的正常运转。

3. 利润可作为信息使用者进行投资与信贷决策的依据。一般认为，投资者投资的主要目的在于获取既定风险条件下的投资报酬，贷款人则要了解企业归还借款的可靠性。这里都涉及对企业获利能力的判断。而利润正是企业获利能力的一个重要体现，它能直接反映企业的获利能力，是投资人和债权人进行合理的投资决策和信贷决策必不可少的重要信息。此外，关于企业收益的报告，还可以引导社会资本的合理流向，促进社会资源的优化配置。

4. 利润是进行财务预测的重要工具。利润作为衡量企业经营业绩的基本工具，也是财务报表使用者据以预测企业未来经营活动状况和未来现金流量的重要工具。经营利润是在同样经营条件下可重复实现的收益，具有明显的预测价值。

5. 利润是经营效率的衡量指标。企业的利润数据不仅可以反映管理当局对企业资源的受托经营情况，而且可以反映管理当局的工作业绩和经营效率。由于管理当局的基本目标之一是使企业的盈利最大化，通过利润的计量和评估，可作为管理当局管理与控制内部经营活动的有效工具。

（二）利润的构成

利润的金额取决于收入和费用、直接计入当期利润的利得和损失的计量。因此，利润的构成可分为三部分：营业利润、利润总额和净利润。

1. 营业利润

营业利润，是将企业某一会计期间日常活动获得的营业收入、公允价值变动收益和投资收益等收入扣除日常活动中发生的与其相关的营业成本、税金及附加、期间费用、资产减值损失、公允价值变动损失、投资损失等费用成本的结果，是企业利润的主要来源。营业利润的计算公式如下：

$$\text{营业利润}=\text{营业收入}-\text{营业成本}-\text{税金及附加}-\text{销售费用}-\text{管理费用}-\text{研发费用}-\text{财务费用}-\text{资产减值损失}+\text{其他收益}+\text{投资收益}(-\text{投资损失})+\text{净敞口套期收益}(-\text{净敞口套期损失})+\text{公允价值变动收益}(-\text{公允价值变动损失})+\text{资产处置收益}(-\text{资产处置损失})$$

营业收入，是指企业经营业务所确认的收入总额，包括主营业务收入和其他业务收入。营业成本是指企业经营业务所发生的实际成本总额，包括主营业务成本和其他业务成本。税金及附加是指企业经营活动中应负担的相关税费，包括消费税、城市维护建设税、资源税及教育费附加等相关税费。

资产减值损失，是指企业计提各项资产减值准备所形成的损失。

公允价值变动损益，是指交易性金融资产、交易性金融负债以及其他以公允价值计量的资产和负债由于公允价值变动形成的应计入当期损益的利得和损失。有关资产（负债）公允价值高于其账面价值时，应当确认为公允价值变动净收益（净损失）；有关资产（负债）公允价值低于其账面价值时，应当确认为公允价值变动净损失（净收益）。

投资收益是指企业从事各种对外投资活动所获得的利润、股利、利息等收益扣除投资发生的损失后的净额。

2. 利润总额

利润总额等于企业的营业利润加上营业外收入减去营业外支出的金额。

利润总额的计算公式如下：

利润总额 = 营业利润 + 营业外收入 − 营业外支出

营业外收入与支出是指企业发生的与生产经营活动没有直接联系的，直接计入当期利润的利得和损失。营业外收入实际上是一种纯收入，与营业外支出不存在必然联系，因此也不存在配比关系，但它会影响所有者权益的变化，会计准则规定应当在利润总额中体现。

3.净利润

净利润，是指企业的利润总额减去所得税费用后的余额。净利润是企业某一会计期间最终经营成果的体现，是企业为所有者获取的利润。净利润的计算公式为：

净利润＝利润总额－所得税费用

其中，**所得税费用**，是指企业确认的应当从当期利润总额中扣除的所得税费用。

从上述内容可知，企业的利润总额由两部分组成：一部分是企业在日常活动中取得的收入扣除发生的费用后的净额；另一部分是企业在日常活动之外发生的利得和损失。由于企业在日常活动中形成的收入与费用的核算，在前面章节已经介绍，因此在此只介绍企业在日常活动之外发生的利得和损失。

二、营业外收支的会计处理

（一）营业外收支的内容

营业外收支，是指企业发生的与日常活动无直接关系的各项收支。营业外收支虽然与企业生产经营活动没有多大的关系，但从企业主体来考虑，营业外收支同样带来收入或形成支出，也是增加或减少利润的影响因素。

1.营业外收入

营业外收入是指企业发生的营业利润以外的收益。营业外收入并不是由企业经营资金耗费所产生的，不需要企业付出代价，实际上是一种纯收入，不可能也不需要与有关费用进行配比。因此，在会计处理上，应当严格区分营业外收入与营业收入的界限。营业外收入主要包括：非流动资产毁损报废利得、债务重组利得、与企业日常活动无关的政府补助、盘盈利得、捐赠利得等。

（1）非流动资产毁损报废损失，是指因自然灾害等发生毁损、已丧失使用功能而报废非流动资产所产生的清理产生的收益。

（2）债务重组利得，指重组债务的账面价值超过清偿债务的现金、非现金资产的公允价值、所转股份的公允价值，或者重组后债务价值之间的差额。

（3）盘盈利得，指企业对于现金等资产清查盘点中盘盈的资产，报经批准后计入营业外收入的金额。

（4）政府补助，指企业与企业日常活动无关的、从政府无偿取得货币性资产或非货币性资产形成的利得。

（5）捐赠利得，指企业接受捐赠产生的利得。企业接受的捐赠和债务豁免，按照企业会计准则规定符合确认条件的，通常应当确认为当期收益。但是，企业接受控股股东（或控股股东的子公司）或非控股股东（非控股股东的子公司）直接或间接代为偿债、债务豁免或捐赠，经济实质表明属于控股股东或非控股股东对企业的资本性投入，应当将相关利得计入所有者权益（资本公积）。

（6）企业发生破产重整，其非控股股东因执行人民法院批准的破产重整计划，通过让渡所持有的该企业部分股份向企业债权人偿债的，企业应将非控股股东所让渡股份按照其在让渡之日的公允价值计入所有者权益（资本公积），减少所豁免债务的账面价值，并将让渡股份公允价值与被豁免的债务账面价值之间的差额计入当期损益。控股股东按照破产重整计划让渡了所持有的部分该企业股权向企业债权人偿债的，该企业也按此原则处理。

2.营业外支出

营业外支出是指企业发生的营业利润以外的支出。营业外支出主要包括：非流动资产毁损报废损失、债务重组损失、公益性捐赠支出、非常损失、盘亏损失等。

（1）非流动资产毁损报废损失，是指因自然灾害等发生毁损、已丧失使用功能而报废非流动资产所产生的清理损失。

（2）债务重组损失，指重组债券的账面余额超过受让资产的公允价值、所转股份的公允价值，或者重组后债券的账面价值之间的差额。

（3）公益性捐赠支出，指企业对外进行公益性捐赠发生的支出。

（4）非常损失，指企业对于因客观因素（如自然灾害等）造成的损失，在扣除保险公司赔偿后计入营业外支出的净损失。

（二）营业外收支的会计处理

企业应设置“营业外收入”账户，核算与企业日常经营活动无直接关系且直接计入当期利润的利得。该账户属于损益类账户，贷方登记企业确认的各项利得，借方登记企业在期末结转到“本年利润”账户的利得，期末结转后该账户无余额。该账户按收入的项目设置明细账户。

企业应设置“营业外支出”账户，核算与企业日常经营活动无直接关系且直接计入当期利润的损失。该账户属于损益类账户，借方登记企业确认的各项损失，贷方登记企业在期末结转到“本年利润”账户的损失，期末结转后该账户无余额。该账户按支出的项目设置明细账户。

三、本年利润的核算

企业需要设置“本年利润”账户，核算企业在本年度实现的利润或者发生的亏损。会计期末，企业应将各损益类科目的余额转入“本年利润”账户的贷方，借记“主营业务收入”“其他业务收入”“营业外收入”等账户；将各成本费用或支出类科目的余额转入“本年利润”账户的借方，贷记“主营业务成本”“其他业务成本”“营业外支出”“管理费用”“销售费用”“财务费用”“研发费用”“所得税费用”等账户。

企业利润的结转方法有账结法和表结法两种方法。

1.账结法。在这种结转方式下，每月月末均需编制转账凭证，将在账上结计出的各损益类科目的余额结转至“本年利润”账户。结转后“本年利润”账户的本月合计数反映当月实现的利润或发生的亏损，“本年利润”账户的本年累计数反映本年累计实现的利润或发生的亏损。账结法在各月均可通过“本年利润”账户提供当月及本年累计的利润（或亏损）额，但增加了转账环节和工作量。

2.表结法。在这种结转方式下，各损益类账户每月月末只需结算出本月发生额和月末累计余额，不结转到“本年利润”账户，只在年末才将全年累计余额结转入“本年利润”账户。但每月月末要将损益类账户的本月发生额合计数填入利润表的本月数栏，同时将本月末累计余额填入利润表的本年累计数栏，通过利润表计算反映各期的利润（或亏损）。表结法下平时损益类账户无须结转入“本年利润”账户，从而减少了转账环节和工作量，同时不影响利润表的编制及有关损益指标的利用。

结转后，“本年利润”账户如为贷方余额，表示当年实现的净利润；如为借方余额，表示当年发生的净亏损。年度终了，企业应将“本年利润”账户的本年累计余额转入“利润分配——未分配利润”账户，年终结账后，该账户无余额。

【例8-19】20×8年12月31日，大明公司各损益类账户在结转前的余额见表8-1。

表8-1 **损益类账户结转前余额表** 单位：元

账户名称	结账前余额
主营业务收入	1 780 000（贷）
主营业务成本	900 000（借）
税金及附加	56 000（借）
销售费用	50 000（借）
管理费用	70 000（借）
财务费用	6 000（借）
投资收益	75 000（贷）
所得税费用	305 000（借）

根据上述资料，大明公司账务处理如下。

（1）结转收入类账户：

借：主营业务收入 1 780 000

投资收益 75 000

贷：本年利润 1 855 000

（2）结转成本费用类账户：

借：本年利润 1 082 000

贷：主营业务成本 900 000

税金及附加 56 000

销售费用 50 000

管理费用 70 000

财务费用 6 000

（3）结转当期所得税费用305 000元：

借：本年利润　　305 000

　　贷：所得税费用　　305 000

（4）计算并结转本年净利润：

利润总额 = 1 855 000 − 1 082 000 = 773 000（元）

净利润 = 773 000 − 305 000 = 468 000（元）

借：本年利润　　468 000

　　贷：利润分配——未分配利润　　468 000

第四节　所得税

一、所得税核算的基本原理

我国所得税会计采用了资产负债表债务法，要求企业从资产负债表出发，通过比较资产负债表上列示的资产、负债按照会计准则规定确定的账面价值与按照税法规定确定的计税基础，两者之间的差异，分别为应纳税暂时性差异与可抵扣暂时性差异，确认相关的递延所得税负债与递延所得税资产，在综合考虑当期应交所得税的基础上，确定每一会计期间利润表的所得税费用。核算所得税时，人们主要采用资产负债表债务法。

资产负债表债务法在所得税的会计核算方面遵循了资产、负债的界定。从资产、负债的角度考虑，资产的账面价值代表的某项资产在持续持有及最终处置的一定时期内为企业带来未来经济利益的总和，而其计税基础代表的是该期间内按照税法规定就该项资产可以税前扣除的总额。

资产负债表债务法是基于资产负债表中所列示的资产、负债账面价值和计税基础经济含义的基础上，分析按照会计准则列报的账面价值与税法规定的差异，并就有关差异确定相关所得税的会计方法。相较于仅以当期实际应交所得税作为利润表中所得税费用的核算方法，资产负债表债务法除了能够反映企业已经持有的资产、负债及其变动对当期利润的影响外，还能够反映有关资产、负债对未来期间的所得税影响，在所得税核算领域贯彻了资产负债观。

二、所得税会计的一般程序

在采用资产负债表债务法核算所得税的情况下，企业一般应对资产负债表项目进行所得税影响的核算。发生特殊交易或事项时，如企业合并，在确认因交易或事项产生的资产、负债时即应确认相关的所得税影响。企业进行所得税核算一般应遵循以下程序：

1.按照相关企业会计准则规定，确定资产负债表中除递延所得税资产和递延所得税负债以外的其他资产和负债项目的账面金额。

2.按照企业会计准则中对于资产和负债的计税基础的确定方法，以适用的税收法规为基础，确定资产负债表中有关资产、负债项目的计税基础。

3.比较资产、负债的账面价值和计税基础，对于两者之间存在的差异，分析其性质，除企业会计准则规定的特殊情况外，在资产负债表日，分别应纳税暂时性差异与可抵扣暂时性差异，确定与之相关的递延所得税负债以及递延所得税资产的应有金额，并将该金额与期初数据进行比较，确定当期应予以进一步确认的递延所得税负债和递延所得税资产的金额或应予转销的金额，作为递延所得税。

4.企业当期发生的交易或事项，按照适用的税法规定计算确定当期应纳税所得额，将应纳税所得额与适用的所得税税率计算的结果确认为当期应交所得税。

5.确定利润表中的所得税费用。利润表中的所得税费用包括当期所得税费用和递延所得税费用两个组成部分。

三、资产、负债的计税基础

所得税会计的关键在于确定资产、负债的计税基础。在确定资产、负债的计税基础时，应严格遵循税收法规中对于资产的税务处理以及可税前扣除的费用等的规定。计税基础是税法认可的金额，分为资产的计税基础和负债的计税基础。

（一）资产的计税基础

资产的计税基础是指企业收回资产账面价值过程中，计算应纳税所得额时按照税法规定可以自应税经济利益中抵扣的金额。即某一项资产在未来期间计税时可以税前扣除的金额，也就是税法认可的资产金额。

资产在初始确认时，其计税基础一般为取得成本，即企业为取得某项资产支付的成本在未来期间准予税前扣除。在资产持续持有的过程中，其计税基础计算公式为：

资产计税基础＝成本－以前期间已税前列支的金额

1.固定资产

以各种方式取得的固定资产，初始确认时按照企业会计准则规定确定的入账价值基本上是被税法认可的，即取得时账面价值一般等于计税基础。

固定资产在持有期间进行后续计量时，由于会计与税法规定就折旧方法、折旧年限以及固定资产减值准备的提取等处理的不同，可能造成固定资产的账面价值与计税基础的差异。

（1）折旧方法、折旧年限的差异。会计准则规定，企业应当根据与固定资产有关的经济利益的预期实现方式合理选择折旧方法，如可以按年限平均法计提折旧，也可以按照双倍余额递减法、年数总额法等计提折旧。税法中，除某些按照规定可以加速折旧的情况外，基本上可以税前扣除的是按照年限平均法计提的折旧；另外，税法还就每一类固定资产的最低折旧年限做出了规定，而会计准则规定折旧年限是由企业根据固定资产的性质和使用情况合理确定的。如企业进行会计处理时确定的折旧年限与税法规定不同，也会产生固定资产持有期间账面价值与计税基础的差异。

（2）因计提固定资产减值准备产生的差异。持有固定资产的期间内，在对固定资产计提了减值准备后，因税法规定企业计提的资产减值准备在发生实质性损失前不允许税前扣除，也会造成固定资产的账面价值与计税基础的差异。

【例8-20】大明公司于在20×6年12月10日取得的某项固定资产，原价750万元，使用年限为10年，会计上采用年限平均法计提折旧，净残值为零。税法规定该类（由于技术进步、产品更新换代较快的）固定资产采用加速折旧法计提的折旧可予税前扣除，该企业在计税时采用双倍余额递减法计提折旧，净残值为零。20×8年12月31日，企业估计该项固定资产的可回收金额为550万元。

本例中：20×8年12月31日，该项固定资产的账面价值=750−75×2=600（万元），该账面价值余额大于可回收金额550万元，两者之间的差额应计提50万元的固定资产减值准备。

20×8年12月31日，该固定资产的账面价值=750−75×2−50=550（万元）

其计税基础=750−750×20%−600×20%=480（万元）

该项固定资产的账面价值550万元与其计税基础480万元之间的70万元差额，将于未来期间计入企业的应纳税所得额。

【例8-21】大明公司于20×7年12月10日以750万元购入一项生产用固定资产，按照该项固定资产的预计使用情况，在会计核算时估计其使用寿命为5年。计税时，按照税法规定，其最低折旧年限为10年，该企业计税时按照10年计算确定可税前扣除的折旧额。假定会计与税法规定均按年限平均法计列折旧，净残值均为零。20×8年该项固定资产按照12个月计提折旧。假定固定资产未发生减值。

本例中：20×8年12月31日，该项固定资产的账面价值=750−750/5=600（万元），其计税基础=750−750÷10=675（万元）。

该项固定资产的账面价值600万元与其计税基础675万元之间产生的75万元的差额，在未来期间会减少企业的应纳税所得额。

2.无形资产

除内部研究开发形成的无形资产以外，其他方式取得的无形资产，初始确认时按照会计准则规定确认的入账价值与按照税法规定确定的计税基础之间一般不存在差异。无形资产的差异主要产生于内部研究开发形成的无形资产以及使用寿命不确定的无形资产。

（1）内部研究开发形成的无形资产，其成本为开发阶段符合资本化条件以后至达到预定用途前发生的支出，除此之外，研究开发过程中发生的其他支出应予费用化计入损益；税法规定，自行开发的无形资产，以开发过程中该项资产符合资本化条件后至达到预定用途前发生的支出为计税基础。另外，对于研究开发费用的加计扣除，税法中规定企业为开发新技术、新产品、新工艺发生的研究开发费用，未形成无形资产计入当期损益的，在按照规定据实扣除的基础上，按照研究开发费用的75%加计扣除；形成无形资产的，按照无形资产成本的175%摊销。如该无形资产的确认不是产生于企业合并交易、同时在确认时既不影响会计利润也不影响应纳税所得额，按照所得税会计准则的规定，不确认该暂时性差异的所得税影响。

【例 8-22】大明公司当期为开发新技术发生研究开发支出 2 000 万元，其中研究阶段支出 400 万元，开发阶段符合资本化条件前发生的支出为 400 万元，符合资本化条件后至达到预定用途前发生的支出为 1 200 万元。税法规定，企业为开发新技术、新产品、新工艺发生的研究开发费用，未形成无形资产计入当期损益的，在按照规定据实扣除的基础上，按照研究开发费用的 75% 加计扣除；形成无形资产的，按照无形资产成本的 175% 摊销。假定开发形成的无形资产在当期期末已达到预定用途（尚未开始摊销）。

本例中，大明公司当期发生的研究开发支出中，按照会计准则规定应予以费用化的金额为 800 万元，形成无形资产的成本为 1 200 万元，即期末所形成无形资产的账面价值为 1 200 万元。

大明公司当期发生的 2 000 万元研究开发支出中，按照税法规定可在当期税前扣除的金额为 1 400 万元，所形成无形资产在未来期间可予以税前扣除的金额为 2 100 万元，其计税基础为 2 100 万元，形成暂时性差异 900 万元。

（2）无形资产在后续计量时，会计与税法的差异主要产生于是否需要摊销以及无形资产减值准备的提取。

会计准则规定，应根据无形资产的使用寿命情况，区分为使用寿命有限的无形资产和使用寿命不确定的无形资产。对于使用寿命不确定的无形资产，不要求摊销，但持有期间每年应进行减值测试。税法规定，企业取得的无形资产成本（外购商誉除外），应在一定期限内摊销。对于使用寿命不确定的无形资产，会计处理时不予摊销，但计税基础按照税法规定确定的摊销额允许税前扣除，造成该类无形资产账面价值与计税基础的差异。

在对无形资产计提准备的情况下，因税法规定计提的无形资产减值准备在转变为实质性损失前不允许税前扣除，即无形资产的计税基础不会随减值准备的提取发生变化，从而造成无形资产的账面价值与计税基础的差异。

【例 8-23】大明公司于 20×8 年 1 月 1 日取得某项无形资产，取得成本为 1 500 万元，取得该项无形资产后，根据各方面情况判断，企业无法合理预计其使用期限，将其作为使用寿命不确定的无形资产。20×8 年 12 月 31 日，对该项无形资产进行减值测试表明其未发生减值。企业在计税时，对该项无形资产按照 10 年的期限采用直线法摊销，摊销金额允许税前扣除。

本例中，会计上将该项无形资产作为使用寿命不确定的无形资产，因为发生减值，其在 20×8 年 12 月 31 日的账面价值为取得成本 1 500 万元。该项无形资产在 20×8 年 12 月 31 日的计税基础=1 500−1 500÷10=1 350（万元）。该项无形资产的账面价值 1 500 万元与其计税基础 1 350 万元之间的差额 150 万元，将计入未来期间企业的应纳税所得额。

3. 以公允价值计量且其变动计入当期损益的金融资产

按照会计准则规定，以公允价值计量且其变动计入当期损益的金融资产于某一会计期末的账面价值为公允价值。税法规定，企业以公允价值计量的金融资产、金融负债以及投资性房地产等，持有期间公允价值的变动不计入应纳税所得额，在实际处置或结算时，处置取得的价款扣除其历史成本后的差额应计入处置或结算期间的应纳税所得额。按照该规定，以公允价值计量的金融资产在持有期间市价的波动在计税时不予考虑，有关金融资产在某一会计期末的计税基础为其取得成本，从而造成在公允价值变动的情况下，形成公允价值计量的金融资产账面价值与计税基础之间的差额。

企业持有的可供出售金融资产计税基础的确定，与以公允价值计量且其变动计入当期损益的金融资产类似，可比照处理。

【例 8-24】20×8 年 10 月 20 日，大明公司自公开市场取得一项权益性投资，支付价款 2 000 万元，作为交易性金融资产核算。20×8 年 12 月 31 日，该投资的市价为 2 200 万元。

本例中，该项交易性金融资产的期末市价为 2 200 万元，其按照会计准则规定进行核算。在 20×8 年资产负债表日的账面价值为 2 200 万元。因税法规定以公允价值计量的金融资产在持有期间公允价值的变动不计入应纳税所得额，其在 20×8 年资产负债表日的计税基础应维持原取得成本不变，为 2 000 万元。该交易性金融资产的账面价值 2 200 万元与其计税基础 2 000 万元之间产生了 200 万元的暂时性差异，该暂时性差异在未来期间转回时会增加未来期间的应纳税所得额。

4.其他资产

因会计准则规定与税法规定不同，企业持有的其他资产，可能造成其账面价值与计税基础之间存在差异的，如：

（1）投资性房地产，企业持有的投资性房地产进行后续计量时，会计准则规定可以采用两种模式：一种是成本模式，采用该种模式计量的投资性房地产，其账面价值与计税基础的确定与固定资产、无形资产相同；另一种是在符合规定条件下，可以采用公允价值模式对投资性房地产进行后续计量。对于采用公允价值模式进行后续计量的投资性房地产，其计税基础的确定类似于固定资产或无形资产计税基础的确定。

（2）其他计提了资产减值准备的各项资产。有关资产计提了减值准备后，其账面价值会随之下降，而税法规定资产在发生实质性损失之前，不允许税前扣除，即其计税基础不会因减值准备的提取而变化，造成在计提资产减值准备以后，资产的账面价值与计税基础之间存在差异。

（二）负债的计税基础

负债的计税基础是指负债的账面价值减去未来期间计算应纳税所得额时按照税法规定可予抵扣的金额。其计算公式为：

负债的计税基础 = 账面价值 − 未来按照税法规定可税前列支的金额

负债的确认与偿还一般不会影响企业的损益，也不会影响其应纳税所得额，未来期间计算应纳税所得额时按照税法规定可予抵扣的金额为零，计税基础即为账面价值。但是，某些情况下，负债的确认可能会影响企业的损益，进而影响不同时期的应纳税所得额，使得其计税基础与账面价值之间产生差额，如按照会计规定确认的某些预计负债。

1.企业因销售商品提供售后服务等原因确认的预计负债

按照或有事项准则规定，企业对于预计提供售后服务将发生的支出在满足有关确认条件时，销售当期即应确认为费用，同时确认预计负债。如果税法规定，与销售产品相关的支出应于发生时税前扣除。因该类事项产生的预计负债在期末的计税基础为其账面价值与未来期间可税前扣除的金额之间的差额，即为零。

其他交易或事项中确认的预计负债，应按照税法规定的计税原则确定其计税基础。某些情况下，因有些事项确认的预计负债，税法规定其支出无论是否实际发生均不允许税前扣除，即未来期间按照税法规定可予抵扣的金额为零，账面价值等于计税基础。

【例8-25】大明公司20×8年因销售商品承诺提供3年的保修服务，在当年度利润表中确认了500万元的销售费用，同时确认为预计负债，当年度未发生任何保修支出。假定按照税法规定，与产品售后服务相关的费用在实际发生时允许税前扣除且不考虑暂时性差异影响。

本例中，该项预计负债在大明公司20×8年12月31日资产负债表中的账面价值为500万元。

该项预计负债的计税基础 = 账面价值 − 未来期间计算应纳税所得额时按照税法规定可予抵扣的金额 =500−500=0

2.预收账款

企业在收到客户预付的款项时，因不符合收入确认条件，会计上将其确认为负债。税法中对于收入的确认原则一般与会计规定相同，即会计上未确认收入时，计税时一般亦不计入应纳税所得额，该部分经济利益在未来期间计税时可予税前扣除的金额为零，即因其生产时已经计算交纳所得税，未来期间可全额税前扣除。

【例8-26】大明公司于20×8年12月20日自客户收到一笔合同预付款，金额为2 500万元，作为预收账款核算。按照税法规定，该款项应计入取得当期应纳税所得额计算交纳所得税。

本例中，该预收账款在大明公司20×8年12月31日资产负债表中的账面价值为2 500万元。

该预收账款的计税基础 = 账面价值 − 未来期间计算应纳税所得额时按照税法规定可予抵扣的金额 =2 500−2 500=0

该项负债的账面价值2 500万元与其计税基础零之间产生的2 500万元暂时性差异，会减少企业于未来期间的应纳税所得额。

3.应付职工薪酬

会计准则规定，企业为获得职工提供的服务给予的各种形式的报酬以及其他相关支出均作为企业的成本费用，在未支付之前确认为负债。税法中对于合理的职工薪酬基本允许税前扣除，但税法中如果规定了税前扣除标准的，按照会计准则规定计入成本费用支出的金额超过规定标准部分，应进行纳税调整。因超过部分在发生当期不允许税前扣除，在以后期间也不允许税前扣除，即该部分差额对未来期间计税不产生影响，所产生应付职工薪酬负债的账面价值等于计税基础。

【例 8-27】大明公司于20×8年12月计入成本费用的职工工资总额为4 000万元，至20×8年12月31日尚未支付。按照税法规定，当期计入成本费用的4 000万元工资支出中，可予税前扣除的合理部分为4 000万元。

本例中，该项应付职工薪酬负债于20×8年12月31日的账面价值为4 000万元。

$$\frac{\text{该项应付职工薪酬负债于}}{\text{20×8年12月31日的计税基础}}=\frac{\text{账面}}{\text{价值}}-\frac{\text{未来期间计算应纳税所得额时}}{\text{按照税法规定可予抵扣的金额}}$$

$$=4\,000-0=4\,000\text{（万元）}$$

该负债的账面价值4 000万元与其计税基础4 000万元相同，不形成暂时性差异。

4.其他负债

其他负债如企业应交的罚款和滞纳金等，在尚未支付之前按照会计规定确认为费用，同时作为负债反映。税法规定，罚款和滞纳金不能税前扣除，即该部分费用无论是在发生当期还是在以后期间均不允许税前扣除，其计税基础为账面价值减去未来期间计税时可予税前扣除的金额零之间的差额，则计税基础等于账面价值。

其他交易或事项产生的负债，其计税基础的确定应当遵从适用税法的相关规定。

【例 8-28】大明公司20×8年12月因违反当地有关环保法规的规定，接到环保部门的处罚通知，要求其支付罚款500万元。税法规定，企业因违反国家有关法律法规支付的罚款和滞纳金，计算应纳税所得额时不允许税前扣除。至20×8年12月31日，该项罚款尚未支付。

本例中，应支付罚款产生的负债账面价值为500万元。

$$\frac{\text{该项负债的}}{\text{计税基础}}=\frac{\text{账面}}{\text{价值}}-\frac{\text{未来期间计算应纳税所得额时}}{\text{按照税法规定可予抵扣的金额}}=500-0=500\text{（万元）}$$

该项负债的账面价值500万元与其计税基础500万元相同，不形成暂时性差异。

三、暂时性差异

暂时性差异是指资产或负债的账面价值与其计税基础之间的差额。因资产、负债的账面价值与其计税基础不同，产生了在未来收回资产或清偿负债的时间内，应纳税所得额增加或减少并导致未来期间应交所得税增加或减少的情况，形成企业的资产或负债，在有关暂时性差异发生当期，符合确认条件的情况下，应当确认相关的递延所得税负债或递延所得税资产。

按照暂时性差异对未来期间应税金额的影响，分为应纳税暂时性差异和可抵扣暂时性差异。

（一）应纳税暂时性差异

应纳税暂时性差异是指在确定未来收回资产或清偿负债期间的应纳税所得额时，将导致产生应税金额的暂时性差异，即在未来期间不考虑该事项影响的应纳税所得额的基础上，由于该暂时性差异的转回，会进一步增加转回期间的应纳税所得额和应交所得税金额，在其产生当期应当确认相关的递延所得税负债。应纳税暂时性差异通常产生于以下情况：

1.资产的账面价值大于其计税基础

资产的账面价值代表的是企业在持续使用及最终出售该项资产时将取得的经济利益的总额，而计税基础代表的是资产在未来期间可予税前扣除的总金额。资产的账面价值大于其计税基础，该项资产未来期间产生的经济利益不能全部税前抵扣，两者之间的差额需要缴税，产生应纳税暂时性差异。

2.负债的账面价值小于其计税基础

负债的账面价值为企业预计在未来期间清偿该项负债的经济利益流出，而其计税基础代表的是账面价值在扣除税法规定未来期间允许税前扣除的金额之后的差额。负债的账面价值与其计税基础不同产生的暂时性差异，实质上是税法规定就该项负债在未来期间可以税前抵扣的金额为负数，即应在未来期间应纳税所得额的基础上调增，增加未来期间的应纳税所得额和应交所得税金额，产生应纳税暂时性差异，应确认相关的递延所得税负债。

较为直观的认定规律是：当暂时性差异使得应纳所得税额先小于所得税费用、后大于所得税费用时，此差异即可认定为应纳税暂时性差异。

【例8-29】大明公司在20×8年12月10日，购入一项交易性金融资产，取得成本为100万元，该时点的计税基础为100万元，即可作为成本费用自未来流入企业的经济利益中扣除的金额为100万元，也就是说在取得该资产时的暂时性差异为零。20×8年12月31日，该项交易性金融资产公允价值变为120万元，会计确认账面价值为120万元，税法规定的计税基础保持不变，仍为100万元，则在这个会计期末产生的应纳税暂时性差异为20万元。

（二）可抵扣暂时性差异

可抵扣暂时性差异是指在确定未来收回资产或清偿负债期间的应纳税所得额时，将导致产生可抵扣金额的暂时性差异。可抵扣暂时性差异一般产生于以下情况：

1.资产的账面价值小于其计税基础

资产的账面价值小于其计税基础，意味着资产在未来期间产生的经济利益少，按照税法规定允许税前扣除的金额多，两者之间的差额可以减少企业在未来期间的应纳税所得额并减少应交所得税，符合有关条件时，应当确认相关的递延所得税资产。

2.负债的账面价值大于其计税基础

负债的账面价值大于其计税基础，意味着未来期间按照税法规定与负债相关的全部或部分支出可以自未来应税经济利益中扣除，减少未来期间的应纳税所得额和应交所得税。符合有关条件时，应当确认相关的递延所得税资产。

较为直观的认定规律是：当暂时性差异使得应纳所得税额先大于所得税费用、后小于所得税费用时，此差异即可认定为可抵扣暂时性差异。

【例 8-30】大明公司在20×8年12月31日，企业因产品质量1年担保计提的预计负债形成年末余额为50万元，此预计负债的账面价值为50万元，但按税法规定的计税基础金额为零，则在该期末产生的可抵扣暂时性差异为50万元。

四、递延所得税资产和递延所得税负债

（一）递延所得税资产

1.递延所得税资产的确认

递延所得税资产是由于存在可抵扣暂时性差异而产生的本期上交国家的所得税大于所得税费用的部分。实际是发生了已经支付但尚未作为费用处理的所得税，形成了企业的一项对未来的资产。

确认因可抵扣暂时性差异产生的递延所得税资产应以未来期间可能取得的应纳税所得额为限。在可抵扣暂时性差异转回的未来期间内，企业无法产生足够的应纳税所得额用以利用可抵扣暂时性差异的影响，使得与可抵扣暂时性差异相关的经济利益无法实现的，不应确认递延所得税资产；企业有明确的证据表明其于可抵扣暂时性差异转回的未来期间能够产生足够的应纳税所得额，进而利用可抵扣暂时性差异的，则应以可能取得的应纳税所得额为限，确认相关的递延所得税资产。

在判断企业于可抵扣暂时性差异转回的未来期间是否能产生足够的应纳税所得额时，应考虑企业在未来期间通过正常的生产经营活动能够实现的应纳税所得额以及以前期间产生的应纳税暂时性差异在未来期间转回时将增加的应纳税所得额。

2.递延所得税资产的计量

确认递延所得税资产时，应当以预期收回该资产期间的适用所得税税率为基础计算确定。无论相关的可抵扣暂时性差异转回期间如何，递延所得税资产均不要求折现。

企业在确认了递延所得税资产后，资产负债表日，应当对递延所得税资产的账面价值进行复核。如果未来期间很可能无法取得足够的应纳税所得额用以利用可抵扣暂时性差异带来的利益，应当减记递延所得税资产的账面价值。减记的递延所得税资产，除原确认时计入所有者权益的，其减记金额亦应计入所有者权益外，其他的情况均应增加所得税费用。

因无法取得足够的应纳税所得额利用可抵扣暂时性差异减记递延所得税资产账面价值的，以后期间根据新的环境和情况判断能够产生足够的应纳税所得额利用可抵扣暂时性差异，使得递延所得税资产包含的经济利益能够实现的，应相应恢复递延所得税资产的账面价值。

计算公式如下：

递延所得税资产＝可抵扣暂时性差异×所得税税率

【例8-31】沿用【例8-30】相关资料，大明公司在20×8年12月31日产生的可抵扣暂时性差异为50万元。假定该公司本年税前会计利润为100万元，除上述暂时性差异外没有其他暂时性差异及其他差异，企业所得税税率25%。大明公司在该年末有关所得税的计算如下：

企业按税法规定的应纳税所得额=100＋50＝150（万元）

应纳所得税税额=150×25%＝37.5（万元）

按会计准则规定计算所得税费用的税前会计利润为100万元。

企业应作为费用处理的所得税费用=100×25%＝25（万元）

根据上述计算，企业本年末缴纳了所得税37.5万元，而计入费用的所得税仅仅为25万元，此时形成了企业的一项12.5万元的递延所得税资产，计算如下：

递延所得税资产＝50×25%＝12.5（万元）

假定大明公司在20×9年实际发生了产品质量担保费用50万元。按税法规定产品质量担保费用在实际发生时可以在税前作为费用扣除。假设大明公司20×9年的税前会计利润还是100万元，所得税税率为25%，还是没有其他暂时性差异及其他差异。应当注意此时的税前会计利润100万元是没有扣除50万元担保费用的，因为企业在上年将此担保费用作为了负债处理，今年发生担保费用认为是负债的偿还。而计算应纳税所得额时应将50万元的担保费用从100万元中扣除。企业在该年末有关所得税的计算如下：

作为费用处理的所得税费用=100×25%＝25（万元）

企业按税法规定的应纳税所得额=100－50＝50（万元）

应纳所得税税额=50×25%＝12.5（万元）

根据上述计算，企业本年末缴纳所得税12.5万元，而计入费用的所得税25万元，相当于收回了企业在20×8年末形成的12.5万元递延所得税资产。

通过上面的例子可以看出，如果从两年的整体看大明公司的税前会计利润与应纳税所得额不存在差异（都是200万元），缴纳所得税与作为费用处理的所得税也相等（都是50万元）。而单独从某一年看是存在着50万元应纳税所得额的差异，从而造成12.5万元纳税差异，但在以前年度形成的应纳税所得额差异，在以后年度可以转回来，也就是说差异是暂时性的。

（二）递延所得税负债

1.递延所得税负债的确认

递延所得税负债是由于存在应纳税暂时性差异而产生的本期缴纳所得税小于所得税费用的部分。实际是发生了预先作为费用处理但尚未支付的所得税，形成了企业的一项对未来的负债。其计算公式如下：

递延所得税负债＝应纳税暂时性差异×所得税税率

除所得税准则中明确规定可不确认递延所得税负债的情况以外，企业对于所有的应纳税暂时性差异均应确认相关的递延所得税负债。除与直接计入所有者权益的交易或事项以及企业合并中取得资产、负债相关的以外，在确认递延所得税负债的同时，应增加利润表中的所得税费用。

2.递延所得税负债的计量

对于递延所得税负债，应当根据适用的税法规定，在资产负债表日，按照预期收回该资产或清偿该负债期间的适用税率计量。即递延所得税负债应以相关应纳税暂时性差异转回期间按照税法规定适用的所得税税率计算。无论应纳税暂时性差异的转回期间如何，相关的递延所得税负债均不要求折现。

另外，无论是递延所得税资产还是递延所得税负债的计量，均应考虑资产负债表日企业预期收回资产或清偿负债方式的所得税的影响，在计量递延所得税资产和递延所得税负债时，应当采用与收回资产或清偿债务的预期方式相一致的税率和计税基础。例如，企业持有的某项固定资产，一般情况下是为企业的正常经营活动提供必要的生产条件，但在某一时点上，企业决定将该固定资产对外出售，实现其为企业带来的未来经济利益，假定税法规定长期资产处置时使用的所得税税率与一般情况不同，则企业在计量因该资产产生的应纳税暂时性差异或可抵扣暂时性差异的所得税影响时，应考虑该资产带来的经济利益预期实现方式的影响。

五、所得税费用的核算

（一）当期所得税

当期所得税是指企业按照税法规定计算确定的针对当期发生的交易和事项，应交纳给税务部门的所得税金额，即当期应交所得税。

企业在确定当期应交所得税时，对于当期发生的交易或事项，会计处理与税法处理不同的，应在会计利润的基础上，按照适用税法法规的规定进行调整，计算出当期应纳税所得额，按照应纳税所得额与适用所得税税率计算确定当期应交所得税。其计算公式是：

$$\text{应纳税所得额}=\text{会计利润}+\text{按照会计准则规定计入利润表但计税时不允许税前扣除的费用}+(-)\text{计入利润表的费用与按照税法规定可予税前抵扣的金额之间的差额}+(-)\text{计入利润表的收入与按照税法规定应计入应纳税所得额的收入之间的差额}-\text{税法规定的不征税收入}+(-)\text{其他需调整的因素}$$

（二）递延所得税

递延所得税是指按照所得税准则的规定当期应予确认的递延所得税资产和递延所得税负债金额，即递延所得税资产及递延所得税负债当期发生额的综合结果，但不包括计入所有者权益的交易或事项的所得税影响。用公式表示即为：

$$\text{递延所得税}=(\text{递延所得税负债的期末余额}-\text{递延所得税负债的期初余额})-(\text{递延所得税资产的期末余额}-\text{递延所得税资产的期初余额})$$

应予以说明的是，企业因确认递延所得税资产和递延所得税负债产生的递延所得税，一般应当计入所得税费用，但以下两种情况除外：

1.某项交易或事项按照会计准则规定应计入所有者权益的，由该交易或事项产生的递延所得税资产或递延所得税负债及其变化亦应计入所有者权益，不构成利润表中的递延所得税费用（或收益）。

2.企业合并中取得的资产、负债，其账面价值与计税基础不同，应确认相关递延所得税的，该递延所得税确认影响合并中产生的商誉或是计入当期损益的金额，不影响所得税费用。

（二）所得税费用

所得税费用是指企业根据所得税会计准则确认的应从当期利润总额中扣除的作为费用处理的所得税额。

所得税费用＝当期所得税＋递延所得税

核算所得税费用，企业需要设置“所得税费用”“递延所得税资产”“递延所得税负债”等账户。

“所得税费用”账户，核算企业确认的应从当期利润总额中扣除的所得税费用。该账户属于损益类账户中的费用类账户，借方登记企业按照税法规定计算的当期应交所得税以及递延所得税费用，贷方登记当期确认的递延所得税收益；期末将作为费用处理的所得税费用结转到“本年利润”账户，期末结转后本账户无余额。该账户应设置“当期所得税费用”“递延所得税费用”两个明细账户进行明细核算。

“递延所得税资产”账户，核算企业由于可抵扣暂时性差异产生的影响所得税的金额。该账户借方登记递延所得税资产的期末余额大于期初余额的差额，贷方登记递延所得税资产的期末余额小于期初余额的差额；该账户的余额在借方，反映企业确认的递延所得税资产的期末余额。

“递延所得税负债”账户，核算企业由于应纳税暂时性差异产生的影响所得税的金额。该账户借方登记递延所得税负债期末余额小于期初余额的差额，贷方登记递延所得税负债期末余额大于期初余额的差额。该账户的余额在贷方，反映递延所得税负债的余额。

【例8-32】大明公司20×8年度利润表中的利润总额为1 000万元，资产负债表中“递延所得税资产”期初余额为20万元，“递延所得税负债”期初余额为12万元。预计该企业会持续经营，能够获得足够的应纳税所得额。该公司适用的所得税税率为25%，且3年内所得税税率不会变化。有关资料如下：

（1）收到被投资单位分来的现金股利30万元，被投资单位适用的所得税税率与该企业相同。

（2）企业因违法经营已支付罚款50万元。

（3）前期取得的交易性金融资产，成本为240万元，上期期末公允价值为280万元，本期期末公允价值为300万元。

（4）20×5年12月购入一项设备，成本为800万元，会计上规定使用年限为8年，净残值为零，采用直线法计提折旧。税法规定按照10年计提折旧。

（5）企业因计提售后服务费用确认的预计负债期初余额为40万元，本年计提售后服务费用20万元，本期实际发生售后服务费用40万元。税法规定售后服务费用实际发生时准许税前扣除。

（6）期末对存货计提了20万元的存货跌价准备。税法规定该项存货实际发生损失时，才可以从应纳税所得额中扣除。未计提减值前存货的余额为100万元。

大明公司计算所得税费用，及其有关账务处理如下：

（1）计算20×8年应纳所得税额：

应纳税所得额 = 10 000 000 − 300 000 + 500 000 − （3 000 000 − 2 800 000） + （1 000 000 − 800 000） + （200 000 − 400 000） + 200 000
= 10 200 000（元）

应纳所得税税额 = 10 200 000×25% = 2 550 000（元）

（2）计算20×8年递延所得税：

①20×8年暂时性差异计算见表8-2。

表8-2 **暂时性差异计算表** 单位：元

项　目	账面价值	计税基础	应纳税暂时性差异	可抵扣暂时性差异
交易性金融资产	3 000 000	2 400 000	600 000	
存货	800 000	1 000 000		200 000
固定资产	5 000 000	5 600 000		600 000
预计负债	200 000	0		200 000
合　计	9 000 000	9 000 000	600 000	1 000 000

②确认递延所得税资产和负债：

期末递延所得税资产（1 000 000×25%）	250 000
期初递延所得税资产	200 000
递延所得税资产增加	（50 000）
期末递延所得税负债（600 000×25%）	150 000
期初递延所得税负债	120 000
递延所得税负债增加	30 000

（3）计算所得税费用：

所得税费用 = 2 550 000 + 30 000 − 50 000 = 2 530 000（元）

（4）大明公司的账务处理如下：

借：所得税费用——当期所得税费用　　2 550 000
　贷：应交税费——应交所得税　　2 550 000

借：递延所得税资产　　50 000
　贷：递延所得税负债　　30 000
　　所得税费用——递延所得税费用　　20 000

第五节 利润分配

一、利润分配及顺序

利润分配，是企业根据国家有关规定和投资者的决议，对企业的净利润所进行的分配。根据现行法律、法规及有关制度的规定，企业所实现的净利润，除国家另有规定外，应当按照下列顺序进行分配：

1.弥补以前年度亏损。

2.提取法定盈余公积。

3.应付优先股股利。

4.提取任意盈余公积。

5.应付普通股股利或利润。

6.转作资本（或股本）的股利或利润。

二、设置相关账户

1.“利润分配”账户。为了反映利润分配的情况，企业需要设置“利润分配”账户，核算企业利润的分配（或亏损的弥补）情况和历年利润分配（或亏损的弥补）后的结存余额。在“利润分配”账户下应设置“提取法定盈余公积”“提取任意盈余公积”“应付现金股利或利润”“转作股本的股利”“盈余公积补亏”“未分配利润”等明细账户，进行明细核算。该账户借方登记企业提取法定盈余公积、提取任意盈余公积、向投资人分配的现金股利或利润、转作股本的股利以及由“本年利润”账户转入的亏损等，贷方登记企业由“本年利润”账户转入的净利润、用盈余公积补亏等；在年末利润分配之前，期末余额在借方，反映企业以前年度未弥补的亏损，反之为以前年度未分配的利润。年末利润分配后，余额在贷方，反映企业未分配的利润或者留待以后年度分配的利润；反之，为未弥补的亏损或者留待以后年度弥补的亏损。

2.“盈余公积”账户，属于所有者权益类账户，核算企业从净利润中提取的盈余公积。贷方登记提取的盈余公积数，借方登记使用的盈余公积数；余额在贷方，表示企业的盈余公积结存数。

3.“应付利润”账户，属于负债类账户，核算企业应付给投资者的利润。贷方登记期末计算出的应付利润数，借方登记实际支付给投资者的利润数；余额在贷方，表示企业应付未付的利润数。

三、利润分配的会计处理

1.结转“本年利润”账户

在账结法下，企业各月取得的收入（收益）和产生的支出（包括成本、税金及附加、期间费用、营业外支出以及所得税费用等）分别转入“本年利润”账户的贷方和借方。年终，该账户转账前贷方余额为全年净利润总额，借方余额为全年亏损总额，一律转入“利润分配”账户的贷方和借方，结转后，“本年利润”账户年终无余额。

【例8-33】12月31日，大明公司结转全年净利润59 250元（利润总额79 000-全年所得税19 750）。

借：本年利润　59 250

　贷：利润分配——未分配利润　59 250

2.计提法定盈余公积

法定盈余公积按照本年实现税后净利润（减弥补亏损）的一定比例提取，股份制企业按公司法规定以净利润的10%提取，其他企业可以根据需要确定提取比例，但至少应按10%提取。当企业的法定盈余公积达到注册资本的50%时，可不再提取。

如果企业发生亏损，可以用以后年度实现的利润弥补，企业以前年度的亏损未弥补完的，不得提取法定盈余公积。

【例8-34】12月31日，大明公司按全年净利润的10%计提法定盈余公积5 925元（59 250×10%）。

借：利润分配——提取法定盈余公积　5 925

　贷：盈余公积——法定盈余公积　5 925

3.计提任意盈余公积

任意盈余公积是指按照公司章程规定或股东会决议计提的公积金，提取率每年由股东决定。

【例8-35】12月31日，大明公司按全年净利润的6%计提任意盈余公积3 555元（59 250×6%）。

借：利润分配——提取任意盈余公积　3 555

　贷：盈余公积——任意盈余公积　3 555

4.向投资者分配利润或股利

【例8-36】12月31日，大明公司确定本年应向投资者分配利润33 770元（投资者之间按投入资本的比例分配）。当日支付利润33 370元。

借：利润分配——应付现金股利或利润　33 770

　贷：应付股利　33 770

借：应付股利　33 770

　贷：银行存款　33 770

5.用盈余公积补亏

企业发生的年度亏损一般有三种途径弥补：

（1）财政弥补，即企业发生的政策性亏损由国家财政弥补。企业计算应收财政部门补贴款时，借记“其他应收款”账户，贷记“营业外收入”账户。补贴收入转入企业利润总额，借记“营业外收入”账户，贷记“本年利润”账户。实际收到补贴款时，借记“银行存款”账户，贷记“其他应收款”账户。

（2）企业自行弥补。企业将发生的亏损挂在“利润分配”账户的借方，用下一年度的利润在所得税前弥补。

（3）所有者弥补。即用每年提存的反映所有者权益的盈余公积补亏，借记“盈余公积——法定盈余公积（或任意盈余公积）”账户，贷记“利润分配——盈余公积补亏”账户。

■ 本章内容结构图（如图8-1所示）

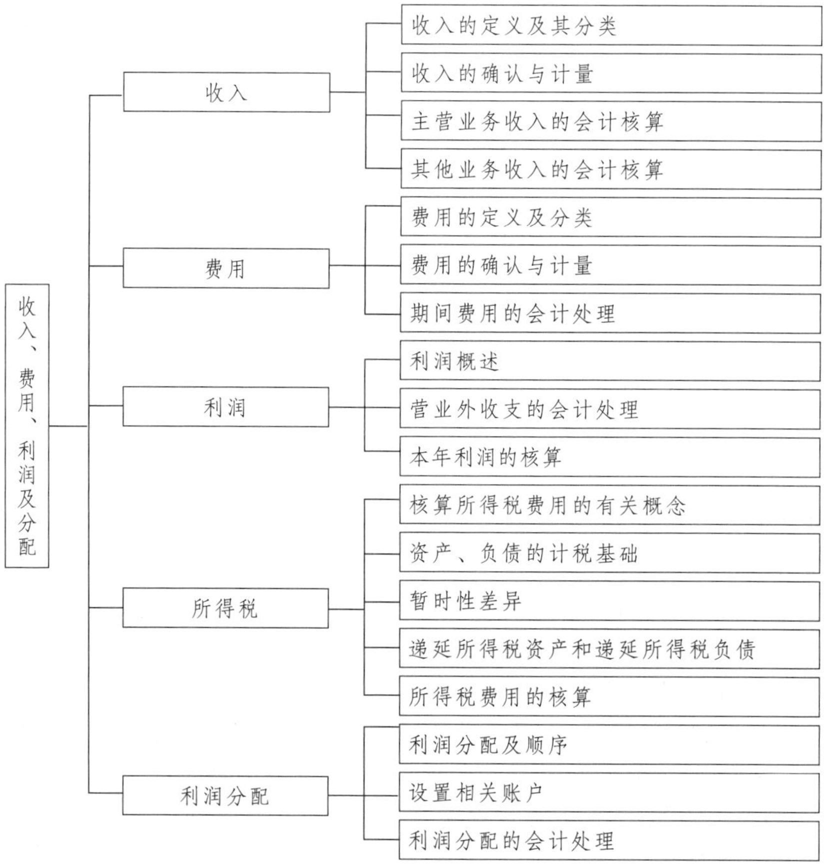

图8-1　本章内容结构图

■ 复习思考题

1. 收入确认和计量的五个步骤是什么？
2. 如何识别合同中的单项履约义务？

3. 某一时段内履行的履约义务的收入确认方法有哪些？
4. 如何将交易价格分摊至各单项履约义务？
5. 什么是期间费用？它包括哪些内容？
6. 成本与费用的区别和联系是什么？
7. 利润总额由哪几部分组成？利润分配的顺序是什么？

■ 本章小结

收入是利润的一项主要来源，主要包括主营业务收入和其他业务收入。根据财政部2017年发布的《企业会计准则第14号——收入》(财会〔2017〕22号)，收入确认和计量大致分为五步：第一步，识别与客户订立的合同；第二步，识别合同中的单项履约义务；第三步，确定交易价格；第四步，将交易价格分摊至各单项履约义务；第五步，履行各单项履约义务时确认收入。其中，第一步、第二步和第五步主要与收入的确认有关，第三步和第四步主要与收入的计量有关。

费用是指获取当期收入而发生的费用，包括营业成本、期间费用和所得税等。费用的确认必须遵循权责发生制原则、划分资本性支出和收益性支出原则和配比原则。期间费用包括销售费用、管理费用和财务费用三部分。

所得税也是企业的一项费用。由于税法和会计准则或会计制度之间存在差异，导致会计的税前利润和应纳税所得额往往是不一致的，即存在着永久性差异和暂时性差异。对于这种差异，会计核算上应当采用资产负债表债务法予以处理。

利润是企业在一定会计期间的经营成果。利润包括收入减去费用后的净额，直接计入当期利润的利得和损失等。本年利润的核算需要通过“本年利润”账户。利润的核算有表结法和账结法两种方法。利润分配是一项政策性很强的工作，必须严格按国家法律和企业规定进行分配并核算。

■ 关键概念

收入　履约义务　交易价格　单独售价　主营业务收入　其他业务收入　期间费用　利润　营业利润　利润总额　净利润　营业外收入　营业外支出　所得税费用　暂时性差异　永久性差异　递延所得税资产　递延所得税负债　利润分配

二维码8-2：幽默一刻

■ 案例分析题

背景与情境：

长虹公司财务造假案例分析

四川长虹电子控股集团有限公司（简称“四川长虹”）始创于1958年，其前身国营长虹机器厂是我国“一五”期间的156项重点工程之一。然而从数年前开始，四川长虹就陆续被爆出财务丑闻。2003年3月5日《深圳商报》披露了四川长虹在美国遭遇巨额诈骗的消息：长虹2002年出口彩电近400万台，其中有300多万台是由美国APEX公司代理出口的，这家公司拖欠了长虹的货款，使长虹彩电数亿美元货款可能无法追回。2003年3月25日，四川长虹公布的2002年年报显示，四川长虹实现收入125.9亿元，实现净利1.76亿元，但经营性现金流为-29.7亿元，这是自要求编制现金流量表（1998年）以来，四川长虹经营性现金流首次出现负数。四川长虹2008年年报披露存在漏洞，披露的成本、费用存在差异约155亿元，四川长虹2008年可能同时虚增了营业收入、成本和费用，共计上百亿元。律师提供的一份材料中指出，四川长虹2008年年报（合并）中披露的营业成本（2 304 652.63万元）、销售费用（298 553.91万元）、管理费用（114 800.62万元），计算得出三项合计为2 718 007.16万元，但通过年报披露的采购金额等信息分析计算，上述三项费用合计金额约为1 166 326.47万元，中间存在大约155亿元的差距。两位律师指出，一种可能是四川长虹2008年隐瞒约155亿元的利润，但这种可能性较小，另一种可能则是四川长虹2008年可能同时虚增营业收入和成本、费用上百亿元。

资料来源：紫夜樱飞. 长虹公司财务造假案例分析［EB/OL］.（2011-05-31）.http://wenku.baidu.com/link?url=SOc24GB7M9FpDYjD_0okXz7sbaB9py5ah97q CaMF__KJytZNSFxF86JA5mCxPm-RaPoxGdZN6NgPT5mg1PnWOuktSJGk7Ks9i_O7UZHCmgfu.

问题：试通过搜集资料并讨论，分析四川长虹公司舞弊的主要手段是什么？

第九章

成本核算

学习目标

◇了解成本计算的基本方法
◆理解产品成本的概念及其特征
◆理解产品生产成本的核算程序、归集及分配方法
★掌握产品成本、成本计算对象、成本计算方法等基本概念
★掌握对产品生产成本进行合理的归集和分配的方法
★掌握根据企业生产管理特点灵活地选择和正确地运用成本计算方法的技能

二维码9-1：成本分析与费用控制

成本是综合反映企业生产经营活动成果的重要指标，成本核算是会计学的重要内容，是加强企业管理的重要手段。做好成本核算工作，对于企业降低成本、费用，增加利润，提高劳动生产率具有十分重要的意义。

第一节　产品成本核算基本程序

一、产品成本概述

（一）产品成本的概念

成本是会计主体（通常为企业）为了实现某一特定目的而耗费的资源价值，它可以用货币单位加以衡量。这里的"资源"不仅指自然资源，还包括经过人为加工的物质资源及人力资源。"特定目的"是指企业要达到的生产某件产品或提供某项服务的目的，是为计算成本而确定的生产费用的承担者，即通常所讲的成本计算对象。"耗费"是指企业在生产产品或提供劳务过程中对各种资源的消耗，如生产过程中领用原材料、机器设备在使用过程中逐渐磨损、向工人支付工资报酬等。一般来讲，产品成本指的是存货成本，是指可以计入存货价值的各项资源耗费，即企业为生产一定种类和数量的产品所发生的各项生产费用。

同步思考9-1

生产费用和产品生产成本是不是同一概念？为什么？

理解要点：生产费用和产品生产成本不是同一概念。生产费用是指一定时期内生产过程中发生的总支出，包括直接材料、直接人工、直接其他费用和制造费用。产品生产成本是指归属到产品上的生产费用。生产费用是成本计算的基础，即先将生产费用分配到产品上，才形成产品生产成本，成本是对象化的费用。二者虽然性质相同，但是生产费用按会计期间归集，产品生产成本按产品对象归集。一定期间的生产费用不一定等于一定期间的产品生产成本。

（二）产品成本的特征

产品成本具有以下特征：

1.产品成本是经济资源的耗费

产品生产过程中需要耗费原材料、支付生产工人及车间管理人员工资、磨损生产设备等，原材料、工资的支付及设备的磨损都是经济资源的耗费。根据成本归属理论，当任何原材料或生产设备被耗用后，它们的原始购置成本就归属于产出物，构成产品成本的一部分。

2.产品成本是货币计量的耗费

产品成本计算作为会计工作的一部分，必然受到货币计量假设的影响，即产品成本必须是能够以货币计量的，不论是过去已经支付了货币还是将来需要支付的货币，产品成本的计量都是要以一定数量的货币支付为基础的。

3.产品成本是特定对象的耗费

成本是对象化了的费用。因此，产品成本必然是为了生产一定种类和数量的产品而耗费的资源。成本和费用的区别就在于，成本与特定的对象相联系，而费用是与一定会计期间相联系的。

4.产品成本是正常生产经营活动的耗费

企业的经济活动一般分为经营活动、投资活动和筹资活动，这三项活动的损益在利润表中要分开列报，以便分别评价其业绩。只有生产经营活动的成本才可能计入产品成本，而投资活动和筹资活动的耗费属于投资成本和筹资成本。

在企业的生产经营活动中，一部分是正常的生产经营活动所必然发生的，如产品生产过程中人力资源、物质资源的耗费所导致的货币支付，这些可以计入产品成本；另一部分如因违法经营缴纳的罚款、因不可抗力造成的材料损失等非正常经营活动导致的货币支付，则不能计入产品成本。

（三）产品成本的内容

根据《企业会计制度》的有关规定，应计入产品成本的内容具体包括以下各项：

1.企业生产过程中实际消耗的原材料、辅助材料、外购半成品和燃料的原价及运输、装卸、整理等费用。

2.为制造产品而耗用的动力费。

3.企业生产单位支付给职工的工资、奖金、津贴、补贴和其他工资性支出，以及职工的福利费。

4.生产用固定资产折旧费、租赁费（不包括融资租赁费）、修理费和低值易耗品的摊销费用。

5.企业生产单位因生产原因发生的废品损失，以及季节性、修理期间的停工损失。

6.企业生产单位为管理和组织生产而支付的办公费、取暖费、水电费、差旅费，以及运输费、保险费、设计制图费、试验检验费和劳动保护费等。

《企业会计制度》同时规定，下列支出不得列入产品成本，包括：资本性支出，投资性支出，期间费用以及营业外支出。

（四）产品成本的分类

产品成本按照其计入成本计算对象的方式不同可以分为直接成本和间接成本。

1.直接成本

直接成本是指能够以经济合理的方式直接计入成本计算对象的那部分成本，如构成某件产品成本实体的原材料消耗，某批产品的生产工人工资等，这些都属于能够直接计入产品成本的耗费。对于只生产一种产品的企业来讲，所有产品成本都是直接成本。

2.间接成本

间接成本是与直接成本相对应的一个概念，是指与成本对象相关联的、但不能以经济合理的方式直接计入成本对象中的那部分产品成本。例如，企业高管的薪酬很难分配到具体种类的产品成本中去，即不能以合理的方式计入成本对象；再如，润滑油的成本可以单独计量，计入个别产品中，但是其本身数额不大，精确分配的实际意义有限，因此将其列入制造费用中统一进行分配是更为经济可行的处理方式。

另外，产品成本按经济用途分类，可以分为制造成本和非制造成本两大类；按成本与收入配比的时间不同，可以分为产品成本和期间成本；按成本与产量的关系，可分为变动成本、固定成本和混合成本；按成本的可控性，可以分为可控成本和不可控成本。

（五）成本核算的意义

企业成本核算的意义主要体现在以下几个方面：

1.通过成本核算，能够反映生产经营过程中各种费用的支出，分析产品成本构成情况，有利于经营管理者有针对性地采取措施，降低企业生产费用和产品成本。

2.通过成本核算，有助于企业分析和考核产品成本计划的完成情况，并据此进行成本控制和成本考核，以进一步挖掘降低成本费用的潜力。

3.通过成本核算，可以帮助企业进行科学的成本预测，掌握成本、费用的变化趋势，据此做出最优化的成本决策，确定合理的目标成本，全面提高企业管理水平和经济效益。

4.通过成本核算，可以为企业合理制定产品价格、计算利润、进行利润分配以及相关财务分析提供数据资料。

二、成本计算的基本程序

（一）确定成本计算对象和成本计算方法

成本计算对象是指企业按什么来计算产品成本，或者说由谁来承担所归集的生产费用，即费用的受益对象。成本计算对象的确定是企业设置明细账、归集费用、计算产品成本的前提。由于企业的生产特点、管理要求、规模、管理水平的不同，企业的成本计算对象也存在差异。对工业企业而言，产品成本计算对象主要有产品品种、产品批别、产品生产步骤等。成本计算方法是指计算成本所采用的具体方法，根据成本计算对象的不同，成本计算方法又可分为三种基本的方法，即品种法、分批法和分步法。

成本计算对象和成本计算方法的选择与企业的生产类型有密不可分的关系。企业的生产类型按照生产工艺特点可以分为单步骤生产和多步骤生产（见表9-1）；如按照生产组织特点则可以分为大量生产、成批生产和单件生产（见表9-2）。

表9-1　**生产类型按生产工艺特点分类**

生产类型	含义	特点
单步骤生产	又称简单生产，是指生产工艺过程不能间断，不可能或不需要划分为几个生产步骤的生产	其生产周期通常较短，一般只能由一家企业或一个部门进行，而不能由几家企业或几个部门协作进行，如发电、采掘等
多步骤生产	又称复杂生产，是指生产过程在工艺技术上可以间断，整个生产过程的生产活动可以分别在不同时间、不同地点由若干个生产步骤来完成的生产	能由若干个企业或若干个部门平行进行，如纺织、手表、自行车等制造行业

表9-2　**生产类型按生产组织特点分类**

生产类型	含义	特点
大量生产	是指不断重复生产品种相同产品的生产	产品品种少，各种产品不断重复生产，产量较大，而且稳定，如采掘业
成批生产	是按照预先规定的批别和数量，来制造一定种类和数量产品的生产	产品品种多，成批重复地生产，如服装、电视的生产
单件生产	是根据购买单位的要求，制造个别的、性质特殊的产品的生产	品种多，每种产品的产量少，一般不重复生产，即使重复生产，也是个别的、不定期的，如造船业、专用设备制造等

因此，企业应当根据生产类型的特点灵活选择成本计算方法：

1.在大批量、单步骤生产的企业，或大量大批、多步骤生产但在管理上不需要按生产步骤核算成本的企业，应当选择产品的品种作为成本计算对象，采用品种法计算产品成本。

2.在大量大批、多步骤生产，成本管理要求按生产步骤核算成本的企业，应当选择在各生产步骤生产的产品品种作为计算对象，即将企业在各个生产步骤生产的产品（半成品）品种作为成本计算对象，采用分步法计算产品成本。

3.单件小批生产的企业，不论其是单步骤生产还是多步骤生产，选择的成本计算对象通常是企业生产的某件产品或某一批产品，采用分批法计算产品成本。

（二）确定成本计算期

成本计算期即指每隔多长时间计算一次成本。产品成本计算期的确定实质上决定了企业生产费用归集和分配的时间。从理论上讲，产品成本计算期应当同产品的生产周期保持一致，但由于企业生产的产品多样性和生产周期的不一致，使得企业很难按照产品生产周期来计算产品生产成本。所以，需要依据企业生产组织的特点来确定成本计算期：

1.在大量大批生产的情况下，产品成本的计算期与会计期间相一致。

2.在单件小批生产的情况下，产品成本的计算期与产品的生产周期相一致。

应当明确的是，不论成本计算期是否与产品的生产周期一致，企业都要按会计期间核算产品成本，即在每月月末都要计算出企业生产的完工产品与在产品的成本。

（三）确定成本项目

成本计算项目是指计入产品成本的各类费用按其在产品生产过程中的不同经济用途进行的分类。一般情况下，工业企业应设置直接材料、直接人工和制造费用三个成本项目。其中，直接材料和直接人工属于直接成本，制造费用属于间接成本。直接材料是指构成产品实体，并在耗用时直接计入产品成本的原材料费用；直接人工是指产品生产工人的工资和其他薪酬的总额；制造费用是指车间为组织和管理生产所发生的不能直接计入成本计算对象，需要在月末经过分配才能最终计入成本计算对象的间接成本。

企业按照成本计算对象开设明细账，并按成本项目开设专栏进行明细核算。

（四）按照权责发生制，划清费用的受益期间

如果成本计算期为会计期间，那么为准确计算各个会计期间的生产成本，还应将本期发生的各项生产费用按照权责发生制原则进行分摊或预提。

（五）按照成本效益原则，划清费用的受益对象

当生产车间生产不同种类、不同批次的产品时，为正确计算各个成本计算对象耗费的生产成本，还应将生产费用在当期所产生的各个成本计算对象上进行分配，分配项目包括直接成本的分配和间接成本的分配。

（六）计算完工产品成本与月末在产品成本

对于月末既有完工产品又有在产品的产品，应将归集在该种产品成本明细账中的月末在产品成本和本月生产成本之和，在本月完工产品与在产品之间采用适当的方法进行分配，计算出该种产品的完工产品成本和月末在产品成本。产品成本核算账务处理基本程序图，如图9-1所示。

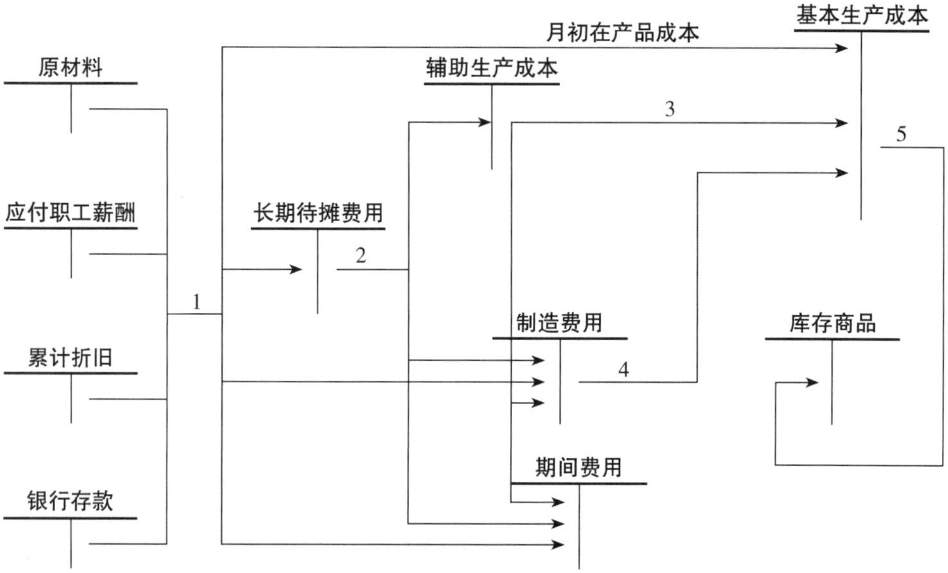

图9-1 产品成本核算账务处理基本程序图

注：1代表分配各要素费用；2代表分配跨期摊提费用；3代表分配辅助生产费用；4代表分配制造费用；5代表结转完工产品成本。

三、成本计算的账户设置

为进行产品成本的总分类核算，应设置“生产成本”账户和“制造费用”账户。

（一）“生产成本”账户

该账户核算企业进行工业性生产发生的各项生产成本，包括生产各种产品（产成品、自制半成品等）、自制材料、自制工具、自制设备、提供劳务等。为分别核算基本生产成本和辅助生产成本，实际工作中根据需要，也可将“生产成本”账户分为“基本生产成本”和“辅助生产成本”两个明细账户。其中，基本生产是指企业生产产品或者提供劳务的主要目的是对外销售；辅助生产是指企业生产产品或者提供劳务的主要目的不是对外销售，而是为基本生产或者管理部门提供服务。

在具体账务处理中：（1）企业发生的各项直接生产成本，借记本账户的“基本生产成本”和“辅助生产成本”两个明细账户，贷记“原材料”“库存现金”“银行存款”“应付职工薪酬”等账户；（2）各生产车间应负担的制造费用，应在期

（月）末分配记入本账户及所属明细账户借方，贷记“制造费用”账户；（3）辅助生产车间为基本生产车间、企业管理部门和其他部门提供的劳务和产品，期（月）末按照一定的分配标准分配给各受益对象，借记本账户所属二级账户“基本生产成本”“管理费用”“销售费用”“其他业务成本”“在建工程”等账户，贷记本账户所属二级账户“辅助生产成本”账户；（4）企业已经生产完成并已验收入库的产成品以及入库的自制半成品，应于期（月）末，借记“库存商品”等账户，贷记本账户所属二级账户“基本生产成本”账户。本账户的借方期末余额反映尚未完成的各项在产品成本。

该账户应当分别按照基本生产车间和成本核算对象（产品的品种、类别、订单、批别、生产阶段等）设置产品成本明细账或成本计算单，并按成本项目分设专栏或专行，登记各产品、各成本项目的月初在产品成本、本月发生的费用、本月完工产品成本。

（二）“制造费用”账户

“制造费用”账户核算企业生产车间（部门）为生产产品和提供劳务而发生的各项间接费用。在具体账务处理中：（1）生产车间发生的机物料消耗，借记本账户，贷记“原材料”等账户；（2）发生的生产车间管理人员的工资等职工薪酬，借记本账户，贷记“应付职工薪酬”账户；（3）生产车间计提的固定资产折旧，借记本账户，贷记“累计折旧”账户；（4）生产车间支付的办公费、水电费等，借记本账户，贷记“银行存款”账户；（5）发生季节性的停工损失，借记本账户，贷记“原材料”“应付职工薪酬”“银行存款”等账户；（6）将制造费用分配计入有关的成本核算对象，借记“生产成本——基本生产成本”和“生产成本——辅助生产成本”明细账户，贷记本账户；（7）季节性生产企业制造费用全年实际发生额与分配额的差额，除其中属于为下一年开工生产做准备的可留待下一年分配外，其余部分实际发生额大于分配额的差额，借记“生产成本——基本生产成本”账户，贷记本账户，实际发生额小于分配额的差额做相反的会计分录。期末结转后，除季节性生产企业外，该账户一般应无余额。该账户应按车间以及部门设置明细账，并在账内按费用项目设置专栏进行明细核算。

第二节　成本费用的归集与分配

成本计算过程实际上是成本的归集与分配过程，生产经营成本通过多次归集与分配最终计算出产品的总成本和单位成本。

一、直接费用的归集和分配

产品成本中的直接成本项目包括直接材料、直接人工、燃料和动力等。

（一）材料费用的归集和分配

在企业的生产活动中，要消耗大量材料，如各种原料及主要材料、辅助材料及燃料等。根据其用途的不同，应计入不同的成本项目（如图9-2所示）。

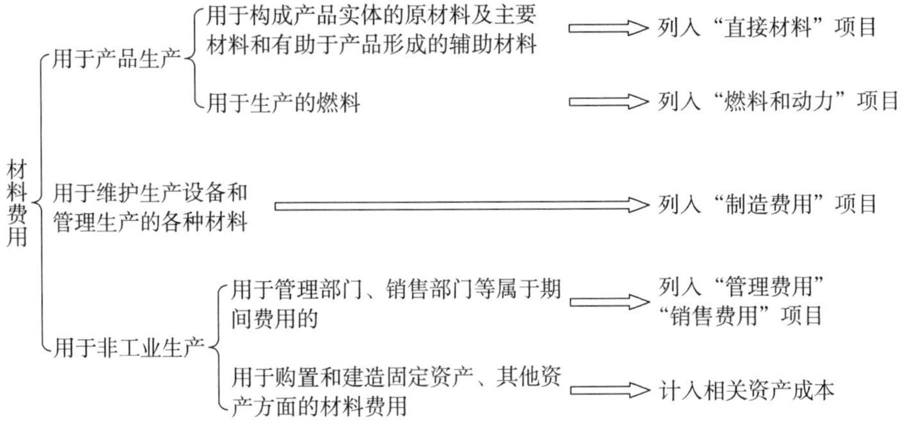

图9-2 材料费用的分配与归集

1.材料费用计入产品成本和期间费用的方法

用于产品生产的原料及主要材料，如纺织用的原棉、铸造用的铁矿、酿酒用的大麦等，通常按照产品分别领用的，属于直接生产费用，应当根据领料凭证直接计入各种产品成本的“直接材料”项目。如果是为了生产多种产品或多批产品共同耗用同一批材料，则应当采用合理的分配方法分配计入各种产品成本。在消耗定额比较准确的情况下，通常采用材料定额消耗量或材料定额成本的比例进行分配，计算公式如下：

$$\text{分配率}=\frac{\text{材料总消耗量(或实际成本)}}{\text{各种产品材料定额消耗量(或定额成本)之和}}$$

$$\text{某种产品应分配的材料数量(费用)}=\text{该种产品的材料定额消耗量(或定额成本)}\times\text{分配率}$$

原料及主要材料费用除按照上述方法进行分配以外，还可以采用其他分配方法。例如，不同规格的同类产品，如果产品的结构大小相近，也可以按产量或重量比例分配。具体的计算公式比照上述公式。

辅助材料费用计入产品成本的方法，与原材料及主要材料基本相同。凡用于产品生产、能够直接计入产品成本的辅助材料，如包装物等，其费用根据领料凭证直接计入。但当辅助材料是由几种产品共同耗用时，就要采用间接分配的方式分配到产品成本中。

基本生产的材料费用，应记入“生产成本”账户及所属明细账的借方，在明细账中按照“直接材料”“燃料和动力”项目分别反映；辅助生产的材料费用、用于生产车间和行政管理部门为管理和组织生产所发生的材料费用，应当分别记入“生产成本——辅助生产成本”“制造费用”“管理费用”等账户及其明细账的借方；非生产用的材料费用，则应记入其他有关账户，贷记“原材料”账户。

【例9-1】大明公司只有一个基本生产车间生产甲、乙两种产品。20×8年3月，材料领用情况为：生产甲产品400件、乙产品300件，共领用C材料13 500千克，C材料的单位成本为10元/千克，甲产品的C材料定额耗用量为10 000千克，乙产品的C材料定额耗用量为5 000千克。基本生产车间一般耗用材料52 200元，管理部门领用材料54 000元。企业分配材料费用及账务处理如下：

C材料费用分配率=C材料费用÷各种产品C材料定额耗用量之和

=13 500×10÷（10 000 + 5 000）=9（元/千克）

甲产品应分配的C材料费用=10 000×9=90 000（元）

乙产品应分配的C材料费用=5 000×9=45 000（元）

借：生产成本——基本生产成本（甲产品）　　90 000

　　　　　　——基本生产成本（乙产品）　　45 000

　　制造费用——基本生产车间　　52 200

　　管理费用　　54 000

　贷：原材料——C材料　　241 200

2.材料费用分配表的编制

实际工作中，材料费用的分配一般通过编制“材料费用分配表”进行。该分配表应当按照材料的用途和类别，根据归类后的领料凭证编制。其格式内容见表9-3。

表9-3　**材料费用分配表**　金额单位：元

应借科目			共同耗用原材料的分配					直接领用的原材料	耗用原材料总额
总账及二级科目	明细科目	成本或费用项目	产量（件）	单位消耗定额（千克）	定额消耗用量（千克）	分配率	应分配材料费用		
生产成本——基本生产成本	甲产品	直接材料	400		10 000		90 000		90 000
	乙产品	直接材料	300		5 000		45 000		45 000
	小计				15 000	9	135 000		135 000
制造费用	基本生产车间	机物料消耗						52 200	52 200
管理费用		其他						54 000	54 000
合计							135 000	106 200	241 200

（二）职工薪酬的归集和分配

职工薪酬，是指企业为获得职工提供的服务或终止劳动合同关系而给予的各种形式的报酬。企业提供给职工配偶、子女、受赡养人、已故员工遗属及其他受益人等的福利，也属于职工薪酬。职工薪酬的分配应根据其受益对象的不同进行不同的会计处理，即要划清计入产品成本与期间费用和不计入产品成本与期间费用的职工薪酬界限：在固定资产或无形资产购建过程中发生的职工薪酬应计入相关资产成本；属于生产车间直接从事产品生产人员的职工薪酬，记入产品成本的“直接人工”项目；各车间为组织和管理生产发生的管理人员的职工薪酬，记入产品成本的“制造费用”项目；行政管理人员的职工薪酬，作为期间费用列入“管理费用”账户。

1.直接从事产品生产人员的职工工资计入产品成本的方法

生产工人工资计入产品成本的方法与企业的工资制度有关：在计件工资制下，生产工人工资通常是根据产量凭证计算工资并直接计入产品成本。而在计时工资制下，如果只生产一种产品，则该项目费用属于直接人工费用，直接计入该种产品成本；如果生产多种产品，就应当采用一定的分配方法在各种产品之间进行分配。各种费用的分配，通常采用按产品实用工时比例分配的方法。其计算公式如下：

分配率=生产工人工资总额÷各种产品实用工时之和

某种产品应分配的工资费用=该种产品实用工时×分配率

在采用上述分配方法时应当注意从工时上划清应计入与不应计入产品成本的工资费用界限。例如，为安装固定资产而发生的生产工人工资，应当在计算产品成本时划分出来，所分配的费用应计入固定资产的价值，不得计入产品成本。

还值得注意的是，按照工资总额一定比例计提的职工福利、社会保险、工会经费和职工教育费，应当与工资费用一起分配。

2.工资费用分配表的编制

为了按照工资的用途和发生地点归集并分配工资及其他职工薪酬，月末应分生产部门根据工资结算单据和有关的工时记录编制“工资费用分配表”，然后汇编“工资及其他职工薪酬分配汇总表”（见表9-4）。

表9-4　**工资及其他职工薪酬分配汇总表**　金额单位：元

应借账户		工资				其他职工薪酬	职工薪酬合计
总账及二级科目	明细账户	分配标准（工时）	直接生产人员工资（0.5）	管理人员工资	工资合计		
生产成本（基本生产成本）	甲产品	30 000	15 000		15 000	2 100	17 100
	乙产品	20 000	10 000		10 000	1 400	11 400
	小计		25 000		25 000	3 500	28 500
制造费用	基本生产车间			600	600	84	684
	供电车间			350	350	49	399
	锅炉车间			320	320	44.8	364.8
	小计			1 270	1 270	177.8	1 447.8
管理费用				3 600	3 600	504	4 104
合计					29 870	4 181.8	34 051.8

根据表9-4，登记总账和有关的明细账，其会计分录如下：

借：生产成本——基本生产成本（甲产品）	17 100	
——基本生产成本（乙产品）	11 400	
制造费用——基本生产车间	684	
——供电车间	399	
——锅炉车间	364.8	
管理费用	4 104	
贷：应付职工薪酬		34 051.8

（三）外购动力费的归集和分配

企业发生的外购动力费应按照其用途和使用部门分配，还可以按照仪表记录、生产工时、定额消耗比例进行分配。直接用于产品生产的动力费用，记入“生产成本”账户及其明细账，列入“燃料和动力”成本项目；属于照明、取暖等用途的动力费用，则按其使用部门分别记入“制造费用”“管理费用”等账户。在实际工作中，可以通过编制动力费用分配表进行归集和分配。

如果企业设有供电车间等类似的辅助生产车间，则外购动力费用可以先记入“生产成本——辅助生产成本”账户，再加上辅助生产车间本身发生的工资等费用，作为辅助生产成本进行分配。

二、间接费用的归集和分配

产品成本中的间接费用包含辅助生产费用和制造费用等项目。

（一）辅助生产费用的归集与分配

企业的辅助生产主要是为基本生产服务，辅助生产的产品和劳务虽有时也对外销售，但这不是辅助生产的主要目的。辅助生产有的只生产一种产品或提供一种劳务，如供电、供气、运输等；有的则生产多种产品或提供多种劳务，如从事工具、磨具、备品配件的制造及其设备的修理等辅助生产。

辅助生产费用的归集与分配，一般通过“生产成本——辅助生产成本”账户进行。该账户应按车间和产品品种设置明细账，进行明细核算，辅助生产发生的直接材料、直接人工费用，分别根据材料费用分配表、工资及其他职工薪酬分配汇总表和有关凭证，记入该账户及其明细账的借方；辅助生产发生的间接费用，应先在“制造费用”账户的借方进行归集，然后再从该账户的贷方直接转入或分配转入“生产成本——辅助生产成本”账户及其明细账的借方。辅助生产车间完工的产品或劳务成本，应从“生产成本——辅助生产成本”账户及其明细账的贷方转出。“生产成本——辅助生产成本”账户的借方余额表示辅助生产的在产品成本。

辅助生产费用的分配方法有直接分配法、交互分配法、计划分配法。实际工作中一般采用直接分配法进行分配，即在分配时不考虑辅助生产车间相互提供的产品或者劳务，直接将各辅助生产车间发生的费用分配给辅助生产以外的各个受益单位和产品。分配的计算公式如下：

辅助生产的单位成本=辅助生产产品或劳务总额÷辅助生产的产品或劳务总量

各受益车间、产品或各部门应分配的费用=辅助生产的单位成本×该车间、部门的耗用量

公式中的“辅助生产的产品或劳务总量”不包含辅助生产各车间互相提供的产品或劳务。

【例 9-2】大明公司有锅炉和供电两个辅助生产车间，这两个车间20×8年3月的辅助生产明细账所归集的费用分别是：供电车间8 900元，锅炉车间2 100元；供电车间为生产甲乙两种产品、各车间管理部门和企业行政管理部门供电合计36 200度，其中锅炉车间耗电600度；锅炉车间为生产甲乙两种产品、各车间管理部门和企业行政管理部门提供537吨热力蒸汽，其中供电车间耗用12吨。采用直接分配法分配此项费用，并编制辅助生产费用分配表，见表9-5。

表 9-5 **辅助生产费用分配表（直接分配法）**

20×8年3月

金额单位：元

借方科目		生产成本——基本生产成本			制造费用（基本生产车间）	管理费用	合计
		甲产品	乙产品	小计			
供电车间	耗用量（度）	22 000	13 000	35 000	420	180	35 600
	分配率						0.25*
	金额	5 500	3 250	8 750	105	45	8 900
锅炉车间	耗用量（吨）	300	220	520	3	2	525
	分配率						4**
	金额	1 200	880	2 080	12	8	2 100
金额合计		6 700	4 130	10 830	117	53	11 000

注：*代表0.25=8 900÷35 600；**代表4=2 100÷525。

根据辅助生产费用分配表编制如下会计分录，将锅炉车间和供电车间的费用分配记入有关账户及所属明细账。

借：生产成本——基本生产成本（甲产品） 6 700
　　　　　　——基本生产成本（乙产品） 4 130
　　制造费用——基本生产车间 117
　　管理费用 53
　贷：生产成本——辅助生产成本（供电车间） 8 900
　　　　　　——辅助生产成本（锅炉车间） 2 100

采用直接分配法，由于各辅助生产费用只是对外分配，计算工作简便。但是，当辅助生产车间提供产品或劳务量较大时，分配结果往往与实际不符，因此，这种分配方法只适宜在辅助生产内部相互提供产品或劳务不多、不进行费用的交互分配对辅助生产成本和产品制造成本影响不大的情况下采用。

（二）制造费用的归集与分配

制造费用是指企业各生产单位为组织和管理生产而发生的各项间接费用。它包括工资和福利费、折旧费、修理费、办公费、水电费、机物料消耗、劳动保护费、租赁费、保险费、排污费、存货盘亏（或盘盈）及其他制造费用。

企业发生的制造费用，应先在“制造费用”账户进行归集，在期末将归集的制造费用按产品的生产工时或者机器工时等分配标准，由“制造费用”账户分配转入“生产成本”账户及其明细账与成本项目专栏。

【例9-3】20×8年3月，大明公司发生的制造费用情况如下：基本生产车间一般耗用材料52 200元（见表9-3），车间管理人员工资600元，其他薪酬84元（见表9-4），其他动力耗费117元（见表9-5），另发生折旧费10 500元，其他费用1 700元。制造费用归集情况见表9-6。企业按照生产工时分配基本生产车间的制造费用，甲产品生产工时30 000小时，乙产品生产工时20 000小时。有关制造费用分配计算如下：

表9-6 **制造费用明细账户**

车间：基本生产车间

20×8年		摘要	借方							贷方	金额
月	日		工资	其他薪酬	机物料	动力费	折旧费	其他费	合计		
3	31	分配材料			52 200				52 200		52 200
	31	分配工资	600						600		52 800
	31	分配薪酬		84					84		52 884
	31	分配动力费				117			117		53 001
	31	分配折旧费					10 500		10 500		63 501
	31	分配其他费						1 700	1 700		65 201
	31	期末分配								65 201	
	31	本月合计	600	84	52 200	117	10 500	1 700	65 201	65 201	0

制造费用分配率=该车间发生的制造费用÷各种产品生产工时之和

=65 201÷（30 000＋20 000）=1.3（元/小时）

甲产品应分配的制造费用=30 000×1.3=39 000（元）

乙产品应分配的制造费用=65 201－39 000=26 201（元）

企业编制的基本生产车间制造费用分配表见表9-7，根据制造费用分配表进行账务处理如下：

借：生产成本——基本生产成本（甲产品） 39 000

——基本生产成本（乙产品） 26 201

贷：制造费用——基本生产车间 65 201

表 9-7 **制造费用分配表**

车间：基本生产车间 20×8年3月

项目		生产工时（小时）	分配率	分配金额（元）
基本生产成本	甲产品	30 000	1.3	39 000
	乙产品	20 000	1.3	26 201
合计		50 000	—	65 201

注：分配率计算过程四舍五入，尾差计入乙产品。

三、划分完工产品与月末在产品

（一）完工产品与月末在产品需要划分的费用及其情况

通过前面各项要素费用的归集和分配，应由本月产品负担的生产费用已经全部记入“生产成本”账户及其明细账与成本项目。“生产成本”账户中登记的月初在产品成本与本月发生的生产费用之和，应由本月所生产的产品承担，但不一定都属于本月完工产品的成本。某种产品的月初在产品成本与本月发生的生产费用之和，是否需要在完工产品与月末在产品之间划分，应根据下列情况确定：

1.企业在本月所生产的某种产品在本月全部完工，那么记入其明细账的费用都应由该产品的本月完工产品负担。

2.企业在本月所生产的某种产品在本月没有完工产品，那么记入其明细账的费用都是该产品的月末在产品的成本。

3.企业在本月所生产的某种产品在本月既有完工产品又有月末在产品，那么记入其明细账户的费用应由本月完工产品与月末在产品共同负担，需要在该产品的完工产品与月末在产品之间进行分配。分配费用时，不只是将被分配的总成本在完工产品与月末在产品之间分配，并且要将各种成本项目的费用在完工产品与月末在产品之间进行分配。

（二）划分完工产品与月末在产品的方法

生产费用在完工产品与月末在产品间分配的方法有很多种，企业应根据实际情况选择不同的方法，其分配方法主要有以下几种：

1.不计算在产品成本。这种方法是在月末在产品数量很少，且各月变动不大的情况下，不考虑月初在产品和月末在产品的情况，将本月归集的生产费用全部作为本月完工产品成本。该方法的特点是本月生产费用全部由完工产品负担。

2.在产品成本按其耗用的原材料费用计算。这种方法是月末将在产品成本按其所耗用的原材料费用计算，不计算其人工费用和制造费用，其他费用全部由完工产品成本负担，其特点是在产品只负担所耗材料费，而加工费用全部由完工产品负担。该方法适用于月末在产品数量较多、各月在产品变化较大且原材料费用比重大的行业，如纺织、造纸、酿酒行业。

3.约当产量法计算在产品成本。约当产量是对月末实际盘存的在产品数量，按其完工程度（或投料进度）折合成相当于产成品的数量，然后将本期的生产费用按照月末产品数量和在产品约当产量的比例进行分配，来划分完工产品与月末在产品成本的方法。该方法适用于在产品数量较多并且变化较大的产品或企业。约当产量法的有关计算公式如下：

在产品的约当产量=在产品数量×在产品完工（投料）程度

$$\text{某项费用分配率}=(\text{月初在产品该项费用}+\text{本月发生的该项费用})\div(\text{本月完工产品产量}+\text{月末在产品约当产量})$$

月末在产品应分配的该项费用=月末在产品约当产量×该项费用分配率

完工产品应分配的该项费用=完工产品产量×该项费用分配率

4.在产品成本按定额成本计算。该方法是按产品定额单位成本作为分配标准将生产费用在完工产品和月末在产品之间进行分配。这种方法的特点是：在产品成本按其数量和单位定额成本计算，每月实际生产费用脱离定额的差异全部由完工产品负担。适用范围：定额管理基础较好，各项消耗定额或费用定额比较准确、稳定，而且各月在产品数量变动不大的产品。

（三）结转完工产品成本的账务处理

将归集的生产费用在完工产品与月末在产品之间分配后，对本月完工产品应负担的成本，应从“生产成本”账户结转至“库存商品”账户。

【例9-4】20×8年4月，大明公司基本生产车间生产的甲、乙产品的产量情况见表9-8，月初在产品和本月发生的各项费用情况见表9-9。甲、乙产品的原材料都是在生产开始时一次性投入的。甲、乙产品成本明细账见表9-10、表9-11。

表9-8 **产品产量情况表**

产品名称	月初在产品产量（件）	完工产品产量（件）	月末在产品数量（件）	月末在产品完工率
甲产品	40	80	40	50%
乙产品	0	100	0	—

表9-9 **月初在产品和本月发生的各项费用情况** 单位：元

摘要	成本项目			
	直接材料	直接人工	其他薪酬	制造费用
甲产品月初在产品成本	392 000	35 700	0	16 500
甲产品本月发生的各项费用	784 000	100 000	42 000	68 000
乙产品月初在产品成本	0	0	0	0
乙产品本月发生的各项费用	212 000	150 000	63 000	102 000

根据上述情况，大明公司应当对甲产品的生产费用在其完工产品与月末在产品之间进行分配（乙产品不需要分配），其计算分配如下：

（1）材料费用的计算分配：

分配材料费用在产品约当产量=40×100%=40（件）

材料费用分配率=（392 000+784 000）÷（80+40）=9 800（元/件）

月末在产品应分配的材料费用=40×9 800=392 000（元）

完工产品应分配的材料费用=80×9 800=784 000（元）

（2）人工费用及制造费用的计算分配：

分配人工费用与制造费用在产品约当产量=40×50%=20（件）

人工费用分配率=（35 700+142 000）÷（80+20）=1 777（元/件）

月末在产品应分配的人工费用=20×1 777=35 540（元）

完工产品应分配的人工费用=80×1 777=142 160（元）

制造费用分配率=（16 500+68 000）÷（80+20）=845（元/件）

月末在产品应分配的制造费用=20×845=16 900（元）

完工产品应分配的制造费用=80×845=67 600（元）

大明公司根据上述计算分配情况，结转完工产品成本的账务处理如下：

借：库存商品——甲产品　　993 760

　　　　　　——乙产品　　527 000

　贷：生产成本——基本生产成本（甲产品）　　993 760

　　　　　　　——基本生产成本（乙产品）　　527 000

表 9-10　**产品成本明细账**

基本生产车间　　甲产品　　单位：元

20×8年		摘要	成本项目			成本合计
月	日		直接材料	直接人工	制造费用	
4	1	月初在产品成本	392 000	35 700	16 500	444 200
4	30	分配材料	784 000			784 000
	30	分配工资		100 000		100 000
	30	分配其他薪酬		42 000		42 000
	30	分配制造费用			68 000	68 000
	30	生产费用合计	1 176 000	177 700	84 500	1 438 200
	30	费用分配率（元/件）	9 800	1 777	845	
	30	完工产品产量（件）	80	80	80	
	30	完工产品成本	784 000	142 160	67 600	993 760
	30	完工产品单位成本	9 800	1 777	845	12 422
	30	月末在产品约当产量	40	20	20	
	30	月末在产品成本	392 000	35 540	16 900	444 440

表 9-11　产品成本明细账

基本生产车间　乙产品　单位：元

20×8 年		摘要	成本项目			成本合计
月	日		直接材料	直接人工	制造费用	
4	1	月初在产品成本	0	0	0	0
4	30	分配材料	212 000			212 000
	30	分配工资		150 000		150 000
	30	分配其他薪酬		63 000		63 000
	30	分配制造费用			102 000	102 000
	30	生产费用合计	212 000	213 000	102 000	527 000
	30	完工产品成本	212 000	213 000	102 000	527 000
	30	完工产品单位成本	2 120	2 130	1 020	5 270
	30	月末在产品成本	0	0	0	0

第三节　产品成本核算基本方法

企业在进行成本核算时，应当根据自身的生产类型和管理要求，来选择适合本企业产品的成本计算方法。成本计算的基本方法有品种法、分批法和分步法三种。

一、品种法

品种法亦称为简单法，是指以产品品种为成本计算对象，归集生产费用，计算产品成本的一种方法。该方法主要适用于大批、大量、单步骤、不间断生产的企业，如发电、采掘企业；连续生产、管理上不要求按照生产步骤计算产品成本的小企业和车间也可以采用品种法。

（一）品种法的特点

品种法与其他成本计算方法相比，主要具有以下特点：

1.成本计算对象是最终完工的产品品种。如果企业只生产一种产品，该种产品就是唯一的成本计算对象。由于成本计算对象是唯一的，所以企业所发生的生产费用都可以认为是直接费用，可直接记入根据该产品设置的产品成本明细账的有关成本项目，不存在在各成本计算对象之间分配费用的问题。如果企业生产两种以上产品，产品成本明细账就要按照产品品种分别设置产品成本明细账，直接费用直接记入该产品的成本明细账的有关成本项目，间接费用应采用适当的分配方法，在各成本对象之间进行分配，然后记入各产品成本明细账的有关成本项目。

2.成本计算按月进行。采用品种法计算产品成本，其产品的生产周期与成本计算期可能不一致，因为是大量、大批、不间断的生产，意味着不断投料、不断有产品完工，因此，以会计报告期作为成本计算期较为合适，即成本计算一般定期于每月月末进行。

3.月末在产品数量较少时，可由完工产品负担全部生产费用，不需要划分完工产品与月末在产品成本；如果在产品数量较多，应将产品成本明细账中所归集的生产费用，采用适当方法在完工产品与月末在产品之间进行分配。

（二）品种法的成本计算程序

品种法的成本计算程序可分为三个步骤：

1.按产品品种设置产品成本明细账（或称产品成本计算单），并在账内按成本项目设置专栏。

2.根据有关凭证及编制的各要素费用分配表，编制记账凭证（会计分录），发生的直接费用直接记入产品成本明细账及成本项目专栏，发生的间接费用先在“制造费用”账户归集，期末按一定标准分配记入产品成本明细账及其成本项目专栏。

3.月末，将各产品成本明细账中所归集的生产费用，采用适当的方法在完工产品和在产品之间进行分配，计算出完工产品总成本和单位成本，并结转其完工产品成本。

二、分批法

分批法是指将产品的批别或订单作为成本计算对象的一种成本计算方法。该方法主要适用于各类管理上要求分批计算成本的单件、小批单步骤生产的企业，或者在管理上不要求分步计算产品成本的单件、小批多步骤生产的企业。如生产小五金制品、小塑料制品、高档服装等企业，或者制造船舶、机械、专用设备、精密仪器等企业。

（一）分批法的特点

分批法与其他成本计算方法相比，主要具有以下特点：

1.成本计算对象是产品的批别或者订单。分批法的成本计算对象根据产品批别来决定，因安排每批产品生产是依据产品订单来确定的，所以也有人将分批法称为订单法。按照产品批次安排生产，企业生产计划部门要签发生产任务通知单，生产任务通知单中对该批生产任务进行编号，称为产品批号或生产令号，会计部门依据产品批号设置产品成本明细账，并在账内按成本设置专栏，生产费用发生后，按产品批次对发生的生产费用进行归集和分配。

2.成本计算期就是产品生产周期。由于分批法是以产品批别作为成本计算对象的，一般是将某批产品全部加工完毕才能计算出其产品成本，因此成本计算期与会计报告期往往不一致，而与生产周期一致。

3.一般不需要在完工产品与月末在产品之间分配生产费用。如果是单件生产，要么这件产品完工，要么未完工，也就不存在完工产品与月末在产品的费用分配问题。即使是小批次生产，一般情况下产品都能同时完工，所以也不存在完工产品与月末在产品的费用分配问题。但在特殊情况下，也可能在月末某批产品部分完工，而另一部分产品未完工，这就需要划分完工产品与月末在产品成本。

（二）分批法的成本计算程序

分批法的成本计算程序，可分为三个步骤：

1.按产品批别（批号）设置产品明细账，并在账内按成本项目设置专栏，与品种法的主要区别是将产品名称替换为产品批号。

2.根据有关凭证及编制的各要素费用分配表，编制记账凭证（会计分录），发生的直接费用直接记入产品成本明细账及成本项目专栏，发生的间接费用先在“制造费用”账户归集，期末按一定标准分配记入产品成本明细账及其成本项目专栏。分批法与品种法归集分配费用方法类似，品种法归集分配费用是按产品品种，而分批法归集分配费用是按产品批别（批号）。如在品种法下，两种产品共同发生的费用是在两种产品之间分配；而在分批法下，两种产品共同发生的费用是在两批产品之间分配。

3.月末，一般不需要划分完工产品与在产品成本，如果某批产品完工，归集在其明细账的成本全部是完工产品（总）成本，计算出单位成本，并结转其完工产品成本；如果某批产品未完工，归集在其明细账中的成本全部是月末在产品成本。在特殊情况下，某批产品在月末既有完工产品又有在产品，需要将归集在该批产品成本明细账中的生产费用，采用适当的方法在完工产品与在产品之间进行分配，计算出完工产品总成本和单位成本，并结转其完工产品成本。

三、分步法

分步法是指将产品的生产步骤和产品品种作为成本计算对象的一种成本计算方法。该方法适用于大量、大批多步骤生产，并在管理上要求分步骤计算产品成本的企业，如纺织、造纸、化工、冶金、机械制造企业等。

（一）分步法的特点

1.分步法以最终完工产品和所经过的各步骤的半成品作为成本计算对象。例如某种产品需要经过三个步骤进行生产，经第一、第二步骤加工完毕的产品仅是该产品的半成品，只有经过第三步骤加工完毕的产品才是该产品的产成品。这种情况下，产品的成本计算对象有三个，即第一步骤的半成品、第二步骤的半成品与第三步骤的产成品，都是其成本计算对象。

2.成本计算期是会计报告期，按月进行。由于大批量多步骤生产的企业，难以确定生产周期，成本计算一般需要按月进行。

3.生产费用需要在完工产品与月末在产品之间进行分配。大量大批多步骤生产的企业，月末会经常存在大量的在产品，为了保障完工产品成本计算的正确性，分步法应对归集的生产费用在完工产品与月末在产品之间进行合理的分配。

（二）分步法的种类

分步法是按产品生产步骤计算成本的，根据其成本结转方式不同，可分为逐步结转分步法和平行结转分步法两种。

1.逐步结转分步法是指根据产品生产工艺流程，按生产步骤计算各步骤半成品（产成品）成本，半成品实物结转到下一步生产步骤时，其半成品成本也随着结转到下一步生产步骤，通过这种逐步结转成本，最后计算出完工产品的成本。

2.平行结转分步法是指各生产步骤不计算半成品成本，也就不能随产品生产步骤结转其半成品成本的方法。具体来说就是，某种产品在某个步骤只归集在本步骤所发生的各项费用，在月末，分步骤计算出本步骤发生的生产费用应计入该产品产成品成本中的份额，然后平行结转汇总计算出该产品产成品的总成本及其单位成本。

（三）分步法的成本计算程序

分步法的成本计算程序，可分为四个步骤：

1.按产品生产各步骤的产品品种设置成本明细账，并在账内按成本项目设置专栏。如某企业经过两个步骤生产甲、乙两种产品，在第一步骤就要分别按甲、乙半成品设置两个成本明细账户，在第二步骤也分别按甲、乙产成品设置两个成本明细账户。分步法也称为分步骤的品种法。

2.根据有关凭证及编制的各要素费用分配表，编制记账凭证，分别将成本项目各步骤发生的生产费用归集到各产品成本明细账户。

3.月末，如果采用逐步结转分步法，应将归集在各成本明细账中的费用，采用适当的方法在各步骤完工产品与月末在产品之间进行分配，计算出各完工产品与月末在产品成本。如果采用平行结转分步法，应计算出某种产品在各步骤应计入该产品完工产品成本之中的费用份额。

4.如果采用逐步结转分步法，选择一定的方法按产品品种结转各步骤半成品成本，计算出完工产成品的总成本及单位成本，并结转其成本。如果采用平行结转分步法，平行结转并汇总各分步骤应计入某种完工产成品成本之中的费用份额，最终算出完工产成品的总成本及单位成本，并结转其成本。

■本章内容结构图（如图9-3所示）

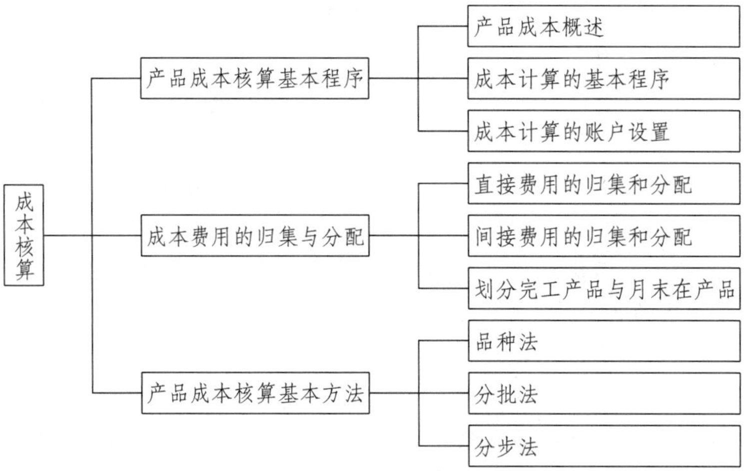

图9-3　本章内容结构图

复习思考题

1. 成本的核算程序是什么？
2. 企业成本核算应设置哪些账户？
3. 生产费用包括哪些费用？如何核算？
4. 制造费用分配时如何编制会计分录？
5. 成本计算基本方法包括哪些？各种方法有何特点？

本章小结

产品生产成本包括直接材料、直接人工、燃料和动力、制造费用。

成本计算程序为：确定成本计算对象和成本计算方法；确定成本计算期；确定成本计算项目；按照权责发生制，划清费用和受益期间；按照成本效益原则，划清费用的受益对象；计算完工产品成本和月末在产品成本。

按照产品成本计入成本对象的方式分为直接成本和间接成本。其中直接成本通过"生产成本"账户进行核算；间接成本包括辅助生产费用和制造费用，其中辅助生产费用的分配方法有直接分配法、交互分配法和计划分配法。

完工产品与在产品的成本分配方法有：不计算在产品成本、在产品成本按年初数固定计算、在产品成本按其所耗用的原材料费用计算、约当产量法、在产品成本按定额成本计算、定额比例法。

产品成本计算方法有品种法、分批法、分步法。

关键概念

成本　直接成本　间接成本　成本计算对象　成本计算期　成本计算项目　品种法　分批法　分步法

案例分析题

背景与情境：

甲公司设有运输和修理两个辅助生产车间，运输车间的成本按运输千米比例分配，修理车间的成本按修理工时比例分配。该公司20×8年2月有关辅助生产成本资料如下：

（1）运输车间本月共发生成本22 500元，提供运输劳务5 000千米；修理车间本月共发生成本242 000元，提供修理劳务640小时。

（2）运输车间耗用修理车间劳务40小时，修理车间耗用运输车间劳务500

千米。

（3）基本生产车间耗用运输车间劳务2 550千米，耗用修理车间劳务320小时。

（4）行政管理部门耗用运输车间劳务1 950千米，耗用修理车间劳务280小时。

问题：采用直接分配法，编制甲公司的辅助生产成本分配表（见表9-12），并编制甲公司辅助生产成本分配的会计分录。

表9-12 **辅助生产成本分配表** 金额单位：元

辅助生产车间名称		运输	修理	合计
待分配成本				
对外提供劳务数量				—
单位成本				—
基本生产车间	耗用数量			—
	分配金额			
行政管理部门	耗用数量			—
	分配金额			
合计				

二维码9-2：出纳与会计

第十章

财务报告

学习目标

二维码10-1：财务报表间的勾稽关系

◇了解会计报表的种类
◆理解资产负债表的概念与作用
◆理解利润表的概念与作用
◆理解现金流量表的概念与作用
★掌握资产负债表的结构与内容
★掌握利润表的结构与内容
★掌握财务比例分析方法

财务报告是会计工作的最终成果。若要实现会计目标，满足会计信息使用者的决策需要，必须定期编制财务报告，财务报告由财务报表和其他财务报告组成。

第一节　财务报告概述

一、财务报告及其目标

财务报告是指企业对外提供的反映企业某一特定日期的财务状况和某一会计期间的经营成果、现金流量等会计信息的文件。财务报告包括财务报表和其他应当在财务报告中披露的相关信息及资料。

财务报告的目标，是向财务报告使用者提供与企业财务状况、经营成果和现金流量等有关的会计信息，反映企业管理层受托责任履行情况，有助于财务报告使用者做出经济决策。财务报告使用者包括投资者、债权人、政府及其有关部门和社会公众等。

二、财务报表的组成

财务报表是对企业财务状况、经营成果和现金流量的结构性表述。一套完整的财务报表至少应当包括资产负债表、利润表、现金流量表、所有者权益（或股东权益）变动表以及附注。

资产负债表、利润表和现金流量表分别从不同角度反映企业的财务状况、经营成果和现金流量。资产负债表反映企业在某一特定日期所拥有的资产、需偿还的债务以及股东（投资者）拥有的净资产情况；利润表反映企业一定期间的经营成果即利润或亏损的情况，表明企业运用所拥有的资产形成的获利能力；现金流量表反映企业在一定会计期间现金和现金等价物流入和流出的情况。

所有者权益变动表反映构成所有者权益的各组成部分当期的增减变动情况。企业的净利润及其分配情况是所有者权益变动的组成部分，相关信息已经在所有者权益变动表及其附注中反映，企业不需要再单独编制利润分配表。

附注是财务报表不可或缺的组成部分，是对资产负债表、利润表、现金流量表和所有者权益变动表等报表中列示项目的文字描述或明细资料，以及对未能在这些报表中列示项目的说明。

同步思考10-1

财务报表与财务报告有何区别?

理解要点：财务报表是对企业财务状况、经营成果和现金流量的结构性表述。

财务报告是企业对外提供的反映企业某一特定日期的财务状况和某一会计期间的经营成果、现金流量等的文件。

财务报告包括资产负债表、利润表、现金流量表、所有者权益变动表、附表及会计报表附注和财务情况说明书。

财务报表包括资产负债表、损益表、现金流量表或财务状况变动表、附表和附注。财务报表是财务报告的主要部分，不包括董事报告、管理分析及财务情况说明书等列入财务报告或年度报告的资料。

第二节 资产负债表

一、资产负债表概述

资产负债表是指反映企业在某一特定日期的财务状况的报表。财务状况是指资产、负债和所有者权益的构成及其相互关系。

资产负债表是根据“资产＝负债+所有者权益”这一平衡公式，依照一定的分类标准和一定的排列顺序，将某一特定日期的资产、负债和所有者权益的具体项目予以适当的排列编制而成。

通过资产负债表，可以反映企业在某一特定日期所拥有或控制的经济资源总额及其分布情况，便于信息使用者衡量企业的经济实力，分析企业的生产经营能力，评价企业经济资源的构成是否合理；通过资产负债表，可以反映企业在某一特定日期所承担的现时义务和所有者对净资产的要求权，便于信息使用者分析企业资本结构的合理性和企业所面临的财务风险；通过资产负债表，可以分析、评价和预测企业的偿债能力，以及企业受托资产保值增值情况。

二、资产负债表的结构

资产负债表由两部分构成，即表首（表头）、正表（表体）。表头部分列示报表的名称、编制单位、编制日期和货币计量单位；表体部分是资产负债表的主体，列示了用以说明企业财务状况的各个项目。资产负债表的结构有账户式（平衡式）和报告式（垂直式）两种，我国资产负债表采用账户式结构。

账户式资产负债表分左右两方，左方列示资产项目，右方列示负债和所有者权益项目。我国资产负债表各项目的排列顺序如下：

左方资产项目大体按资产的流动性大小排列。流动性大的资产如“货币资金”“交易性交融资产”“应收票据及应收账款”等排在前面，流动性小的资产如“固定资产”等排在后面。

右方负债和所有者权益项目按对企业资产享有权的先后排列，即负债在前，所有者权益在后。负债项目按债务偿还期由短至长顺序排列，“短期借款”“交易性金融负债”“应付票据及应付账款”等需要在1年以内或者长于1年的一个正常营业周期内偿还的流动负债排在前面，“长期借款”等在1年以后才需要偿还的非流动负债排在后面。所有者权益类各项目按持有资本的永久性程度递减顺序排列，即按实收资本、其他权益工具、资本公积、其他综合收益、盈余公积和未分配利润的顺序排列。

我国企业资产负债表格式见表10-1。

三、资产负债表的内容及填列

资产负债表包括资产、负债、所有者权益等三大类项目。

资产负债表各项目均需填列“年初余额”和“期末余额”两栏。“年初余额”栏的各项数字应根据上年年末资产负债表“期末余额”栏内所列数字填列。如果本年度资产负债表各项目的名称和内容与上年度不一致，应对上年年末资产负债表各项目的名称和数字按本年度的规定进行调整，填入本年“年初余额”栏。本部分主要说明“期末余额”各项目的具体内容和填列方法。

（一）资产类项目

1.“货币资金”项目，反映企业会计报告期末库存现金、银行存款、其他货币资金的合计数。本项目应根据“库存现金”“银行存款”“其他货币资金”账户的期末借方余额合计数填列。

2.“交易性金融资产”项目，反映资产负债表日企业分类为以公允价值计量且其变动计入当期损益的金融资产，以及企业持有的直接指定为以公允价值计量且其变动计入当期损益的金融资产的期末账面价值。该项目应根据“交易性金融资产”账户的相关明细账户期末余额分析填列。

3.“衍生金融资产”项目，反映资产负债表日企业建立在货币、债券、股票等传统金融工具的基础上衍化和派生的金融工具如期权、期货、远期合约等形成资产的以公允价值计量期末余额。

表 10-1 **资产负债表** 会企 01 表

编制单位： 年 月 日 单位：元

资产	期末余额	年初余额	负债和所有者权益（或股东权益）	期末余额	年初余额
流动资产：			流动负债：		
货币资金			短期借款		
交易性金融资产			交易性金融负债		
衍生金融资产			衍生金融负债		
应收票据			应付票据		
应收账款			应付账款		
应收款项融资			预收款项		
预付款项			合同负债		
其他应收款			应付职工薪酬		
存货			应交税费		
合同资产			其他应付款		
持有待售资产			持有待售负债		
一年内到期的非流动资产			一年内到期的非流动负债		
其他流动资产			其他流动负债		
流动资产合计			流动负债合计		
非流动资产：			非流动负债：		
债权投资			长期借款		
其他债权投资			应付债券		
长期应收款			其中：优先股		
长期股权投资			永续债		
其他权益工具投资			租赁负债		
其他非流动金融资产			长期应付款		
投资性房地产			预计负债		
固定资产			递延收益		
在建工程			递延所得税负债		
生产性生物资产			其他非流动负债		
油气资产			非流动负债合计		
使用权资产			负债合计		
无形资产			所有者权益（或股东权益）：		
开发支出			实收资本（或股本）		
商誉			其他权益工具		
长期待摊费用			其中：优先股		
递延所得税资产			永续债		
其他非流动资产			资本公积		
非流动资产合计			减：库存股		
			其他综合收益		
			专项储备		
			盈余公积		
			未分配利润		
			所有者权益（或股东权益）合计		
资产总计			负债和所有者权益（或股东权益）总计		

4.“应收票据”项目，反映企业因销售商品、提供劳务等而收到的商业汇票，包括银行承兑汇票和商业承兑汇票。本项目应根据“应收票据”账户的期末余额，减去“坏账准备”账户中有关应收票据计提的坏账准备期末余额后的金额填列。

5.“应收账款”项目，反映企业因销售商品、提供劳务等而应向购买单位收取的各种款项，减去已计提的坏账准备后的净额。本项目应根据“应收账款”所属明细账户的借方余额合计数，加上“预收账款”所属明细账户借方余额合计数，减去“坏账准备”账户中关于应收账款计提的坏账准备期末余额后的金额填列。

6.“应收款项融资”项目，反映以公允价值计量且其变动计入其他综合收益的应收票据和应收款项等。

7.“预付款项”项目，反映企业预收的款项，减去已计提的坏账准备后的净额。本项目根据“预付账款”和“应付账款”账户所属各明细账户的期末借方余额合计，减去“坏账准备”账户中有关预付账款计提的坏账准备期末余额后的金额填列。如果“预付账款”账户所属明细账户的期末为贷方余额的，应在本表“应付票据及应付账款”项目填列。

8.“其他应收款”项目，应根据“应收利息”、“应收股利”和“其他应收款”账户的期末余额合计数，减去“坏账准备”账户中相关坏账准备期末余额后的金额填列。

9.“存货”项目，反映企业期末在库、在途和在加工中的各项存货的可变现净值，包括各种原材料、商品、在产品、半成品、发出商品、包装物、低值易耗品和委托代销商品等。本项目应根据“在途物资（材料采购）”“原材料”等存货类账户的期末余额合计，减去“受托代销商品款”“存货跌价准备”账户期末余额后的金额填列。

10.“合同资产”项目，企业应按照《企业会计准则第 14 号——收入》（2017 年修订）的相关规定根据本企业履行履约义务与客户付款之间的关系在资产负债表中列示合同资产。“合同资产”项目应根据“合同资产”账户、“合同负债”账户的相关明细账户期末余额分析填列，同一合同下的合同资产和合同负债应当以净额列示，其中净额为借方余额的，应当根据其流动性在“合同资产”或“其他非流动资产”项目中填列，已计提减值准备的，还应减去“合同资产减值准备”账户中相关的期末余额后的金额填列；其中净额为贷方余额的，应当根据其流动性在“合同负债”或“其他非流动负债”项目中填列。

11.“持有待售资产”项目，反映资产负债表日划分为持有待售类别的非流动资产及划分为持有待售类别的处置组中的流动资产和非流动资产的期末账面价值。该项目应根据“持有待售资产”账户的期末余额，减去“持有待售资产减值准备”账户的期末余额后的金额填列。

12.“一年内到期的非流动资产”项目，反映企业非流动资产项目中在1年内到期的金额，包括1年内到期的“债权投资”、1年内摊销的“长期待摊费用”和1年内可收回的“长期应收款”。本项目应根据上述账户余额之和分析计算后填列。

13.“其他流动资产”项目，反映企业除以上流动资产项目外的其他流动资产，本项目应根据有关账户的期末余额填列。如果其他流动资产价值较大的，应在财务报表附注中披露其内容和金额。

14.“流动资产合计”项目，反映企业所用流动资产的总额。本项目应根据上述第1~13项金额相加填列。

15.“债权投资”项目，反映资产负债表日企业以摊余成本计量的长期债权投资的期末账面价值。该项目应根据“债权投资”账户的相关明细账户期末余额，减去“债权投资减值准备”账户中相关减值准备的期末余额后的金额分析填列。自资产负债表日起1年内到期的长期债权投资的期末账面价值，在“一年内到期的非流动资产”项目反映。企业购入的以摊余成本计量的1年内到期的债权投资的期末账面价值，在“其他流动资产”项目反映。

16.“其他债权投资”项目，反映资产负债表日企业分类为以公允价值计量且其变动计入其他综合收益的长期债权投资的期末账面价值。该项目应根据“其他债权投资”账户的相关明细科目期末余额分析填列。自资产负债表日起1年内到期的长期债权投资的期末账面价值，在“一年内到期的非流动资产”项目反映。企业购入的以公允价值计量且其变动计入其他综合收益的1年内到期的债权投资的期末账面价值，在“其他流动资产”项目反映。

17.“长期应收款”项目，反映企业融资租赁产生的应收款项、采取递延方式具有融资性质的销售商品和提供劳务等产生的长期应收款项等。本项目根据“长期应收款”账户期末余额，减去1年内到期的部分、“未确认融资收益”账户期末余额、“坏账准备”账户中按长期应收款计提的坏账损失后的金额填列。

18.“长期股权投资”项目，反映投资方对被投资单位实施控制、重大影响的权益性投资，以及对合营企业的权益性投资。本项目应根据“长期股权投资”账户的期末借方余额减去“长期股权投资减值准备”账户期末贷方余额后的金额填列。

19.“其他权益工具投资”项目，反映资产负债表日企业指定为以公允价值计量且其变动计入其他综合收益的非交易性权益工具投资的期末账面价值。该项目应根据“其他权益工具投资”账户的期末余额填列。

20.“其他非流动金融资产”项目，反映自资产负债表日起超过1年到期且预期持有超过1年的以公允价值计量且其变动计入当期损益的非流动金融资产的期末账面价值。

21.“投资性房地产”项目，反映企业持有的投资性房地产。企业采用成本模式计量投资性房地产的，本项目应根据“投资性房地产”账户的期末余额，减去“投资性房地产累计折旧（摊销）”和“投资性房地产减值准备”账户余额后的金额填列；企业采用公允价值模式计量投资性房地产的，本项目应根据“投资性房地产”账户的期末余额填列。

22.“固定资产”项目，反映资产负债表日企业固定资产的期末账面价值和企业尚未清理完毕的固定资产清理净损益。该项目应根据“固定资产”账户的期末余额，减去“累计折旧”和“固定资产减值准备”账户的期末余额后的金额，以及“固定资产清理”账户的期末余额填列。

23.“在建工程”项目，反映资产负债表日企业尚未达到预定可使用状态的在建工程的期末账面价值和企业为在建工程准备的各种物资的期末账面价值。该项目应根据“在建工程”账户的期末余额，减去“在建工程减值准备”账户的期末余额后的金额，以及“工程物资”账户的期末余额，减去“工程物资减值准备”账户的期末余额后的金额填列。

24.“生产性生物资产”项目，反映企业（农业）持有的生产性生物资产净价，本项目根据“生产性生物资产”账户期末余额，减去“生产性生物资产累计折旧”和“生产性生物资产减值准备”账户期末贷方余额后填列。

25.“油气资产”项目，反映企业（石油天然气开采）持有的矿区权益和油气井及相关设施减去累计折耗和累计减值准备后的净价。本项目应根据“油气资产”账户的期末余额减去“累计折耗”账户期末余额和相应减值准备后的金额填列。

26.“使用权资产”项目，反映承租人企业持有的使用权资产的期末账面价值。

27.“无形资产”项目，反映企业持有的各项无形资产的净值。本项目应根据“无形资产”账户期末借方余额，减去“累计摊销”和“无形资产减值准备”账户的期末贷方余额填列。

28.“开发支出”项目，反映企业开发无形资产过程中发生的、尚未形成无形资产成本的支出。本项目根据“研发支出”账户中所属的“资本化支出”明细账户期末余额填列。

29.“商誉”项目，反映企业商誉的价值。本项目根据“商誉”账户期末余额减去相应减值准备填列。

30.“长期待摊费用”项目，反映企业尚未摊销的摊销期限在1年以上（不含1年）的各项费用。本项目应根据“长期待摊费用”账户的期末余额减去将于1年内（含1年）摊销的数额后的金额填列。

31.“递延所得税资产”项目，反映企业应可抵扣暂时性差异形成的递延所得税资产。本项目根据“递延所得税资产”账户期末余额填列。

32.“其他非流动资产”项目，反映企业除以上资产以外的其他非流动资产。本项目应根据有关账户的期末余额填列。

33.“非流动资产合计”项目，反映企业所用非流动资产的总额。本项目应根据上述第15~32项金额相加填列。

34.“资产总计”项目，反映企业所用全部资产的总额。本项目应根据第14项、33项之和填列。

（二）负债类项目

35.“短期借款”项目，反映企业借入尚未归还的1年期以下（含1年）的借款。本项目应根据“短期借款”账户的期末贷方余额填列。

36.“交易性金融负债”项目，反映资产负债表日企业承担的交易性金融负债，以及企业持有的直接指定为以公允价值计量且其变动计入当期损益的金融负债的期末账面价值。该项目应根据“交易性金融负债”账户的相关明细科目期末余额填列。

37.“衍生金融负债”项目，反映资产负债表日企业建立在货币、债券、股票等传统金融工具的基础上衍化和派生的金融工具如期权、期货、远期合约等形成负债的以公允价值计量的期末余额。

38.“应付票据”项目，反映企业因购买材料、商品和接受劳务供应等而开出、承兑的商业汇票，包括银行承兑汇票和商业承兑汇票。本项目应根据“应付票据”账户的期末余额填列。

39.“应付账款”项目，反映企业因购买材料、商品和接受劳务等经营活动应支付的款项。本项目应根据“应付账款”和“预付账款”账户所属各明细账户的期末贷方余额合计数填列；如“应付账款”账户所属明细账户期末有借方余额的，应在资产负债表“预付款项”项目内填列。

40.“预收款项”项目，反映企业按合同规定预收的款项。本项目根据“预收账款”和“应收账款”账户所属各明细账户的期末贷方余额合计填列。

41.“合同负债”项目，企业应按照《企业会计准则第14号——收入》（2017年修订）的相关规定根据本企业履行履约义务与客户付款之间的关系在资产负债表中列示合同负债。

42.“应付职工薪酬”项目，反映企业应付未付的工资和社会保险费等职工薪酬。本项目应根据“应付职工薪酬”账户的期末贷方余额填列，如“应付职工薪酬”账户期末为借方余额，以“-”号填列。

43.“应交税费”项目，反映企业期末未交、多交或未抵扣的各种税金。本项目应根据“应交税费”账户的期末贷方余额填列；如“应交税费”账户期末为借方余额，以“-”号填列。

44.“其他应付款”项目，应根据“应付利息”、“应付股利”和“其他应付款”账户的期末余额合计数填列。

45.“持有待售负债”项目，反映资产负债表日处置组中与划分为持有待售类别的资产直接相关的负债的期末账面价值。该项目应根据“持有待售负债”账户的期末余额填列。

46.“一年内到期的非流动负债”项目，反映企业各种非流动负债在1年之内到期的金额，包括1年内到期的长期借款、长期应付款和应付债券、预计负债。本项目应根据上述账户分析计算后填列。

47.“其他流动负债”项目，反映企业除以上流动负债以外的其他流动负债。本项目应根据有关账户的期末余额填列。

48.“流动负债合计”项目，反映企业所有流动负债合计金额。本项目应根据第35~47项目之和填列。

49.“长期借款”项目，反映企业借入尚未归还的1年期以上（不含1年）的各期借款。本项目应根据“长期借款”账户的期末余额减去1年内到期部分的金额填列。

50.“应付债券”项目，反映企业尚未偿还的长期债券摊余价值。本项目根据“应付债券”账户期末贷方余额减去1年内到期部分的金额填列。

51.“租赁负债”项目，反映承租人企业尚未支付的租赁付款额的期末账面价值。

52.“长期应付款”项目，反映资产负债表日企业除长期借款和应付债券以外的其他各种长期应付款项的期末账面价值。该项目应根据“长期应付款”账户的期末余额，减去相关的“未确认融资费用”账户的期末余额后的金额，以及“专项应付款”账户的期末余额填列。

53.“预计负债”项目，反映企业计提的各种预计负债。本项目根据“预计负债”账户期末贷方余额填列。

54.“递延收益”项目，反映资产负债表日企业尚待确认的收入或收益，也即暂时未确认的收益，包括尚待确认的劳务收入和未实现融资收益的余额。

55.“递延所得税负债”项目，反映企业根据应纳税暂时性差异确认的递延所得税负债。本项目根据“递延所得税负债”账户期末贷方余额填列。

56.“其他非流动负债”项目，反映企业除长期借款、应付债券等负债以外的其他非流动负债。本项目应根据有关账户的期末余额填列。

57.“非流动负债合计”项目，反映企业全部非流动负债总额。本项目根据第49~56项之和填列。

58.“负债合计”项目，反映企业全部负债总额。本项目根据第48项、57项之和填列。

（三）所有者权益类项目

59.“实收资本（或股本）”项目，反映企业各投资者实际投入的资本总额。本项目应根据“实收资本（股本）”账户的期末贷方余额填列。

60.“其他权益工具”项目，反映企业发行的除普通股以外，分类为权益工具的金融工具的账面价值，并在“其他权益工具”项目下设置“优先股”和“永续债”两个项目，分别反映企业发行的分类为权益工具的优先股和永续债的账面价值。

61.“资本公积”项目，反映企业资本公积的期末余额。本项目应根据“资本公积”账户的期末贷方余额填列。

62.“库存股”项目，反映企业收购转让或注销的本公司股份金额。本项目应根据“库存股”账户期末借方余额填列。

63.“其他综合收益”项目，反映企业根据会计准则规定未在损益中确认的各项利得和损失扣除所得税影响后的净额。该项目根据“其他综合收益”账户及其所属明细账户的本期发生额分析填列。

64.“专项储备”项目，反映高危行业企业按国家规定提取的安全生产费用的期末账面价值。

65.“盈余公积”项目，反映企业盈余公积的期末余额。本项目应根据“盈余公积”账户的期末贷方余额填列。

66.“未分配利润”项目，反映企业尚未分配的利润。本项目应根据“本年利润”账户和“利润分配”账户的期末余额计算填列，如为未弥补的亏损，在本项目内以“-”号填列。

67.“所有者权益合计”项目，反映企业所有者权益的总额。本项目根据第59~65项之和填列。

68.“负债和所有者权益总计”项目，反映企业全部负债和所有者权益的总额。本项目应根据第58项、67项之和填列。

第三节 利润表

一、利润表概述

利润表是反映企业在一定会计期间经营成果的报表。企业在一定期间的经营成果，一般指企业在一定期间所取得的利润，利润是企业经济效益的综合体现。通过利润表，可以反映企业在一定会计期间收入、费用、利润（或亏损）的数额和构成情况，帮助财务报表使用者全面了解企业的经营成果，分析企业的获利能力及盈利增长趋势，从而为其做出经济决策提供依据。

利润表包括的项目主要有营业收入、营业成本、税金及附加、销售费用、管理费用、研发费用、财务费用、资产减值损失、公允价值变动损益、投资收益、其他收益、营业利润、营业外收入、营业外支出、利润总额、所得税费用、净利润、其他综合收益的税后净额、综合收益总额、每股收益等。

二、利润表的结构

利润表的结构主要有单步式利润表和多步式利润表两种。单步式利润表是将当期各项收入汇总，然后将各项费用汇总，一次扣减计算出当期损益。多步式利润表是从营业收入开始，依次分步计算出营业利润、利润总额及净利润。

我国企业的利润表采用多步式格式，见表10-2。

三、利润表的内容及填列

（一）利润表项目的填列步骤

我国企业利润表的主要编制步骤如下：

第一步，以营业收入为基础，减去营业成本、税金及附加、销售费用、管理费用、研发费用、财务费用、资产减值损失、信用减值损失，加上其他收益、投资收益、净敞口套期收益、公允价值变动收益和资产处置收益，计算出营业利润。

第二步，以营业利润为基础，加上营业外收入，减去营业外支出，计算出利润总额。

表10-2 **利润表** 会企02表

编制单位： 年 月 单位：元

项 目	本期金额	上期金额
一、营业收入		
减：营业成本		
税金及附加		
销售费用		
管理费用		
研发费用		
财务费用		
其中：利息费用		
利息收入		
加：其他收益		
投资收益（损失以“-”号填列）		
其中：对联营企业和合营企业的投资收益		
以摊余成本计量的金融资产终止确认收益（损失以“-”号填列）		
净敞口套期收益（损失以“-”号填列）		
公允价值变动收益（损失以“-”号填列）		
资产减值损失		
信用减值损失		
资产处置收益（损失以“-”号填列）		
二、营业利润（亏损以“-”号填列）		
加：营业外收入		
减：营业外支出		
三、利润总额（亏损总额以“-”号填列）		
减：所得税费用		
四、净利润（净亏损以“-”号填列）		
（一）持续经营净利润（净亏损以“-”号填列）		
（二）终止经营净利润（净亏损以“-”号填列）		
五、其他综合收益的税后净额		
（一）不能重分类进损益的其他综合收益		
1.重新计量设定受益计划变动额		
2.权益法下不能转损益的其他综合收益		
3.其他权益工具投资公允价值变动		
4.企业自身信用风险公允价值变动		
……		
（二）将重分类进损益的其他综合收益		
1.权益法下可转损益的其他综合收益		
2.其他债权投资公允价值变动		
3.金融资产重分类计入其他综合收益的金额		
4.其他债权投资信用减值准备		
5.现金流量套期储备		
6.外币财务报表折算差额		
……		
六、综合收益总额		
七、每股收益：		
（一）基本每股收益		
（二）稀释每股收益		

第三步，以利润总额为基础，减去所得税费用，计算出净利润（或净亏损）。

利润表各项目均需填列“本期金额”和“上期金额”两栏。其中“上期金额”栏内各项数字，应根据上年该期利润表的“本期金额”栏内所列数字填列。“本期金额”栏内各期数字，除“基本每股收益”和“稀释每股收益”项目外，应当按照相关科目的发生额分析填列。如“营业收入”项目，根据“主营业务收入”“其他业务收入”账户的发生额分析计算填列；“营业成本”项目，根据“主营业务成本”“其他业务成本”账户的发生额分析计算填列。

（二）利润表项目的内容及填列说明

利润表项目的内容及填列说明如下：

1.“营业收入”项目，反映企业经营主要业务和其他业务所确认的收入总额。本项目应根据“主营业务收入”和“其他业务收入”账户的发生额分析填列。

2.“营业成本”项目，反映企业经营主要业务和其他业务所发生的成本总额。本项目应根据“主营业务成本”和“其他业务成本”账户的发生额分析填列。

3.“税金及附加”项目，反映企业经营业务应负担的消费税、城市维护建设税、教育费附加、资源税、土地增值税及房产税、车船税、城镇土地使用税、印花税等相关税费。本项目应根据“税金及附加”账户的发生额分析填列。

4.“销售费用”项目，反映企业在销售商品过程中发生的包装费、广告费等费用和为销售本企业商品而专设的销售机构的职工薪酬、业务费等经营费用。本项目应根据“销售费用”账户的发生额分析填列。

5.“管理费用”项目，反映企业为组织和管理生产经营发生的管理费用。本项目应根据“管理费用”账户的发生额分析填列。

6.“研发费用”项目，反映企业进行研究与开发过程中发生的费用化支出。该项目应根据“管理费用”账户下的“研发费用”明细账户的发生额分析填列。

7.“财务费用”项目，反映企业筹集生产经营所需资金而发生的筹资费用。本项目应根据“财务费用”账户的发生额分析填列。

8.“其中：利息费用”项目，反映企业为筹集生产经营所需资金等而发生的应予费用化的利息支出。该项目应根据“财务费用”账户的相关明细账户的发生额分析填列。“利息收入”项目，反映企业确认的利息收入。该项目应根据“财务费用”账户的相关明细账户的发生额分析填列。

9.“其他收益”项目，反映计入其他收益的政府补助等。该项目应根据“其他收益”账户的发生额分析填列。

10.“投资收益”项目，反映企业以各种方式对外投资所取得的收益。本项目应根据“投资收益”账户的发生额分析填列。如为投资损失，本项目以“-”号填列。

11.“其中：对联营企业和合营企业的投资收益”项目，应根据“投资收益”账户所属的相关明细账户的发生额分析填列。

12.“以摊余成本计量的金融资产终止确认收益”项目，反映企业因转让等情形导致终止确认以摊余成本计量的金融资产而产生的利得或损失。该项目应根据

“投资收益”账户的相关明细账户的发生额分析填列；如为损失，以“-”号填列。

13.“净敞口套期收益”项目，反映净敞口套期下被套期项目累计公允价值变动转入当期损益的金额或现金流量套期储备转入当期损益的金额。该项目应根据“净敞口套期损益”账户的发生额分析填列，如为套期损失，以“-”号填列。

14.“公允价值变动收益”项目，反映企业应当计入当期损益的资产或负债公允价值变动收益。本项目应根据“公允价值变动损益”账户的发生额分析填列；如为净损失，本项目以“-”号填列。

15.“信用减值损失”项目，反映企业按照《企业会计准则第22号——金融工具确认和计量》（财会〔2017〕7号）的要求计提的各项金融工具信用减值准备所确认的信用损失。该项目应根据“信用减值损失”账户的发生额分析填列。

16.“资产减值损失”项目，反映企业各项资产发生的减值损失。该项目应根据“资产减值损失”账户的发生额分析填列。

17.“资产处置收益”项目，反映企业出售划分为持有待售的非流动资产（金融工具、长期股权投资和投资性房地产除外）或处置组（子公司和业务除外）时确认的处置利得或损失，以及处置未划分为持有待售的固定资产、在建工程、生产性生物资产及无形资产而产生的处置利得或损失。债务重组中因处置非流动资产产生的利得或损失和非货币性资产交换中换出非流动资产产生的利得或损失也包括在本项目内。该项目应根据“资产处置损益”账户的发生额分析填列，如为处置损失，以“-”号填列。

18.“营业利润”项目，反映企业实现的营业利润。如为亏损，本项目以“-”号填列。

19.“营业外收入”项目，反映企业发生的除营业利润以外的收益，主要包括债务重组利得、与企业日常活动无关的政府补助、盘盈利得、捐赠利得（企业接受股东或股东的子公司直接或间接的捐赠，经济实质属于股东对企业的资本性投入的除外）等。该项目应根据“营业外收入”账户的发生额分析填列。

20.“营业外支出”项目，反映企业发生的除营业利润以外的支出，主要包括债务重组损失、公益性捐赠支出、非常损失、盘亏损失、非流动资产毁损报废损失等。该项目应根据“营业外支出”账户的发生额分析填列。

21.“利润总额”项目，反映企业实现的利润。如为亏损，本项目以“-”号填列。

22.“所得税费用”项目，反映企业应从当期利润总额中扣除的所得税费用。本项目应根据“所得税费用”账户的发生额分析填列。

23.“净利润”项目，反映企业实现的净利润。如为亏损，本项目以“-”号填列。

“（一）持续经营净利润”和“（二）终止经营净利润”项目，分别反映净利润中与持续经营相关的净利润和与终止经营相关的净利润；如为净亏损，以“-”号填列。这两个项目应按照《企业会计准则第42号——持有待售的非流动资产、处置组和终止经营》的相关规定分别列报。

24.“其他综合收益的税后净额”项目，反映企业根据会计准则规定未在损益中确认的各项利得和损失扣除所得税影响后的净额。其他综合收益的税后净额及其各组成部分，应根据“其他综合收益”账户及其所属明细账户的本期发生额分析填列。

25.“综合收益总额”项目，反映企业净利润与其他综合收益（税后净额）的合计金额。

26.“每股收益”项目，包括反映企业基本每股收益和稀释每股收益两项指标，反映普通股和潜在普通股已公开交易的企业，以及正处在公开发行普通股或潜在普通股过程中的企业的每股收益信息。

第四节 现金流量表

一、现金流量表概述

现金流量表是反映企业在一定会计期间现金和现金等价物流入和流出情况的报表。

现金流量表，可以为报表使用者提供企业一定会计期间内现金和现金流量等价物流入和流出的信息，便于使用者了解和评价企业获取现金和现金等价物的能力，据以预测企业未来的现金流量。

现金流量是指某一时期内企业的现金和现金等价物流入和流出的数量。企业从银行提取现金，用现金购买短期到期的国债等现金和现金等价物之间的转换不属于现金流量。

现金是指企业库存现金以及可以随时用于支付的存款，包括库存现金、银行存款和其他货币资金（如外埠存款、银行汇票存款、银行本票存款）等。不能随时用于支付的存款不属于现金。

现金等价物是指企业持有的期限短、流动性强、易于转换为已知金额现金、价值变动风险很小的投资。期限短，一般是指从购买日起3个月内到期。现金等价物通常包括3个月内到期的债券投资等。权益性投资变现的金额通常不确定，因而不属于现金等价物。企业应当根据具体情况，确定现金等价物的范围，一经确定不得随意变更。企业产生的现金流量分为三类：

（一）经营活动产生的现金流量

经营活动是指企业投资活动和筹资活动以外的所有交易和事项。经营活动主要包括销售商品、提供劳务、购买商品、接受劳务、支付工资和缴纳税款等流入和流出现金和现金等价物的活动或事项。

（二）投资活动产生的现金流量

投资活动是指企业长期资产的购建和不包括在现金等价物范围内的投资及其处置活动。投资活动主要包括购建固定资产、处置子公司及其他营业单位等流入和流出现金和现金等价物的活动或事项。

（三）筹资活动产生的现金流量

筹资活动是指导致企业资本及债务规模和构成发生变化的活动。筹资活动主要包括吸收投资、发行股票、分配利润、发行债券、偿还债务等流入和流出现金和现金等价物的活动或事项。偿付应付账款、应付票据等商业应付款属于经营活动，不属于筹资活动。

二、现金流量表的结构

我国企业现金流量表采用报告式结构，分类反映经营活动产生的现金流量、投资活动产生的现金流量和筹资活动产生的现金流量，最后汇总反映企业某一期间现金及现金等价物的净增加额。我国企业现金流量表的格式见表10-3。

三、现金流量表的内容及填列

（一）现金流量表的编制方法

企业应当采用直接法列示经营活动产生的现金流量。直接法是指通过现金收入和现金支出的主要类别列示经营活动的现金流量。采用直接法编制经营活动的现金流量时，一般以利润表中的营业收入为起算点，调整与经营活动有关的项目的增减变动，然后计算出经营活动的现金流量。采用直接法具体编制现金流量表时，可以采用工作底稿法或T形账户法，也可以根据有关科目记录分析填列。

（二）现金流量表主要项目说明

1.经营活动产生的现金流量

（1）“销售商品、提供劳务收到的现金”项目，反映企业本年销售商品、提供劳务收到的现金，以及前期销售商品、提供劳务本期收到的现金（包括应向购买者收取的增值税销项税额）和本期预收的款项，减去本年销售本期退回商品和前期销售本期退回商品支付的现金。企业销售材料和代购代销业务收到的现金，也在本项目反映。

（2）“收到的税费返还”项目，反映企业收到返还的所得税、增值税、消费税、关税和教育费附加等各种税费返还款。

（3）“收到其他与经营活动有关的现金”项目，反映企业经营租赁收到的租金等其他与经营活动有关的现金流入，金额较大的应当单独列示。

（4）“购买商品、接受劳务支付的现金”项目，反映企业本期购买商品、接受劳务实际支付的现金（包括增值税进项税额），以及本期支付前期购买商品、接受劳务的未付款项和本期预付款项，减去本期发生的购货退回收到的现金。企业购买材料和代购代销业务支付的现金，也在本项目反映。

（5）“支付给职工以及为职工支付的现金”项目，反映企业实际支付给职工的工资、奖金、各种津贴和补贴等职工薪酬（包括代扣代缴的职工个人所得税）。

表10-3 **现金流量表** 会企03表

编制单位： 年 月 单位：元

项 目	本期金额	上期金额
一、经营活动产生的现金流量：		
销售商品、提供劳务收到的现金		
收到的税费返还		
收到其他与经营活动有关的现金		
经营活动现金流入小计		
购买商品、接受劳务支付的现金		
支付给职工以及为职工支付的现金		
支付的各项税费		
支付其他与经营活动有关的现金		
经营活动现金流出小计		
经营活动产生的现金流量净额		
二、投资活动产生的现金流量：		
收回投资收到的现金		
取得投资收益收到的现金		
处置固定资产、无形资产和其他长期资产收回的现金净额		
处置子公司及其他营业单位收到的现金净额		
收到其他与投资活动有关的现金		
投资活动现金流入小计		
购建固定资产、无形资产和其他长期资产支付的现金		
投资支付的现金		
取得子公司及其他营业单位支付的现金净额		
支付其他与投资活动有关的现金		
投资活动现金流出小计		
投资活动产生的现金流量净额		
三、筹资活动产生的现金流量：		
吸收投资收到的现金		
取得借款收到的现金		
收到其他与筹资活动有关的现金		
筹资活动现金流入小计		
偿还债务支付的现金		
分配股利、利润或偿付利息支付的现金		
支付其他与筹资活动有关的现金		
筹资活动现金流出小计		
筹资活动产生的现金流量净额		
四、汇率变动对现金及现金等价物的影响		
五、现金及现金等价物净增加额		
加：期初现金及现金等价物余额		
六、期末现金及现金等价物余额		

（6）“支付的各项税费”项目，反映企业本期发生并支付、前期发生本期支付以及预交的各项税费，包括所得税、增值税、消费税、印花税、房产税、土地增值税、车船税、教育费附加等。

（7）“支付其他与经营活动有关的现金”项目，反映企业经营租赁支付的租金、支付的差旅费、业务招待费、保险费、罚款支出等其他与经营活动有关的现金流出，金额较大的应当单独列示。

2.投资活动产生的现金流量

（1）“收回投资收到的现金”项目，反映企业出售、转让或到期收回除现金等价物以外的金融资产等收到的现金，但处置子公司及其他营业单位收到的现金净额除外。

（2）“取得投资收益收到的现金”项目，反映企业除现金等价物以外的对其他企业的股权投资分回的现金股利和债权投资取得的利息等。

（3）“处置固定资产、无形资产和其他长期资产收回的现金净额”项目，反映企业出售、报废固定资产、无形资产和其他长期资产所取得的现金（包括因资产毁损而收到的保险赔偿收入），减去为处置这些资产而支付的有关费用后的净额。

（4）“处置子公司及其他营业单位收到的现金净额”项目，反映企业处置子公司及其他营业单位所取得的现金，减去相关处置费用以及子公司及其他营业单位持有的现金和现金等价物后的净额。

（5）“购建固定资产、无形资产和其他长期资产支付的现金”项目，反映企业购买、建造固定资产，取得无形资产和其他长期资产所支付的现金（含增值税等），以及用现金支付的应由在建工程和无形资产负担的职工薪酬。

（6）“投资支付的现金”项目，反映企业为取得除现金等价物以外的股权投资和债权投资所支付的现金以及支付的佣金、手续费等附加费用，但为取得子公司及其他营业单位而支付的现金净额除外。

（7）“取得子公司及其他营业单位支付的现金净额”项目，反映企业购买子公司及其他营业单位的购买出价中以现金支付的部分，减去子公司及其他营业单位持有的现金和现金等价物后的净额。

（8）“收到其他与投资活动有关的现金”“支付其他与投资活动有关的现金”项目，反映企业除上述（1）至（7）项目外收到或支付的其他与投资活动有关的现金，金额较大的应当单独列示。

3.筹资活动产生的现金流量

（1）“吸收投资收到的现金”项目，反映企业以发行股票、债券等方式筹集资金实际收到的款项（发行收入减去支付的佣金等发行费用后的净额）。

（2）“取得借款收到的现金”项目，反映企业举借各种短期、长期借款而收到的现金。

（3）“偿还债务支付的现金”项目，反映企业为偿还债务本金而支付的现金。

（4）“分配股利、利润和偿付利息支付的现金”项目，反映企业实际支付的现金股利、支付给其他投资单位的利润或用现金支付的借款利息、债券利息等。

（5）“收到其他与筹资活动有关的现金”“支付其他与筹资活动有关的现金”项目，反映企业除上述（1）至（4）项目以外收到或支付的其他与筹资活动有关的现金，金额较大的应当单独列示。

4.汇率变动对现金及现金等价物的影响

“汇率变动对现金及现金等价物的影响”项目，反映下列项目之间的差额：

（1）企业外币现金流量折算为记账本位币时，采用现金流量发生日的即期汇率或按照系统合理的方法确定的、与现金流量发生日即期汇率近似的汇率折算的金额（编制合并现金流量表时折算境外子公司的现金流量，应当比照处理）。

（2）企业外币现金及现金等价物净增加额按资产负债表日即期汇率折算的金额。

第五节 财务报表分析

一、财务报表分析的目的与步骤

财务报表分析是指以企业的财务报表和其他相关资料为基本依据，采用专门的分析工具和方法，从财务报表中寻找有用的信息，有效地寻求企业经营和财务状况等变化的原因，并对企业财务状况、经营成果和现金流量等进行综合分析与评价的过程。

财务报表分析的目的，是通过对财务报表所提供历史数据的加工、分析、比较、评价和解释，揭示报表有关指标之间的关系，来评价企业过去的经营业绩，衡量企业现在的财务状况，预测企业未来的发展趋势，提高报表信息的决策相关性。财务报表分析的重点，是分析企业的盈利能力、偿债能力、资产运用效率、抵抗风险的能力以及企业经营中存在哪些重大问题等。

对财务报表的分析，不同的使用者有不同的目的，收集不同的数据资料，采用不同的分析方法，所以分析的程序也不尽相同。财务报表一般的分析步骤如下：

（1）确定分析目标；

（2）收集相关资料；

（3）选择适当方法进行分析、评价。

二、财务报表分析的方法

（一）比较分析法

比较分析法就是将企业财务报表中两个或几个有关的可比数据进行对比，以揭示差异的分析方法。比较分析法是最基本的分析方法，其他各种分析方法的运用都离不开比较。

常见的比较分析方式有：某一可比指标的前后期比较、实际与计划比较、本企业与同类企业比较、本企业水平与同行业平均或先进水平比较等。

运用比较分析法必须注意可比性，用来比较的某一指标的两个或两个以上的数据，在内容口径、计算方法、时间口径等方面必须是一致的。

【例 10-1】根据大明公司 20×8 年利润表和利润计划表，分析公司有关利润指标计划完成情况，见表 10-4。

表 10-4 **大明公司利润指标对比表**

指标	本年实际（元）	本年计划（元）	变动情况	
			变动额（元）	变动率（%）
营业利润	3 125 000	3 120 000	5 000	0.16
利润总额	3 494 600	3 500 000	-5 400	-0.15
净利润	2 620 950	2 625 000	-4 050	-0.15

（二）比率分析法

比率分析法就是将企业财务报表中两个相关的财务指标进行对比，计算财务比率，揭示隐藏在有关财务数据之间的关系，以便更好地评价企业各项财务能力的分析方法。它是会计报表分析中运用最广泛的方法。

与比较分析法不同，比率分析法要求比较的指标应当是不同性质的，不要求可比性。比率分析法要求根据分析目的确定需要计算的财务比率，要求从不同的侧面计算不同的比率，以全面分析企业的某项能力。计算出来的财务比率必须运用比较分析法与可比的标准进行比较才能确定其优劣。

（三）趋势分析法

趋势分析法就是将企业连续几个期间的某个财务指标或比率数据进行对比，得出其变化趋势的一种分析方法。与比较分析法不同，趋势分析法是连续几个期间同一指标的比较；与比率分析法也不同，它强调指标的可比性。

（四）结构分析法

结构分析法就是将某一反映局部情况的财务指标与反映整体情况的财务指标进行比较，以揭示其构成是否合理的分析方法。需要经常分析的财务报告构成主要有：资产构成、负债构成、收入构成、费用构成、现金流量构成等。

（五）因素分析法

因素分析法是指将经济指标分解为两个或两个以上的因素，逐一变动各个因素，从数量上测算每一个因素变动对经济指标的影响。采用因素分析法对某个指标进行因素分析时，首先，应当根据各个因素对该指标影响的内在联系来确定变动顺序，依次进行替代计算。其次，在计算某一因素变动的影响时，必须假定其他因素保持不变。最后，将某一因素变动后的计算结果与变动前的比较，其差异就是该因素对这一经济指标的影响程度。

【例 10-2】大明公司 20×8 年销售 M 产品的收入及其构成因素的计划与实际情况，见表 10-5。

表 10-5 大明公司M产品销售收入因素分析

指标（因素）	本年实际	本年计划	变动额（元）	变动率（%）
产品销售数量（件）	7 000	6 500	+500	+7.69
产品销售单价（元）	300	310	−10	−3.23
产品销售收入（元）	2 100 000	2 015 000	+85 000	+4.22

大明公司M产品的实际销售收入相对计划销售收入的变动，是由产品销售数量与销售单价两个因素影响的，确定销售数量的因素先变，而销售单价的因素后变，下面分别计算两个因素变动对销售收入的影响：

M产品的销售数量变动对销售收入的影响：

7 000×310−6 500×310＝155 000（元）

M产品的销售单价变动对销售收入的影响：

7 000×300−7 000×310＝−70 000（元）

通过上面分析，由于M产品实际销售数量比计划增加500件，而使销售收入增加了155 000元；由于M产品销售单价减少了10元，而使销售收入减少了70 000元；两者的共同影响使M产品销售收入增加了85 000元。

三、财务报表分析的主要内容

（一）短期偿债能力分析

银行十分重视企业的短期偿债能力，关心短期债务的偿还情况。测度企业短期偿债能力的指标主要有流动比率、速动比率、现金比率和现金流量比率四个指标。

1.流动比率

流动比率是企业某一时点流动资产与流动负债之间的比率。其计算公式为：

流动比率＝流动资产÷流动负债

流动比率表示每一元流动负债有多少流动资产作为偿还的保障，反映了流动资产在短期债务到期时可变现用于偿还流动负债的能力，是衡量企业短期偿债能力的主要指标。流动比率越高，企业短期偿债能力越强；反之，越弱。

有关流动比率指标的分析如下：

一般经验认为，生产企业合理的流动比率是2。这是因为流动资产中变现能力最差的存货资产约占流动资产总额的一半，剩下的流动性较强的流动资产至少要等于流动负债，企业短期偿债能力才会有保证。如果流动比率过低，表明企业难以如期偿还债务。计算出来的流动比率，只有和同行业平均流动比率、本企业历史的流动比率进行比较，才能知道这个比率是否合理。

分析企业流动比率过高或过低的具体原因，还应该结合流动资产和流动负债所包括的内容以及经营上的因素。一般情况下，营业周期、流动资产中的应收账款和存货的周转速度是影响流动比率的主要因素。运用流动比率指标分析评价企业短期偿债能力时，应注意以下问题：

（1）虽然流动比率越高，企业短期偿债能力越强，但并不等于企业有足够的偿还债务的能力。流动比率高可能是企业存货大量积压、应收账款增加过多，以及待处理财产损失增加所致，而真正用来偿债的现金和存款却非常短缺。因此，企业应将流动比率与现金流量结合起来考察。同时，还应结合企业的生产经营性质与特点，以及流动资产的结构状况进行分析。因为不同的生产经营特点对资产流动性的要求不同。因此，并非企业流动比率低就一定是偿债能力不好，流动比率高就是偿债能力好。

（2）短期债权人希望流动比率越高越好，但站在企业经营的角度，流动比率过高，意味着企业闲置的货币性资产过多，必然造成企业机会成本的增加和获利能力的降低。所以，企业应尽量将流动比率维持在一个比较合理的水平。

（3）判断企业短期偿债能力必须结合所在行业的标准。不同行业因为资产、负债占用情况不同，流动比率会有较大差别，流动比率的高低必须放在行业内进行比较，才能说明问题。

（4）注意人为因素对流动比率指标的影响。流动比率是根据资产负债表资料计算出来的，体现的仅仅是账面上的支付能力，不能排除企业管理人员出于某种目的的人为调整，导致表面的偿债能力和实际的偿债能力有较大的差别。在分析时应当仔细审核，一旦发现有操纵行为就应当进行调整，从而真实地反映企业的偿债能力。

（5）流动比率无法从动态上反映企业的短期偿债能力。流动比率的各项计算因素都来自资产负债表的时点指标，用时点指标反映时期能力，难免片面。

2.速动比率

速动比率是指企业的速动资产与流动负债的比率。速动资产是指企业流动资产中变现能力较强的那部分资产，一般是流动资产扣除存货、预付账款等项目后的金额。其计算公式为：

$$速动比率=\frac{速动资产}{流动负债}=\frac{流动资产-预付账款-存货}{流动负债}$$

该指标反映企业每1元的流动负债有多少元速动资产可以用于偿还的能力。速动比率数值以1左右为宜，指标过低表明短期偿债能力不足，过高表明企业可能存在应收款项余额过大，或资金利用率低等问题。需要注意的是，如果该指标较低，而流动比率较高，说明企业可能存在存货积压或信用政策过紧问题。

3.现金比率

现金比率是指企业的现金及现金等价物与流动负债的比率。其计算公式为：

$$现金比率=\frac{现金+现金等价物}{流动负债}$$

该指标反映企业每1元的流动负债有多少元现金及现金等价物偿还的能力。现金比率越高，说明企业短期偿债能力越强。现金比率过低，说明企业不能即刻支付应付款项。一般认为，企业的现金比率应在0.2左右较为适宜。需要注意的是，过高的现金比率意味着企业可能存在资金闲置的现象，应当将闲置资金尽快用于扩大经营或增加投资。

4.现金流量比率

现金流量比率是指企业的经营活动产生的现金流量净额与流动负债平均余额的比率。其计算公式为：

$$现金流量比率=\frac{经营活动现金流量净额}{流动负债平均余额}$$

该指标反映企业每1元流动负债有多少元的经营活动产生的现金流量净额抵付的能力。现金流量比率是从现金流入、流出的动态角度考察企业的实际偿债能力。由于利润与现金流量的计算基础不同，采用现金流量而不是利润来评价企业偿债能力将更加谨慎、可信。

该指标在1左右，表明企业可以在基本不影响正常生产经营的情况下保证到期债务的偿还；该指标过低甚至为负，表明企业短期偿债能力不足，需要用生产经营资金或举借新债或用投资收益偿债，长期偿债能力较低。对此，企业应当通过加快应收账款收回，适当控制经营规模扩张，严格控制成本费用支出等办法提高该比率。同样，该比率过高，表明企业经营资金闲置。

（二）长期偿债能力分析

衡量长期偿债能力的主要指标包括资产负债率、产权比率和利息保障倍数。

1.资产负债率

资产负债率是指企业的负债总额与资产总额的比率。其计算公式为：

$$资产负债率=负债总额\div资产总额\times100\%$$

该指标表明企业在破产清算的情况下资产对债务的保障程度。它是银行对借贷企业进行压力测试所采用的主要指标。考虑到企业破产清算一般需要支付30%左右的清算费用和辞退福利，所以，该指标通常以不高于70%为宜。但是，如果企业有很好的信用记录，有较多未入账的无形资产，有很可靠的关联方等，资产负债率上限也可以适当再高一些。

企业的资产负债率越高表明企业债务负担越重，财务风险越高，债务融资能力越弱。但是，该比率也不是越低越好，到底多少合适，主要看资产收益率是否高于债务平均利率。如果高于债务平均利率，则较高的资产负债率会获得较大的财务杠杆利益；反之，资产负债率就应当低一些。对于债权人而言，只有当企业的资产负债率低于警戒线，且短期偿债能力没有问题的情况下，才可以向其提供金额等同于企业实际负债与负债警戒线之间差额的贷款。

2.产权比率

产权比率，也称负债与所有者权益比率，是指企业的负债总额与所有者权益总额的比率。其计算公式为：

$$产权比率=负债总额\div所有者权益总额\times100\%$$

该指标反映企业以所有者权益为保障偿还负债的长期偿债能力及风险大小。产权比率越低，表明企业的长期偿债能力越强，债权人承担的风险越小。但是该比率过低，则意味着企业不能充分发挥财务杠杆的效应。

3. 利息保障倍数

利息保障倍数是指企业息税前利润与利息费用的比率。其计算公式为：

$$利息保障倍数=\frac{息税前利润}{利息费用}=\frac{利润总额+利息费用}{利息费用}$$

利息保障倍数是从企业盈利的角度衡量偿还债务利息的能力。该指标一般大于1，如果小于1即发生经营亏损，表明企业偿付债务利息能力不足，长此下去，企业将无力保证利息偿付。一般情况下，利息保障倍数越高，表明企业的长期偿债能力越强。

（三）盈利能力分析

盈利能力是企业资产运营结果的反映。盈利能力越强，投资者就越愿意追加投资或留存收益，企业发展的实力就越强。一般来说，衡量企业盈利能力的指标有：

1. 毛利率

毛利率是指企业营业毛利与营业收入净额的比率。营业毛利是指企业营业收入扣除营业成本后的差额。毛利率的计算公式为：

$$毛利率=\frac{营业毛利}{营业收入净额}\times100\%=（营业收入-营业成本）\div\frac{营业收入}{净额}\times100\%$$

该指标反映了企业生产经营过程的盈利能力，毛利率越大，说明在营业收入净额中营业成本的比重越小，企业通过销售等业务的获利能力就越强。

2. 营业利润率

营业利润率是指企业营业利润与营业收入的比率。该指标反映了企业主要经营活动的盈利能力，是企业盈利能力的重要标志，其计算公式为：

$$营业利润率=营业利润\div营业收入\times100\%$$

3. 总资产报酬率

总资产报酬率也称投资报酬率，是指企业息税前利润与资产平均余额的比率。该指标反映企业综合运用投资人、债权人提供的资金创造盈余的能力，其计算公式为：

$$总资产报酬率=\frac{利润总额+利息}{资产平均余额}\times100\%$$

$$=\frac{净利润+所得税费用+利息}{资产平均余额}\times100\%$$

$$资产平均余额=（资产总额年初数+资产总额年末数）\div2$$

4. 总资产净利率

总资产净利率是指企业净利润与总资产（资产平均余额）的比率。该指标反映企业综合运用投资人、债权人提供的资金为所有者（或股东）创造盈余的能力，其计算公式为：

$$总资产净利率=净利润\div资产平均余额\times100\%$$

5. 净资产报酬率

净资产报酬率是指企业净利润与净资产平均余额的比率。该指标反映企业所有者（或股东）的收益情况，是投资人所关心的比率，其计算公式为：

净资产报酬率=净利润÷净资产平均余额×100%

6.每股收益

根据企业会计准则的规定，基本每股收益是指属于普通股股东的当期净利润与发行在外的普通股加权平均数的比率。其计算公式为：

每股收益=（净利润－优先股股利）÷发行在外的普通股加权平均数

发行在外的普通股加权平均数，按下列公式计算：

$$\frac{\text{发行在外普通股}}{\text{加权平均数}}=\frac{\text{期初发行在外}}{\text{普通股股数}}+\frac{\text{当期新发行}}{\text{普通股股数}}\times\frac{\text{已发行时间}}{\text{报告期时间}}-\frac{\text{当期回购}}{\text{普通股股数}}\times\frac{\text{已回购时间}}{\text{报告期时间}}$$

在上述公式中，已发行时间、已回购时间、报告期时间，一般按照天数计算。

（四）营运能力分析

营运能力分析也称资产周转能力分析。资产周转能力是指资产按照合理价格变现的速度。资产周转能力越强，意味着企业获得现金流和利润的能力越强。可以说，资产周转能力是提高企业偿债能力和盈利能力的基础。一般来说，衡量企业营运能力指标有：

1.应收账款周转率

应收账款周转率是指企业赊销收入（或营业收入）净额与应收账款平均余额的比率。其计算公式为：

$$\text{应收账款周转率(周转次数)}=\frac{\text{赊销收入(或营业收入)净额}}{\text{应收账款平均余额}}$$

应收账款周转情况也可以用周转天数表示，其计算公式为：

$$\text{应收账款周转天数}=\frac{\text{计划期天数}}{\text{应收账款周转率}}$$

应收账款周转率反映企业在一定时期内应收账款收回转化为现金的速度。应收账款周转率（周转次数）越高，说明应收账款周转的速度越快。应收账款周转天数反映企业应收账款周转一次所需要的时间，周转天数越少，说明周转速度越快。

2.存货周转率

存货周转率是指企业营业成本与存货平均余额的比率。其计算公式为：

$$\text{存货周转率}=\frac{\text{营业成本}}{\text{存货平均余额}}$$

存货周转情况也可以用周转天数表示，其计算公式为：

$$\text{存货周转天数}=\frac{\text{计划期天数}}{\text{存货周转率}}$$

存货周转率反映企业在一定时期内存货周转的次数。存货周转率越高，表示存货周转的速度越快。存货周转天数反映企业存货周转一次所需要的时间，周转天数越少，说明周转速度越快。

3.流动资产周转率

流动资产周转率是指企业营业收入与流动资产平均余额的比率。其计算公式为：

$$流动资产周转率=\frac{营业收入}{流动资产平均余额}$$

流动资产周转率反映企业在一定时期内流动资产周转的次数。流动资产周转率越高，表示流动资产周转的速度越快。

4.总资产周转率

总资产周转率是指企业营业收入与总资产平均余额的比率。其计算公式为：

$$总资产周转率=\frac{营业收入}{总资产平均余额}$$

总资产周转率反映企业在一定时期内总资产周转的次数。总资产周转率越高，表示总资产周转的速度越快。

■ 本章内容结构图（如图10-1所示）

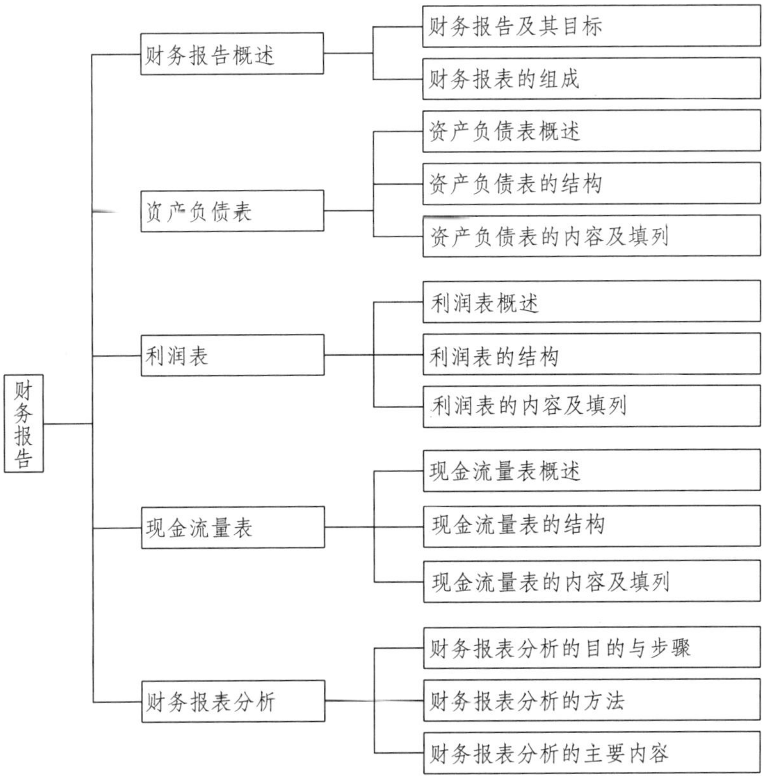

图10-1 本章内容结构图

复习思考题

1. 企业财务报告的概念及主要内容是什么？
2. 资产负债表的结构有什么特点？怎样编制资产负债表？
3. 利润表的结构有什么特点？怎样编制利润表？
4. 财务报表分析的方法有哪几种？其主要内容是什么？

本章小结

财务报告是指企业对外提供的反映企业某一特定日期的财务状况和某一会计期间的经营成果、现金流量等会计信息的文件。财务报告包括财务报表和其他应当在财务报告中披露的相关信息和资料。

财务报表是对企业财务状况、经营成果和现金流量的结构性表述。一套完整的财务报表至少应当包括资产负债表、利润表、现金流量表、所有者权益（或股东权益）变动表以及附注。

资产负债表是指反映企业在某一特定日期的财务状况的报表。

资产负债表主要反映资产、负债和所有者权益三方面的内容，并满足“资产=负债+所有者权益”等式。

利润表是反映企业在一定会计期间经营成果的报表。

现金流量表是反映企业在一定会计期间现金和现金等价物流入和流出的报表。

关键概念

财务报告　财务报表　利润表　现金流量表

二维码10-2：怎样看财报